古蹟‧歷史‧金門人

卓克華　著

蘭臺出版社

的見解。每當談起金門的人和事，樹清兄總是想法多多，手舞之而足蹈之。盧社長說，卓教授研究金門的論文已經寫了多篇，即將結集交我們蘭台出版，見書之後，再給你郵去。我說，期待早日見書，一睹為快！樹清兄不假思索，對社長說，不如請陳教授為此書作序，上個月他剛應邀從臺北飛往金門作了講演。這個序由他來作，再合適不過，再合適不過！社長也不假思索，就說拜託拜託！

樹清兄固然有他自己的想法，而對我來說，我不過是個金門人，對金門的文史有些興趣而已。不過，攬了作序「這份活」，我還是挺高興的。這篇序，成了我在東吳大學客座的最後一項工作，不過，時間已經不允許我在面對故宮博物院外雙溪的半山上完成這件工作了。

蘭臺發來了卓教授《古跡・歷史・金門人》一書的電子文本。這部書共收錄卓教授十一篇論文，外加附錄《鹿港金門館》一文，共十二篇。前十一篇寫的都是金門縣一地的古跡、歷史和相關的人物。鹿港在台灣彰化縣，鹿港的金門館，既和金門有關，又和金門縣本土的廟觀館有區別，故作為附錄。

金門是一個島縣，晚清民初，中國沿海這樣的島縣超過十個。金門本島加上周邊的島礁，總面積不過100多平方公里，但是晚近幾個世紀，金門卻是舉世聞名的。十七世紀中葉，東南沿海十三洲島的明朝軍民，以監國魯王朱以海為相號召，金門成了明朝在大陸最後亡的縣城之一。我們讀金門人盧若騰的《島噫

詩》，就可以知道金門人飽受的戰爭苦難；魯王本人雖然受到鄭
成功的禮遇，但顛沛流離，連他的死因和葬地都是一個迷，三百
年間一直讓中外史學家猜測聯想不休（魯王墓真塚，上世紀五十
年代在一次偶然的野外作業中得以發現，前人種種推測從此冰
釋，參見本書《「漢影雲根」摩崖石刻新解》一文）。三百年之
後，萬炮齊轟的「八二三」，讓金門再次成為舉世矚目的焦點。
如今，當炮火的硝煙已經散去，當十萬大軍已經悄然撤離，當觀
光旅行者對著殘壘、地堡、火炮、戰車不再驚魂不定，島民們更
多關注的不再是戰爭的過去，而是和平的未來，他們的目光，轉
向有著豐厚歷史文化背景的金門，轉向有著詩情和文學的金門。
於是，《金門學》三輯三十冊出版了；於是，《金門文學叢書》
也是三輯三十冊出版了；於是《黃東平全集》十巨冊出版了；於
是，南宋四大遺民之一丘葵的《釣磯集》整理出版了，晚明蔡獻
臣的《清白堂稿》在海外發現並重新影印了；於是，金門歷代文
化人紛紛進入碩士、博士研究生的研究視野……

文學創作且不論，就說研究吧。如果我們審視一下研究金門
文史的隊伍，不難發現，研究者十之八九、甚至更多是金門人或
他們的子弟。這或許是他們的金門鄉情使然，鄉情，這是人類一
種很重要的情感，無可非議。但是，除了金門人或他們的子弟，
研究金門文史的人的確不多。卓克華先生祖籍福州，文化大學碩
士，廈門大學博士，佛光大學教授，就個人的背景而言，似乎與
金門沒有更多的瓜葛，但是他研究金門了，而且研究得很成功，

成一家之言，新見迭出，這也是我個人特別欣賞、特別欽佩的一個原因。

近十多年來我比較多關注福建地域文學，有朋友對我說，地域文學課題太小，以你的積累，如果做點大一點的課題，也許成績會突出一些。說實在，我也時常感到困惑，特別是個案研究，投寄的稿件，編輯有時連你研究的物件都沒有聽說過，這不是讓他為難嗎？申請的課題，有時也讓評審的評委覺得為難，是不是課題小了點，意義不夠重大？卓克華教授這部著作，《金門朱子祠與浯江書院》一文，事關朱子研究，也許算是「大一點」的課題，其他諸如一座堂（黃氏西堂）、一座宅第（將宮第）、一座舊兵署（清金門鎮總兵署）、一座塔（文台寶塔）、一座館（鹿港金門館）、一座節孝坊（邱良功之母節孝坊）、一個名不見經傳的人物（邱良功）、幾個節婦（瓊林蔡家一門三節婦），幾方石刻（雲影漢根和虛江嘯臥群碣），作介紹尚可，作為論文的題目，是不是有點「小題大作」？其實，論著的題大題小，並不重要，重要的是論著有沒有新觀點，有沒有提供新材料，是否解決前人沒能解決的問題。卓教授的論文，的確是「小題」，但是，他卻能以「小題」寫出好文章，能解決前人沒能解決或解決得不夠好、不夠深入的問題。例如，鹿港的金門館，很多人都認為金門館就是金門會館，是清代金門人移民臺灣在鹿港形成聚落的標誌。卓教授仔細地研究了現存的四方石碑碑文，結合其他文獻，推翻舊說，認為「金門館」初名「浯江館」，是清代為金門換防

來台的水師官兵所建，是屬於「班兵伙館」一類的建築。金門館附近的聚落是具有海軍眷屬性質的村落。隨著金門館歷次的修繕，「伙館」功能在逐漸消失，金門館內供奉的由金門分香而來的蘇王爺也就成了周邊民眾信奉的神靈，金門館也就具備了「角頭廟」性質的一座廟宇。四方石碑，是研究清代班兵制度的重要文獻，從一向不為人所重視的捐贈碑，還可以看出中元普渡的風俗在鹿港起碼已經流傳了二百年以上。

卓教授這部著作寫的雖然只是金門的歷史和人事，其視野似乎也是局限於一隅一地。其實亦不然。卓教授在首篇《清金門鎮總兵署》一文引用了晚明曹學佺兩句描寫浯洲也即金門的詩：「浯洲斷嶼入海水，仙人倒地眠不起。」曹氏這兩句詩見其《端山蘭若歌為池直夫作》（《石倉四稿・西峰集・六四草》，詩前半寫道：

> 君不見銀城昔日號大同，主簿聞有朱文公。至今題詠諸岩石，峻嶒道骨驅真風。又不見文圃學士多遺跡，土無頑夫木無棘。逕洞邃谷皆天成，唐帝潛蹤傍黃檗。浯洲斷嶼入海水，仙人倒地眠不起。閩王北鎮雖贋封，祇似桃源避秦世。南陳北薛共嘉禾，天雞叫曙飛蜂巢。七星點綴珠囊啟，筼簹港塞那通波。茲我直夫負奇穎，更有誅茅在幽境（按：以下寫端岩蘭若，下略）。

池直夫，即池顯方，同安人，居嘉禾嶼（今廈門本島），天

啟四年（1624）舉人。學佺詩寫顯方結茅幽境，因同安古稱大同，又號銀城，故從銀城、大同入筆。浯洲即金門，明屬同安縣；嘉禾即廈門島，亦屬同安縣。如果此詩僅寫顯方居嘉禾，南陳北薛，不及銀城、大同，亦無浯洲，歌行未免就侷促了。這裏說的雖然是詩人的視野，而研究性質的論文也常常也有視野的問題。我們見到的一些論文往往展不開，或深度不夠，與作者的研究視野亦不無關係。卓教授的研究之點，雖然僅在金門這個「點」上，但所關注到的卻是明清的閩台、甚至東南沿海，總兵署、虛江嘯臥、雲根漢影等好多篇論文都是這樣寫法，涉及的有倭亂、抗清、兵制、海防、建築、族群等許多大問題。不久前，卓教授從臺灣來福建，我們終於有機會見面。他認為，在臺灣研究史學，僅僅局限於臺灣是不夠的，還要關注金門、進而關注福建，關注東南沿海，以至於整個大陸。卓教授的話，給我的啟示是：卓教授研究歷史，比不少研究文學的人要嚴謹，視野也開闊。

我知道，卓克華教授在廈門大學從陳支平教授攻讀史學博士。支平兄和我都曾在崇安縣（今武夷山市）呆過，1978 年我們先後離開了崇安，所以還未曾與卓教授謀面之前，就有一種不可言狀的親切。卓教授是由林國平教授領著來到寒舍來的。國平兄也是多年朋友，我在閩台中心兼過職，國平兄一度還是我的上司。國平兄與卓教授都出自支平兄的門下，我們三個人言談甚歡，時間恨短。令我想不到的是，卓教授與敝校財務處處長金天欽還有點親戚關係，卓教授有一本早幾年出版的著作要送我，國

平兄說，放在金處長不就行了嗎？大家開心一笑。原來世界也真小。

　　盧社長從海東發郵催序了，這兩天颱風，暫時給炎熱難耐的夏天帶來些些清涼。

2008-7-30

颱風鳳凰過境之第二日

廣遠的嘆息

楊樹清

「魯王自魯而浙而閩而粵，首尾共計十八年，間關海上，漂泊諸島，力圖光復，一旦違別，也代表明祚之告終。殘留天地之間的，也只是這『漢影雲根』的摩崖石刻，碧海丹青，永留海澨，徒供後人之憑弔惋嘆了，最後，謹錄清人黃家鼎〈金門弔明監國魯王〉詩句，以為結尾：『大廈傾難獨木支，人心推戴見當時，中興一旅思龍種，遺老孤忠泣豹皮，跋扈將軍空寄命，崎嶇海島孰持危。殘棋已覆猶爭劫，宰樹蒼涼啟後疑。』寫至此，驀然驚見一個落寞身影沒入蒼茫海天之中，遠遠地，悠悠地，傳來一聲廣遠的嘆息！」

——卓克華《古蹟‧歷史‧金門人》（2008）

「你的序？陳慶元先生那篇序都從福州傳到了！」

「我都抄你的資料，你反過來要我幫你的書寫序，那怎麼好意思呢。我沒那個高度啊！」

八二三砲戰五十周年前夕，可怕的催序「炸彈」終於丟來了。卓克華點名兩個人要幫他的新書《古蹟‧歷史‧金門人》作序，一個是福建師大協和學院院長陳慶元，一個是我。電話中，我一再推託。不是客氣，而是這麼嚴謹、學術的書，我的高度真的寫

不下去!「那就輕鬆寫吧,寫你認識的我,陳慶元那篇也寫得很生活化呀!還用了三分之一篇幅在寫你和金門的歷史情感。」

總有各種索序的理由。此時,我想起與卓克華同一天相識、遠在德國作研究的張瑋儀,前後兩本詩集《委心詩原》、《委心詩園》等我的序各等了一年多都沒等到,她在二〇〇八年五月坐上波昂往柏林的火車上為《委心詩園》自序時,忍不住寫了段「拿著相機,聯想起文界多年好友——楊樹清,這本詩集的序言,本來一直力邀由他擔綱,他說,越是相識,越不知如何動筆。於是這難產已久的序言,還是得在隆隆的火車上完成。」

是的。越是相識,越不知如何動筆。

張瑋儀的詩文、卓克華的學術,找上我寫序,我清楚都不是「專業」考量,而是「情感」重量。而「情感」是會害死人的。

千禧年、朱子逝世八百年,台北市文化局舉辦「思想月」活動,局長龍應台邀佛光大學校長龔鵬程與我合編一本書《發現紫陽夫子——台北・朱子・儒學傳統》。訂編輯大綱時,我腦海浮現了「卓克華」這個名字。只因一九九六年看過卓克華撰寫的一冊調查報告《台閩地區第二級古蹟:金門朱子祠之調查研究》。聞其名而未識其人,龔鵬程與我請佛光大學的陳晞如幫忙連繫、邀稿,很快地,卓克華寫就、寄來〈台北市儒學教育的遺跡〉,兩千多字,龔鵬程大喜,此君功力深厚,憑一文而決定「挖角」,力邀他能從任教的中國技術學院轉來佛光大學歷史所專任副教授。與老搭檔閻亞寧在中國技術學院教了多年書已生出情感,佛

光的現代叢林書院教育精神固吸引人，頓時要離開老巢，情感取捨是有困難的。遲未應允，但他出席了十一月七日，台北市文化局、佛光大學、淡江大學在台北市圖合辦的「台灣儒學與現代生活國際學術研討會」。這一天，研討會上，我首次見到了神采飛揚的卓克華及正要進入《莊子之治療學初探》論文撰述的淡江中文所研究生張瑋儀。許是朱子牽出的八百年因緣，三個原本沒有交集的人，交會了。一個月後，十二月九日，卓克華再赴約佛光大學在宜蘭蘭陽別院「二十一世紀地方產業」學術會議擔任講評人，話到激動處，竟因突發的腦溢血而當場中風倒地，眾人大驚，趕緊叫來救護車把他送醫急救。撿回一條命，卻從此左側半身不遂，歷三年漫長的復健治療。

天哪！如果不是龔鵬程與我的邀稿，卓克華會與佛光結緣？結緣之後又歷經一場災難？兩千字的「代價」太高了。

一場病，重情義的佛光大學校長龔鵬程更堅定要留住卓克華。卓克華「開悟」了，即使拖著中風之身，也注定要到佛光教書的，成為大學堂所在、當年號稱「土匪窩」聚義抗日的礁溪林美山一員。

繼黃春明、平路後，二○○二年，我擔任佛光大學第三任駐校作家。上山的第一件事，去研究室、課堂上或宿舍探望卓克華。因為朱子、因為金門，我們成了無話不談的好友。卓克華發表論文的研討會，我也必在台下聆聽，印象最深刻的一次在兩岸重量級學者聚集的「清史」研討會議，卓克華發表了個冷僻、乏人觀

照的題目,〈鹿港金門館──一座清代班兵伙館的新發現〉;研究發現,他首次提出了「鹿港金門館不是一般的廟宇,也不僅僅是金門會館,更確切真實地說:它是清代流傳下來的『班兵伙館』。」接續著,他又強調,鹿港金門館是台澎地區僅存一座未遷建仍在原址、形式規模完整的班兵伙館等四大歷史價值來支撐「將鹿港金門館僅列為縣定古蹟,已有委屈之嫌」。作為在座「清史」會議的唯一金門人,我在卓克華吃力又自信地作完論文發表後,突兀地報以最熱烈的掌聲!

原籍福建林森、一九五六年生於台灣的歷史學博士卓克華,從專攻台灣行郊史到轉向古蹟史,所出版的著作《清代台灣商戰集團》、《從寺廟發現歷史─台灣寺廟文獻之解讀與意涵》等,俱是有獨見的台灣歷史大書。而他,擔任金門縣古蹟審查委員的因緣,一頭栽入金門的歷史與古蹟,先後踏查、完成〈文台寶塔的歷史研究〉、〈虛江嘯臥摩崖刻石之歷史研究〉、〈邱良功之母節孝坊的歷史研究〉、〈邱良功其人其事〉、〈清金門鎮總兵署之歷史研究〉、〈金門朱子祠與浯江書院〉、〈鹿港金門館──一座清代班兵火館的新發現〉、〈金門魯王漢影雲根摩崖石刻新解──一代末路王孫的悲情〉、〈金門提督衙之歷史背景──身經百戰、提督江南的楊華〉、〈金門將軍第的歷史研究──大腳將軍盧成金的傳奇〉、〈金門黃氏酉堂之歷史研究──一位黃姓郊商的故事〉等十多篇厚重的研究論述,也因他的立論,深化、拉高了古蹟的歷史價值。十多年歲月的深入金門歷史角落,卓克華選在八

二三砲戰五十周年及二〇〇八世界金門日舉辦的時間點，交由台北蘭臺出版社推出《古跡‧歷史‧金門人》。

　　從古蹟的視角切入金門人的歷史與人文，史學與文學的碰觸交融，讓卓克華教授在冷峻的歷史之眼下又常帶感性的土地詠嘆，譬如他嚴肅考察魯王朱以海留下的「漢影雲根」摩崖石刻後，收筆前，忽又忘情地揮寫著，「驀然驚見一個落寞身影沒入蒼茫海天之中，遠遠地，悠悠地，傳來一聲廣遠的嘆息！」

　　「廣遠的嘆息！」

　　我抓到了，一個末代王朝的背影、一個末路王孫的悲情；我也看到了，一個歷史學者走入宋朝以後的金門，承受歷史的載重量，發出對待古蹟、歷史、金門人的廣遠的嘆息！

目　次

清金門鎮總兵署

第一節　引言

　　金門舊名浯洲，又名仙洲，又有浯江、浯島、浯海、吳洲、滄浯諸別稱，以上諸別稱，雖有因由，率多附會，莫詳所自。如仙洲之名，得自太武山，蓋隔海望之，有若仙人悠然偃臥之形，俗謂「仙人倒地」，明曹學佺詩曰：「浯洲斷嶼入海水，仙人倒地臥不起」。至於「金門」之得名，始於明初，明洪武二十年（1387年）置守禦千戶所，江夏侯周德興築城於此，取其固若金湯，雄鎮海門，因名之曰「金門城」。

　　金門島四面環海，無陸可通，島之四面，嶼礁羅列，其較大者，計有烈嶼、大嶝、小嶝、角嶼、草嶼、北碇、西礁等，星羅其間，中為金門本島，成眾星拱月狀。金門本島中部狹窄，東、西兩端寬廣，形似銀錠，或謂形似啞鈴，亦然。唯全島地形單調，大部份為臺地或低緩之丘陵地，僅有海拔二百五十三公尺之太武山主峰。島上亦無巨川長流，大都為涓涓細流，源短量小，平時

涸竭，如遇風雨，又復一瀉入海，氾濫成災。孤洲浮嶼，壤地褊小，風波險惡，卻為閩臺鎖鑰，海疆重鎮。

金門論幅員疆域之度，不若大邑之一隅。然若論海洋形勢，金門、廈門二島，同為泉漳巨鎮，扃鑰海門，控制澎、臺、阻阨閩粵。金、廈二島，固為泉漳屏障，金尤為廈咽喉，海門鎖鑰，要地攸關，自昔為兵家必爭之地。是故明初築城於此以禦倭，明末鄭氏據此以抗清，今則為我防共之最前線。

金門草闢，起自晉代，惟自後歷南北朝而迄南宋，其八、九百年，不無重大變遷事故，然邑乘殊少史事記載，茲請從明代述起。太祖洪武二十年（1387 年），置金門守禦千戶所、及峰上、官澳、田浦、陳坑四巡檢司，旋又置烈嶼巡檢司，墟大小嶝。初時海宇清平，惟中葉以後，海疆不靖者累朝，首則倭寇，次則海寇，再次則紅毛夷。嘉靖以還，為禍最烈。明末，清兵入關，明裔遺臣南奔，成功據此抗清，前後歷三十餘年，彈丸小島，海警時起，兵事益多。永曆三十四年（清康熙十九年，1678 年），清師大集，進攻廈金，至是兩島悉為清有。清兵入島，仍沿明舊，隸金門於同安，置水師總兵鎮守金門，轄中、左、右三營。同治七年（1868 年），裁金門鎮，改置協鎮副將及中軍都司，直至清末。清室既屋，民國肇興，未設重兵。迨國共內戰，中期得售，我國軍轉戰至金，遂成為反共重鎮。[1]

---

[1] 本節有關金門歷史沿革、地理環境之介紹，主要根據《增修金門縣志》卷二〈土地志〉第一篇方域第二篇地理（金門縣政府發行，民國 81 年初版），頁 221~247，參考改寫而成，因為僅作背景介紹，茲不一一詳細分註。

第二節　清代金門防務與總兵官職責

　　康熙二十二年（1683年），施琅率軍東征，鄭克塽降，臺灣始入清版圖。其先，清初因明鄭之抗衡，海禁甚嚴，初則徙民棄地，繼而沿海劃界。臺灣歸清未久，天地會接踵而起，金門地邇臺灣，策應軍事，始終為海疆重鎮，蓋金門位居海上，雄峙中流，南連百粵，北接三吳，內則上連福州、福寧、興化各海口，下障漳泉二郡；外則近接臺、澎，一夜可渡，為閩臺鎖鑰，泉漳門戶，海濱要地，勢為兵家必爭之地。

　　清代金門設兵，有三期之衍變。初為防鄭，時金門為明鄭所有，清軍僅於附近小島設汛，歸福建水師提督軍門所轄。繼即防臺之變亂。再後為防盜。迨裁鎮設協後，則營兵陸續裁撤無存，淪為地方之保安而已。茲請從頭說起：

　　（一）同治以前

　　順治初，福建原設水師提督，康熙七年（1668年）裁，八年改設總兵官，十七年復設提督（原駐漳州，後駐廈門），標下轄中、左、右、前、後五營，併統轄全省水師鎮營。時在金門設水師援剿右鎮，康熙十九年，改援剿右鎮總兵官為金門鎮總兵官，標下中、左、右三營，兼轄銅山、楓嶺、雲霄、詔安、海澄五營。後將銅山、楓嶺二營，改歸福寧鎮管轄；雲霄、詔安、海澄三營，改歸漳州鎮轄管，金門鎮只領標下三營。康熙二十七年，裁去中營，嗣又兼轄閩安、銅山。嘉慶間，閩安改歸海壇鎮，銅山改歸南澳鎮，仍專轄左、右二營。[2]

　　按，清代綠營，最初設有武官提督十四人，總兵六十九人，

---

[2]　林焜熿《金門志》卷五〈兵防志〉（光緒壬午年十月版），頁37。

其中五十六名為陸路總兵，十三名為水師總兵，金門為海疆重
鎮，當然屬於水師總兵。而總兵官是正二品之武官，三年一任，
其服飾、俸餉、親隨等等均有規定。

以服飾言：分成朝冠、吉服冠、補服、朝帶等四種服色。以
俸餉言：乾隆四十七年（1782 年）設立武職養廉銀後，總兵為一
千五百兩，另加兩百兩賞銀。同治八年（1869 年）裁兵加餉後，
每年約可得二千四百兩，折合為三千六百元。以親隨言：總兵官
攜帶人役按規定可帶三十名，總兵官署內約有三百兵丁聽差，大
抵分為旗牌、伴當、內丁、管班四種，但除分班輪值兵丁外，其
餘俱在外自謀生理，遂產生諸種弊端，此後嚴加禁革，規定攜帶
人役數為一百名。[3]

總兵是鎮守巖疆重鎮、關棄要地、上承督臣節制，下樹將弁
表率之武職官，必須盡到寧謐地方，和睦文武，訓練兵丁，整齊
營伍，不扣餉，不缺兵之職責。其主要任務，舉其犖犖大端，有
巡閱營伍、管理兵屯、造冊奏報、審判民刑事、訓練兵丁、校拔、
監督、保題營伍諸權。總之，總兵最大職責：戰時帶兵打仗，平
時訓練兵丁，餘如霜降日前祭旗纛神；或每逢朔望，傳集衿紳講
說，也是份內職責。[4]

金門總兵下轄中軍游擊一員，兼管左營事，駐防後浦。守備
一員，駐防後浦，康熙二十二年裁，二十七年復設千總二員，把
總四員（原三員，康熙五十七年增設一員）。外委千總、把總九
員，額外外委員四員。右營遊擊一員，駐防後浦。守備一員，駐

[3] 許雪姬《清代臺灣的綠營》中篇第一章第二節（中研院近史所，民國 76 年 5
    月初版），頁 137~141。
[4] 許雪姬前引書，頁 167~186。

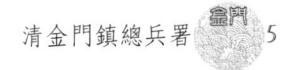

防後浦，千總二員，把總四員，外委千總把總九員，額外外委四員。茲將其官階品級列表於下，以明其上下屬從關係：[5]

品級	武職官	封贈
1. 正一品		建武將軍
2. 從一品	駐防將軍、都統（滿），提督	振威將軍
3. 正二品	總兵（漢）、副都統（滿）	武顯將軍
4. 從二品	副將	武功將軍
5. 正三品	參將	武義將軍
6. 從三品	遊擊	武翼將軍
7. 正四品	都司	昭武將軍
8. 從四品		宣武將軍
9. 正五品	守備	武德將軍
10. 從五品		武德佐騎尉
11. 正六品	千總	武略騎尉
12. 從六品		武略佐騎尉
13. 正七品	把總	武信騎尉
14. 從七品		武信佐騎尉
15. 正八品	外委千總	奮武校尉
16. 從八品		奮武佐校尉
17. 正九品	外委把總	修武校尉
18. 從九品	額外外委	修武佐校尉

---

[5] 許雪姬〈清代臺灣的武備制度〉，（收於 79 年臺灣史蹟源流研習會研究班講義彙編，民國 78 年 12 月印行）頁 105~106。

　　左右營下領實額步戰兵，則屢有變動，如乾隆五十四年（1789年）各裁戰守兵50名，撥戍台灣；嘉慶十六年（1811年）各裁戰兵11名，守兵13名，撥戍台灣之艋舺。又如嘉慶十一年，以剿海盜蔡牽、朱濆，兩營添募新戰兵，要之，大體維持一千名人數左右。不過，金門孤懸海島，東達澎湖，北至湄州蔡子嶼，與海壇連界；南至將軍澳，與銅山連界，上下四百餘里，洋面遼闊，港　紆迴，汛附布列，在在需兵增禦守防，已屬鞭長莫及。尤其是如逢戍台班政之年，每起每營換兵140名，撥往之兵已經起程，換回之兵尚未內渡，存營兵勇實為無幾，到了光緒七年（1881年），奉飭改編練軍，金門營額兵無多，副將楊萬勝，即就戰守各兵，挑選練軍二百六十六名，分編中、前、後三哨，每哨設正副哨長各一員，內分九棚，棚各十名，其一為什長；惟中哨僅設八棚；哨長即就營弁委充，全軍屯聚在哨，呼喚互應；又延聘教習，教演洋操，早晚操練，頗壯觀瞻。夜則分配各境口堆巡更，及隨官查夜，聞警即至，防務頗周。

　　不入練軍者為伍下，至伍下之兵，所餘不多，除分配船汛外，其上、下兩署供役，及各局頭（八局頭目，由都司領餉按名分包，發給各兵），率為老弱之輩。未幾奉文裁兵，又去十之三，尚存三百餘名，不敷分配。迨光緒二十四年，裁去中哨，僅留前後兩哨，各口堆巡更，及查夜之兵，更形減少。三十年後奉文停補新兵。宣統元年（1909年），又裁把總一員，外委三員，額外一員，暨歷年死亡未報之兵六十餘名，亦抵作裁額。至是全營所留，僅一千總、二把總，三外委，三額外，及練軍伍下二百九十五名之戰守兵而已。

　　（二）同治以後

　　同治六年（1867年），總督左宗棠奏請裁兵加餉，新定水陸營制，移金日右營官兵駐湄洲，移廈門提標前營官兵駐磁口。所有金門前轄水汛，酌量分撥提標湄州兼轄，並將金門總兵暨左營遊擊、守備裁汰、改設副將，都司二員，其千總以下弁兵亦裁去大半。

　　金門營自同治六年改鎮標為協標，兵額減少，而水汛仍然多所，洋面遼闊，馴至民國三年（1914年），全營乃完全裁撤；至金門協副將一員，中軍都司一員，亦裁。其舊有船隻，年久失修，多朽壞無存。槍械如來福槍、毛瑟槍有用者，概解交廈門司令部點收。舊領旗幟、帳帆、木械、籐牌、弓矛、刀劍之屬，大率朽爛無用，移交思明縣駐金科收儲。即如前存軍裝局及各砲臺大砲頗多，民國三、四年間，省吏將全省舊砲發賣，亦經迭次運去無存。嗣後，兵制廢置無常，駐防無定，也非本文主旨所疇，茲不多述。[6]

第三節　總兵署之興建沿革

一、清領時期

　　如前所述，清初於金門設水師援勦右鎮，康熙十九年，改援勦右鎮總兵官，為金門鎮總兵官，時駐札金門所城。其地在浯州之南，距後浦五里，東、西、南阻海，北阻山，高聳臨江，極目東南，為備海要地。先是其先洪武二十年，置守禦千戶所於金門，

---

[6]　郭堯齡《金門縣志》卷九〈兵事志〉第一篇第三章第二節（金門縣文獻委員會，民國68年6月30日出版），頁239~240。

江夏侯周德興築所城以資捍禦。城周六百三十丈，高連女牆二丈五尺，窩舖三十六，外環以壕，深廣丈餘，為門四，各建樓其上，置千戶所於此。永樂十五年（1417年），都指揮谷祥增高城垣三尺，並砌西、北、南三月城。正統八年（1446年），指揮劉亮、千戶陳旺，增築四門敵樓。嘉靖三十七年（1558年），所署燬於火（一說萬曆二十七年，1599年）。[7]

清康熙初重修，為總官兵駐扎之地，後總兵陳龍移駐後浦許獬讀書處「叢青軒」，城遂廢。此次移駐後浦原因有三：

（一）所城傾圮，人煙稀少：

按，清康熙二年（1662年）遷界之役，城燬屋焚屋焚，故設鎮時，所城人煙稀少，不復其舊，總兵陳龍不得不移駐後浦。故老相傳，當年南門外賈舶叢泊，城內人煙稠密，有東、西、南、北四大街，及城中心之八卦街。清初墮城毀舍，遷民於內地，後又移鎮後浦，舊城遂墟，今城內耕地，隨處可見磚礫瓦片，僅北門外，尚存舊街巷一小段而已。[8]

（二）地勢轉變，繫舟不穩：

金門四面環海，所轄洋面七百餘里，屬汛亦多，在在需兵防守。而「後浦港南盡下滋、盧嶺，而遙匯諸路之水，外環以沙汕，潮漲不沒，為全浦關鎖」[9]故早在明代嘉靖年間，鄉民自築堡塞，以禦倭寇。崇禎末，一度為海寇李魁奇攻陷。鄭成功築浯州城，相傳即就後浦堡修築，並曾練兵及造船於後浦。[10]故康熙間，總

[7]　林焜熿前引書，卷四城寨，頁2。
[8]　參見林焜熿前引文，頁2；及註1前引書卷二第三篇第一章第二節，頁250。
[9]　林焜熿前引書，卷二〈分域略〉、「港埭」，頁16。
[10]　註1前引書卷二篇四第二章第一節，頁288。

兵移駐後浦，乃幾經籌劃，「以為後浦地勢包藏，港道深穩，可以進戰退守，并設三營，而以總兵蒞之，與遊守分哨梭巡，俾顧外洋全局。」[11]反之，舊城一衰於倭寇之焚掠，再衰於清初墜城之毀舍，年湮代遠，碎瓦殘礫，徒留陳跡，而且「金門舊城，海中有汕，曰海翁汕，昔日汕浮起如平地，故港口包藏，可以泊船，今則汕已沈沒」，[12]是以雖有人以為後浦之地「叢雜市街有巡哨不及之患，不若仍駐舊城為愈」之意見，[13]但林豪以為制度要隨時隨地，各適其宜，未可拘泥成見，何況桑田滄海，移步換形，金門舊城在明代「其時海口沙汕浮實，地勢包藏，船可常泊，今則沙汕已平，繫舟不穩。故移文武鎮營於後浦，非得已也。」[14]

（三）迷信風水，期盼子息：

後浦自明代以來，生聚漸繁，漁農於焉倡興。尤以許氏宗族徙居之後，「歷世萬曆天啟間，科甲聯掇，人丁富厚，群推銀同為名族」，其中又以許獬最稱傳奇。許獬原名行周，以作夢揭魁榜，更為今名，字子遜，號鍾斗，萬曆丁酉（二十五年，1597），舉於鄉；辛丑（二十九年）會試，高中第一人，故有許會元之稱。尋殿試二甲一名，改庶吉士，授編修。獬性嚴峻，殫心力學，矢口縱筆，精義躍如，海內傳誦其文，曰許同安。許獬讀書處在後浦北門，中有叢青軒，許氏即以名其文集。明代熊明遇於〈叢青軒集序〉云：「余嘗薄遊閩中，東行海上，陟天姥嶺，望泉南諸峰巘，點黛發翠，如食豆蒥，交通旁羅，與日氣霞標澳盪，此叢

[11] 林焜熿前引書，卷五〈兵防志序〉，頁 32。
[12] 林焜熿前引書，卷五〈兵防志〉，頁 64。
[13] 同註 7。
[14] 林焜熿前引書，卷四〈規制志〉，頁 1。

青之所以名軒哉。」[15]。許氏宗族自移居後浦後，科名風節，接武比肩，且人丁富厚，故總兵陳龍艱於子息，乃有人嗾使，言後浦多佳氣，因由所城移駐許獬故宅，許氏族譜記其事：[16]

> 金門故所城也，隸于永寧之萬戶衛，榮轅貔貅咸置焉。鼎革以後，海氛未靖，歲在庚申（康熙十九年，1680 年），設總兵官守其地，而首鎮斯土者，則漳人鱗長陳公諱龍也。舊置轅於所城北門外，諸弁錯置處環衛之會，陳艱於子息，有嗾之家於浦者，壬戌（康熙廿一年）陳遂移駐吾家，於是荒城兵墟漸成堅壘，我有藩籬彼自毀之，我有田疇彼自闢之，莫敢以問矣。然陳輕財好施多有稱之者，辛未五月，族人徽初兄弟，沒官糖，負累綫不堪，追比二女，年將近笄，鬻為將家婢抵債，陳微聞慘狀，集族諸生訊，故得其詳，捐貲百金贖還之，持卷入并付諸火，其有德於吾族甚厚，此亦瑕瑜之不相掩者也。

另一族譜序小引也記：[17]

> 迄居本朝康熙庚申年，設鎮金門，首鎮者陳公龍也。舊址在斯城北門，公艱於子息，壬戌嗾之，借吾地築署，於是屬員，接踵而來，吾地遂為兵馬駐劄之所，雍正甲寅年（十二年，1734 年）鎮金門者，呂諱瑞麟詳請同丞分防金門島，

---

[15] 許獬《叢青軒集》（金門縣文獻委員會，民國 60 年 8 月出版），中「許子遜叢青軒集序」頁 6。

[16] 《銀同浯江珠浦許氏大前廳支派草葉小族譜》中「移駐之變」（原同治元年十一月十五日版，民國 82 年元月再版，許氏族譜資料室重修），頁 82。

[17] 同前註，「珠浦許氏族譜序小引」，頁 30。

建衙署於吾地西北，不數年而高鎮諱得志公，為兵食之
謀，准請積粟各設倉廠於西浦公之墓右，是晦氣而後吾族
之受其殃者，不一而足矣，嗟呼！盛衰之勢，關乎氣運，
昔之盛轉而衰，衰之後寧無更有昔者乎！然自本朝以來，
科甲依然罔替，人數屈指而仲者，千有餘丁，吾族之盛庶
乎望於此起也。

　　據上述史料，是可知康熙廿一年，總兵陳龍，就明會元許獬
讀書處叢書軒，改置總鎮署。其時之建置形式，史無明文，已難
究尋，不過，茲轉錄其時水師提督署以供參考：[18]

　　水師提督署，在城內。康熙二十四年將軍侯施琅建。中為
　　正堂，東西廊為本稿諸房，前為露臺、通道、儀門。大門
　　外為鼓吹亭，南為轅門，轅門外為將裨官廳。正堂後為穿
　　堂，為內署，又後為來同別墅，東為夾道，西為幕廳，內
　　為司廳，外為射團，署西為大道，為廳事。又有足觀堂、
　　澄心堂、八風亭、方池、怪石、諸勝。最北有亭跨北城，
　　為城中最高處，可以遠望。嘉慶二十年提督王得祿重修。

　　至乾隆二十八年（1763年）所刊印之《泉州府志》卷十二〈公
署〉已稍能述其形式：[19]

　　金門鎮總兵官署在同安縣浯州嶼後浦，國朝康熙間總兵官

[18] 周凱《廈門志》卷二〈分域略〉「官署」（原道光十九年版，成文出版社翻
　　印，列入中國方志叢書八十號，民國56年12月臺一版），頁50。
[19] 《泉州府志》卷十二〈公署〉，（乾隆二十八年十二月出版，同治九年二月
　　重刻，民國53年10月10日，賴金源，朱商羊翻印本），頁51。

陳龍改建。中為正堂，為儀門，左右為鼓吹亭，南為轅門，轅門外為將裨官廳。後為內署，東為東花廳群房，西為西園幕廳。

按，所謂西園幕廳，應即是幕僚商討辦公之處，如《金門志》人物列傳記林俊元「為鎮署稿識，掌書記，勤於其職。歷任總兵竇振彪等，皆禮重之。……書檄文移，多出其手」，[20]蕭南樞「充鎮標稿識，總兵竇振彪延為記室。振彪官廈門提督，奏摺書檄多出其手」，[21]等皆是在該廳辦公。

「儀門」據中文大辭典解釋：「官署大門之內有儀門，明清兩朝均有之，取有儀可象也。清末避宣統帝溥儀諱，改為宜門。或謂儀門為旁門，本作䛜門，詳䛜門條。」，「䛜門」條之解釋為：「別門也，……今府縣衙門有正門有旁門，旁門即䛜門也，世俗作儀門，訛。」是知儀門者大門之內的旁門。同書「轅門」條解釋：「以轅相向為門也。『周禮、天官、掌舍』設車宮轅門。註：謂王行止，宿阻險之處，備非常，次車以為藩，則仰車以其轅表門。疏：言仰車以其轅表門者，謂仰兩乘車轅，相向以表門，故名為轅門。」可知轅門為大門之外，形似車轅之門，作為藩離阻隔之用。

金門總兵署創建於康熙二十一年，之後是否有所修葺擴建，史料匱乏，難以明言，嘉慶二十四年（1819 年）「夏四月，大雨雹，壞禾麥，總兵署大榕連數抱者，絕根而仆，瀕海魚艇抉去數

十里。」[22]，道光七年（1827 年），「春三月，大雨雹，發屋破窗，麥仆歉收」，[23]似此災情慘重，壞屋宇，拔榕樹，總兵署建物恐難置身事外，避過災害，理應事後有所修建。唯一確切者，嘉慶間總兵林孫（十七年五月任，二十一年離職）曾重修西園，署曰「堂花閣」。[24]

　　至道同年間所修之《金門志》，已有較詳實記載，並且與乾阪年間建置形式有頗大之出入：[25]

　　　　金門總兵署，在後浦東門。康熙間，總兵陳龍，就會元許獬居改置。中建正堂東西夾兩室。西藏王命、書籍等項。東貯餉庫，翼以將褌官廳。面即案牘祠，下闢甬道，兩廊列吏、戶、禮、兵、刑、工、及本稿諸房。儀門外為土地祠、材官廳。大門外為旗廳、左右蓋鼓吹亭，南開轅門，環以木欄，轅門之外，西為左營防汛廳，東為右營防汛廳。暖閣後為穿堂，為內署，耳房不計，最後繞以周垣。有曠地，可闢為圃，中有嘯月軒。（黃夢琳題嘯月軒贈藍總戎詩二首）東為東花廳群房，為箭道，總兵李芳園勒汰營弊，立石碑於此。馬房麗之。西有通衢，越衢為西園幕廳，間架寬敞，前闢露庭，再西又有屋宇，已圮。其南數宇，嘉慶間總兵林孫重修，署曰堂花閣。

　　按，黃夢琳，字球卿，別號雪舟，晉江諸生，侍郎徽孕孫。

[22] 林焜熿前引書，卷十六〈舊事志〉「祥異」，頁 12。
[23] 同前註。
[24] 同前註前引書，卷四「公署」，頁 5。
[25] 同前註。

性清介，工詩詞。乾隆間，游擊藍元枚延居幕中五載，棹孤舟來往兩島間，興酣落筆，意致殊豪，廈島英鳳翔輩，多從之問詩，尋贄，入後豐港，居數年卒。著有《怡情集》。[26]夾註中之藍總戎為藍元枚，金門縣民國以來所修諸志均謂是「藍瑗」（康熙三十五年任金門總兵，四十二年二月九日離職），實是大錯。藍元枚為藍廷珍之孫，能繼家聲，乾隆三十九年二月任金門總兵，四十年六月丁母憂離職，金門志無傳，但他書皆有詳傳，以文長，茲不俱錄。[27]據此夾註，可知乾隆三十九年，總兵署內已有「嘯月軒」，與乾隆二十八年之《泉州府志》記述比較，則其後應有若干添建，惜語焉不詳，難以稽考。

　　至於如「李芳園勒汰營弊，立石碑於此」一事，查李芳園於乾隆五十四年九月任金門總兵至五十七年，五十八年十二月回任，金門志中有其傳，詳述其汰弊之事：[28]

　　　　李芳園，廣東海陽人，武進士，侍衛。乾隆五十二年，以參將從征臺寇林爽文功，賞花翎，授金門鎮總兵。標營多積弊，疏別殆盡，一切陋規，毫勿受。金門兵米由廈防廳倉領運散給，差弁從中舞弊，濕水糝糠秕，甚或甬斛欠平滿。至月餉虧短零頭。芳園履任，風清弊絕，猶時令親信，遇給領米餉期，中途錯召至署，為秤量，弗如式，立予彈

[26] 《增修金門縣志》卷十二〈人物志〉第八章「寓賢」，頁1509。
[27] 關於藍元枚傳記，可參見：(1)諸家《碑傳選集》第四冊（臺銀文叢第二二○種，民國55年3月出版），頁545~548。(2)諸家《清耆獻類徵選編》第七冊（臺銀文叢第二三○種，民國56年4月出版）頁1095~1103。茲因其文過長，不引錄。
[28] 林焜熿前引書，卷七〈名宦列傳〉「武功」，頁3。

革。尤嚴盜賊，密防弋獲，民戶不夜閉。故事武職不得與民事，芳園巡洋歸，攀輿牒訟者，立移縣丞，到署庭鞫，曲直隨判，吏不能為高下手。浦有孀婦，舍後忽一臥尸，甲保將私索賄，芳園廉知，立給槥發瘞。諸多善政，不可殫述。後卒于官，宦囊蕭然，喪婦，百姓遮道焚香，追送。有老嫗哭之哀，問其故，曰：吾夫為舵工，操船擊碎，中軍責賠，公曰：風濤非人力所施。吾兩子從戎，中軍並召戍臺，公曰：一子留養。一子犯法，中軍汰退名籍，公薄鞭而宥之。吾嘗私祝公長生，不意竟死，是以慟。眾為墜淚。芳園剛直廉正，具文武才，在鎮七年，軍民皆受其福，迄今口碑載道，僉謂鎮金第一云。

同治七年，裁金門總兵暨左營遊擊、守備，改設副將、都司兩員。總兵署亦改為協鎮署，形制未變。而週遭也漸成市集街衢，《金門志》記其附近街市有：[29]

1. 衙口市：鎮署轅門外曠地，架棚為市，俗呼衙門口，賣魚及豬肉多聚此，後移新市場。

2. 當店巷：由衙口市折而東，接內較場馬路邊。

3. 西轅門街：在後浦鎮署西。即今之浯江街，民國五十三年，由舊西轅門拓建，接中興北路。政委會前面一段（舊衙口市，今縣警察局），係民國五十年整建，有店屋四十餘棟。

4. 東轅門集：在後浦鎮署東，每日販賣海鮮聚此，即今之菜市場路。

[29] 林焜熿前引書，卷二「街市」，頁20。現代部分之增補，另參《增修金門縣志》卷二〈土地志〉篇三第一章第二節，頁250。

5. 專汛口集：在鎮署西，歲時聚賣蔬菜及蠣房。

二、民國以來

宣統三年（1911年）辛亥革命，民軍光復廈門，時金門分縣陳國衡，聞廈有軍隊將來金，半夜逃去。金門秩序大亂，紳商公舉都司饒肇昌，成立臨時民政廳，維持地方秩序。

民國創建之初，尚保留清制，官兵約三百名，內含金門協副將一員、千總一員、把總二員，外委三員、額外三員，練軍伍下戰守兵二百九十五名。至三年始裁，軍械亦悉繳無餘。同年，撤廢清制，析廈門為思明縣，隸金門於思明，派分治員駐金理事。其辦公處所在原縣丞廢署，五年經清理官產處飭縣估變賣，已非官產，現部分為基督教堂，部分為民房。[30]四年，金門設立縣治，協鎮署亦改為金門縣公署，正堂甬道，尚存舊日形式，嘯月軒，棠花閣均不存，其餘附屬廳舍亦均改變。

民國五年底，於縣署大門內之西偏，由金門首任縣知事左樹燮建監獄看守所。此一看守所，曾沿用多年，民國五十年遷建山外新址，原址由金門戰地政務委員會改建辦公處使用，今則改為招待所用。關於此一監獄看守所之興建，左樹燮勒有一碑詳述始末，茲迻錄於下：[31]

縣知事左樹燮建設監獄看守所碑記：金門自前清改廳為

---

[30] 同註1前引書，頁259。

[31] 劉敬《金門縣志》卷八〈建設志〉「廨署」（金門文獻委員會，民國47年印行），頁83。按此書引碑文之知事名為左樹變，但據所有他書，均作左樹燮，應以「燮」為正確。

丞，事稍重大者，悉控訴審於廳縣，故其時無監獄之可言。
洎民國制度更新，建設改良，前省長許公，知金門為海疆
要地，關係國防，適士民稟請設治，於是俯順輿情，轉陳
政府，奉准置縣。三年九月，余奉命籌辦設治，四閱月而
規模畢張，縣治成立，夫有縣即有獄，古之制也，今用之
以代徒刑，既為司法之尾閭，誠有建置之必要。方今改良
監獄，注重人道，而丞署舊有之看守所，湫隘穢濁，囚其
中者，異常慘苦，則建設新獄，尤難稍緩，祇以手續繁多，
文報往復費時一稔有奇。迨計劃既定，鳩工庀材，就署之
西偏，闢地營造，以五年十二月竣乃工。按內部區為兩楹，
左右各九堵，一監獄、一看守所、前輔兩室、管獄員丁駐
焉。是役也，建築費計洋三千六百元，購置及勒石費計洋
四百六十元，除許公撥公帑銀元一千元外，餘悉出自募
捐，另列以碑。許紳替虞、林紳乃斌、傅紳錫琪與有力焉；
而林紳致賢，則獨任督造之勞。若人民急公好義，樂於輸
將，毋亦余之以誠相感召乎。茲以監所落成而喜，設治所
有事告完全矣，因記其事實，以壽貞玟云爾。

　民國肇建以來，金門初無重大兵事，有之，惟內陸盜匪不時
肆劫，縣署亦受波及，如民國七年（1918 年）十二月初三夜，有
土匪自劉五店來者一百二十餘人，由烏沙頭上岸，至後浦，天尚
未明，遇北隅鄉團，開槍互擊，土匪傷五人，而團丁無一人受傷
者。土匪繼分一隊攻縣公署及商會辦事所，無所得，黎明逃去。
[32]

[32] 同註 1 前引書，卷九〈兵事志〉第二篇第一章，頁 1233。

　　迨抗日戰起，金門地當閩海要衝，首遭敵寇蹂躪，備極慘痛。如二十六年十月二十六日，日軍登陸金門，分水頭、舊金城、古崗三路，直薄縣城。未幾進縣政府，釋監犯十餘人，居民紛從瓊林、沙美，向大嶝、同安、廈門一帶撤退。至三十三年八月廿九日，盟機 B29 型轟炸機一架，轟炸後浦東門，投彈六枚，菜市場被毀，文厝內夷為平地，其旁之公署如何？不得而知。三十四年八月十四日，日本無條件投降消息傳到島上，全縣民眾雀躍歡騰，偽公署人員避匿一空，民眾擁入公署，釋放監犯，搗毀文件、桌椅。有覓仇毆打者，全島一時陷於無政府狀態，地方士紳乃公推張夢我，暫出維持地方秩序。[33]此一混亂暴行，公署無端波及受損，誠無可奈何。要之，日據時期，公署是否有所改建修補，史料缺乏，無可究知。但卻有一祥異傳聞，頗資一談：[34]

　　後浦許獅故宅，清代作為鎮署，中有木棉、榕樹，高皆數丈，枝葉茂密，眾鳥爭巢，惟白鷺最多，數以百計，飛宿成群。同治間，改鎮為協，鷺忽一夕飛去，但存鴉啼。民國初年，綠營裁撤，署空無人，眾鳥亦相率移巢於縣丞署中樹。後縣治成立，眾鳥復還舊巢，豈官署有盛衰，而鳥能望氣，亦隨人事為轉移耶！又木棉樹每年花開不繁，三十四年，忽大開，望之如火，是年抗日勝利，金門光復。

　　光復以來，署之駐防單位亦屢有變遷，歷經滄桑。先是民國三十八年十二月金門防衛部、福建省政府設治於此。四十六年二月，金門戰地政務委員會移駐本署辦公。五十二年政委會於西邊

[33] 同前註，頁 1236。
[34] 劉敬前引書，卷十四〈摭錄志〉第二篇編餘雜誌第一章叢談「鎮署祥異」，頁 1015。

曠地，增建二層大樓一棟，五十六年修建辦公處舍三十六間，成為今貌。五十八年金門政務委員會縮併，由警察局與自衛總隊部合署。而金門縣警察局借用後浦城隍廟，五十九年遷於政委會本署之東廂及後堂為局舍，自衛總隊部則借用西廂房。七十六年，自衛總隊部遷原莒光分部校址，更名為莒光山莊。而公署現為金門縣警察局暨臨時縣議會駐署。[35]

第四節　小結

金門舊稱浯洲，明洪武二十年（1387 年）設金門千戶所城，因以名焉。金門之有史可考者，溯自唐代。德宗貞元十九年（803 年），中原牧馬監陳淵來浯牧馬，篳路藍縷，以啟山林，島上始有漁鹽耕稼之利。宋朱子講學，以禮導民，歷代以還，人才輩出，夙有「海濱鄒魯」之譽。而歷代均屬同安，民國肇造，始設縣治。

金門乃海外荒島，合群島為一縣，大者不外三十里，小者數里，天然之水甚少，來源不長，未旱即涸，堪稱島地斥鹵，田不足於耕。金門雖海外撮土，丸泥片壤，然論其疆域形勢，實海門鎖鑰攸關，不特屏障泉漳，且外近臺澎，上接海壇、閩安、下連銅山、南澳，實握東南海疆中樞，視廈門尤為險要。

金門為海中要害，有事必爭之地，是以自宋迄民國以來，幾經蹂躪，遺篇具在，陳跡未湮，要言之，以形勢論，既為我所應守，即為敵所必攻，迨明鄭以降，兵馬倥傯，大患在侵略，小患在抄掠，故全邑兵防，實在海，不在陸，金門最重要者，莫如兵制、海防。

---

[35] 同註 1 前引書，卷二第四章廨署，頁 259~260。

　　金門職官，明以前可考者，在唐有牧馬監、在元有鹽場司令，皆非牧民之官。明置守禦千戶所，職猶武秩。清初設通判，後改縣丞，始有文職專理民事。然而海外浮漚，固是人民財產之所寄，論其地位，實有繫於東南沿海大局，正是匪淺，武備海防尤是其要，故明鄭以降，遂成重鎮。清初領有金門，時設水師援剿右鎮，康熙十九年（1680年），改為金門鎮總兵官，標下大體轄有中、左、右三營，顯示其時重要性。

　　總兵官為正二品之武官，三年一任，上承督臣節制，下樹將弁表率，以求地方甯謐，文武和睦，其主要任務，舉其大端，有巡閱營伍、造冊奏報、管理兵屯，訓練兵丁、審判民刑、帶兵打仗等諸職責。

　　中葉以後，海守清平，無庸虛糜正帑，於是或移或撤，同治七年（1868年），裁金門總兵，改設副將，兵額減少，已淪為地方保安防盜之用。光緒七年（1881年），奉飭即就戰守各兵，挑選改編練軍。未幾奉文裁兵，又去十之三，不敷分配，陡存形式。馴至民國三年（1914年），全營完全裁撤。從來制度，隨時隨地，各適其宜，未可泥於成見，況桑田滄海，移步換形，要能變通其制。幸而陳跡未湮，其存者，清之總兵署也。

　　清初總兵駐紮金門所城，其時海口沙汕浮實，地勢包藏，船可常泊。其後因所城傾圮，人煙稀少；沙汕已平，繫舟不穩，兼以總兵陳龍艱於子息，迷信後浦風水，於是幾經籌劃，以為後浦地勢包藏，港道深穩，可以進戰退守，故移文武鎮營於後浦，並設三營，而以總兵蒞之，與遊守分哨梭巡，俾顧外洋全局。

　　康熙十九年（1680年），設鎮金門，世守其地，舊址在所城北門外，二十一年，移鎮後浦，置署於明許獬讀書處——叢青軒。

嗣後總兵署迭經修建擴增，直至同治七年，裁金門總兵，改設副將，總兵署亦改為協鎮署，形制未變。

民國肇建，初，保留清制，未予更動，協鎮署幸而無恙。迨至四年（1915年），金門設立縣治，協鎮署遂改為金門縣公署，正堂甬道，尚存舊日形式，餘附屬廳舍均有改變。五年，首任縣知事左樹燮，於縣署大門內西偏，新建監獄看守所。抗日戰起，金門慘遭日寇蹂躪侵佔，公署左右則迭遭盟機空襲轟炸。迨抗戰勝利，民眾擁入公署，釋放監犯，搗毀文件桌椅，以求洩恨，公署無端遭受破壞。

光復以來，公署駐防單位屢有變異，先是金門防衛部、福建省政府，次則金門戰地政務委員會，並於民國五十二年、五十六年大興土木，成為今貌。今則為縣警察局暨臨時縣議會駐署之所。

由前述可知，清金門鎮總兵署的建築非但是明代大儒許獬故居「叢青軒」舊址，更是設治以來金門地區最高行政官署所在，其建築規制仍大致保存清道同年間格局。無論是由歷史或建築觀點而言，誠為金門地區極為重要的文化資產。

因此民國八十年（1991年）11月23日由內政部公告列為國定三級古蹟，近再改成縣定古蹟。民國八十四年，最後使用的縣警察局與臨時縣議會遷出，隨即進行整修規劃。整修後之總兵署，仍為四進兩廊式的四合院建築。門前的廣場，金門民間仍習稱為「衙門口」，於假日慶典時，作為民俗活動的表演場地，或露天電影的欣賞，充滿歡樂喜慶的熱鬧氣氛，已無昔年衙門官署的肅殺氛圍，但一進入門內，昔日那股深嚴凜然的肅殺氛圍，又再度襲人肌膚。今日的總兵署已規劃作為文物史料展示館，除大堂、內署明間、內宅明間以臘像人物重現昔日官場活動意象外，其餘

各室規劃為總兵署的相關史料文物的展示空間。後院那棵參天的木棉古樹，不僅在民國八十四年被金門鄉親票選為金門縣樹，且是登錄有案的百年老樹，每屆春末夏初，滿樹鮮艷，嫣紅似火，一身喜氣，似乎迎接總兵署新生命新意象的來臨。

　　三百年來之總兵署歷經滄桑，看盡人間，其中大事可述可記者，史不絕文，茲列表於后，以為說明，兼為本章之結束：

金門總兵署歷代大事紀表：

年代	大事紀
明萬曆年間 （1573~1619）	總兵署原址原是明許獬讀書處（非其宅弟），名為叢青軒。
清康熙 19 年 （1680）	金門設總兵官，首任總兵為陳龍（麟長），置鎮署於金門所城北門外。
康熙 21 年 （1682）	因舊所城傾圮，人煙稀少，且地勢已變，繫舟不穩，而後浦港道深穩，遂移鎮後浦。而叢青軒為許氏族人所居，人丁旺盛，屢中科舉，陳龍艱於子息，相信風水之說，遂以叢青軒為鎮署所在，為總兵署創建之年代。
乾隆 28 年 （1763）	總兵署形制：中為正堂，為儀門，左右為鼓吹亭，南為轅門，轅門外為將禕官廳。後為內署，東為東花廳，西為西園幕廳。
乾隆 39 年 （1774）	後園中已有嘯月軒，不知何時建。
乾隆 54~57 年 （1789~1792）	總兵李園為整頓綠營弊端，立石碑於東邊箭道，以示警誡。
嘉慶 17~21 年 （1812~1816）	總兵林孫於西園增建棠花閣。
嘉慶 24 年 （1819）	夏四月，大雨雹，壞禾麥，總兵署大榕連數抱者，絕根而仆。鎮署本身損壞情形不詳。
道光 7 年 （1827）	春三月，大雨雹，發屋破窗，麥仆歉收。鎮署受損如何，不知。

道同年間 （1821~1874）	其時形制約為：中建正堂，東西夾兩室，翼以將裨官廳，面即案牘祠。下闢甬道，兩廊列吏戶禮兵刑工等諸房。儀門外為土地祠、材官廳。大門外為旗廳，左右蓋鼓吹亭，南開轅門，環以木欄。轅門之外，西為左營防汛廳，東為右營防汛廳。暖閣後為穿堂，為內署，最後繞以周垣，有曠地，闢為圃，中有嘯月軒。東為東花廳、群房、箭道、馬房麗之。西有通衖，越衖為西園幕廳，前闢露庭，再西有屋宇，已圯。其南也有數宇，棠花閣在此。
同治七年 （1868）	裁金門總兵，改設水師副將，總兵署亦改為協鎮署。署中白鷺飛去，只存烏鴉。
民國 3 年 （1914）	民國創建之初，保留清制，仍為協鎮署，至三年始裁。署空無人，眾鳥相率移巢離去。
民國 4 年 （1915）	金門設立縣治，協鎮署改為金門縣公署。正堂、甬道尚存舊日形式，嘯月軒、棠花閣不存，附屬廳舍也改變。眾鳥此時復還舊業。
民國 5 年 （1916）	金門首任縣知事左樹燮，於縣署大門內西邊，建監獄看守所，於民國 5 年 12 月竣工，其形制：中為兩楹，左右各九堵，一監獄，一看守所，前輔兩室，管獄員丁所駐。
民國 7 年 （1918）	有土匪自劉五店來，其一部攻縣公署及商會辦事所，無所得逃去。
民國 15 年 （1926）	八月，縣公署改為縣政府，縣知事改稱縣長。
民國 33 年 （1944）	民國 26 年 10 月，金門為日寇所佔。28 年設為金門行政公署，歸廈門市管轄。33 年 8 月 29 日，盟機轟炸後浦東門，菜市場被毀，文厝內夷為平地，其旁之公署受損如何，其詳不知。
民國 34 年 （1945）	8 月 14 日，日本投降，民眾擁入公署，釋放監犯，搗毀文件、桌椅。是年，署中木棉樹花大開，望之如火，象徵勝利之慶。
民國 38 年 （1949）	12 月，金門防衛部、福建省政府設治於此。
民國 46 年 （1957）	2 月，金門戰地政務委員會移駐本署辦公。

民國 52 年 （1963）	政委會於西得曠地，增建二層大樓一棟。
民國 56 年 （1967）	政委會修建辦公處舍 36 間，成為今貌。
民國 59 年 （1970）	金門縣警察局遷於本署東廂，後堂作為局舍。自衛總隊部借用西廂房，76 年遷走。
民國 80 年 （1991）	11 月 23 日內政部公告列為國定三級古蹟。
民國 81 年 （1992）	為縣警察局及金門縣臨時縣議會駐署辦公之所。
民國 84 年 （1995）	木棉樹被票選為金門縣縣樹，並登錄為百年古樹。
參考資料：(1)《金門志》（清道同間修，光緒八年印行）(2)《金門縣志》（民國 10 年修 47 年印行）(3)《新金門志》（民國 56 年修、印行）(4)《金門縣志》（民國 66 年修，68 年印行）(5)《增修金門縣志》（民國 77 年修、81 年印行）	

邱良功之母節孝坊

第一節　引言

　　昔人曾論：「閩海四島，金門、廈門、海壇、澎湖，舊有富貴貧賤之分。謂廈門富、金門貴，而澎湖獨以貧稱也。」[1]蓋金門歷代不特以功名顯，而尤以人品著。如有明一代，隆、萬、啟、禎間，名流輩出，宏才碩學，經濟氣節，史不絕書。其赫赫者，盧牧洲司馬，文章氣節，凜然卓絕千秋；瀚墨則許鍾斗，品德則黃孟偉；蔡清憲之情操，林文穆之剛風，忠貞如陳定海，孝行如顏孝先，犖犖各數十輩，文事之興，一榜曾登五進士。[2]流風遺緒所及，至清朝名將輩出，搴節鉞膺五等者，比閭相望，有「九里三提督，百步一總兵」之諺。官至提督軍門者四人，仕至總兵者九人，任副將者十四人，任參軍將者八人，官游擊者二十六人，都司十二人，守備四十二人，其他如任千總、把總職位者尤夥，

---

[1]　林豪《澎湖廳志》（臺銀文普第 164 種），卷十一舊事〈叢談〉，頁 385。

[2]　以上諸人列傳事蹟，請參見林焜熿《金門志》（中華叢書委員會，民國 45 年 7 月印行），卷八〈人物列傳〉。

武功彪炳，盛況一時，史不絕書，金門之「貴」，蓋有以之，足
見山川鍾奇，無乎不有。

　　至若節烈名媛，金門夙稱海濱鄒魯，人倫教化所及，節孝貞
烈之婦女幾於無鄉無之，不特清淑之氣萃於名流，抑且勁直之風
成於婦女，舊志固重其事，列載節孝、烈婦、烈女、貞女、賢媛
等五百餘人，其遇難，其心苦，雅操懿行，表表人寰。維往昔所
彰，意在宏揚禮教，綱紀倫常，今茲時代不同，觀念已異，自不
能再苛責婦女食貧守寡，殉夫死節，否則易引起今之女性同胞抗
議，現節錄其史事而舍其論，請先從探討清代節孝旌表申請條件
談起。

第二節　建坊入祠的條件

　　在我國傳統社會中，為綱常名教之所關，世道人心之所繫，
官府對於具有忠孝節義之人，旌表其人之善行耆德，以為獎善之
儀範，作為維持風教之一種手段。依《欽定大清會典事例》所載，
可與旌表之種類有九：(1)樂善好施，(2)急功好義，(3)節孝，
(4)累世同居，(5)百歲，(6)親見七代，(7)夫婦同登耆壽，(8)
兄弟同登百歲等。其中「節孝」，指孝子、順孫、義夫、節婦、
烈婦、貞女、孝婦等等，也即是說，旌表節孝就是在表揚這幾種
人之「孝順」與「節烈」事蹟。旌表的種類雖然繁多，旌賞的方
式則依事蹟的不同而異，從歷代旌賞實例來看，可粗略的分為：
(1)無形的捐職，和(2)有形的給賞、賜匾與建祠建坊。捐職就是
「捐納制度」的規定，按捐貲納粟的多寡，取得晉官賜銜。給賞
則是多賜給銀兩、綢緞；賜匾又因旌表種類而不同，有皇帝御書

匾額、南書房翰林書寫匾額，及地方官給匾等數種，此外，在累世同居或百歲情形下也有題詩文的。建坊、建祠則以紀念性的實質空間，如牌坊、節孝祠等為主，立於閭里，以為表彰，以樹風聲，是旌賞中最為隆重的一種。清代旌表節孝的建坊條件，據《欽定大清會典事例》之〈禮部風教〉記載，計有：[3]

（一）節婦不論元配或副室，自三十歲以前夫亡，至五十歲完全守節；或未及五十歲身亡，但已守節十五年以上。[4]

（二）夫婦未成婚就流離失散，守志到老再行結合者。

（三）孝女以父母無子孫，終身奉養不嫁的。

（四）官婦或民婦遭寇，守節殉身者。

（五）童養媳拒絕未婚夫私姦調戲，守節致死者。

（六）強姦不從，以致身亡者。

（七）節婦被翁、姑、父、母等逼嫁致死的。

關於婦女的旌表，依大清會典禮部則例，按其身分階層又可為王室婦女、命婦、營伍婦女，和庶民婦女等，但是通常考核方式是以婦女的德行良窳為標準，分為貞、孝、節、烈四種名目，婦女只要合乎上述四種標準，即可依例請旌。請旌的程序，大致如下：首先由當地士紳造明該婦的履歷，上面註明係來自某鄉里，其戶首與出結保證者。貞女、孝女要載父母名氏，已許字者曰字某姓，未字者則云未字；貞節婦須載夫名，孝婦兼錄舅姑名氏，並某年于歸，某年夫卒，守貞、守節若干年，現存年若干歲

[3] 詳見崑岡等奉敕撰《欽定大清會典》（光緒25年刻本，臺北新文豐出版公司影印本），第十三冊，卷403~404〈禮部風教〉旌表例，頁10408~10456。

[4] 對於守節年限，清代屢有修改，越後愈短，如清初為二十年，世宗時減為十五年，宣宗時減為十年，穆宗時再縮短為六年。

等。又節婦之子孫如何,有科名仕宦者,亦須登錄其上,烈婦亦同,均須一一詳明,以防冒報。這類履歷造冊,須層層彙轉,作業程序繁複。[5]直到清末,仍有旌表婦女之行,而婦女、鄉里、子孫亦多以能獲得旌表殊榮自勉。至於旌表的方式,前已述及,有賜匾、給銀建坊,與入祀節孝祠幾種,其中又以建坊入祠,更受時人重視。建坊即是建牌坊,簡稱為坊,是一種紀念碑,以題名、題字為主體,以縱柱、橫柱組成,在柱上施以雕刻,有些牌坊又有屋頂,或可稱為牌樓。牌坊可分為:貞孝、節烈與節坊等三種,其建造位置並沒有嚴格規定,係由官方給銀三十兩,聽本家自行建坊。不過,貧窮人家縱能獲准建旌表,但在官方僅補助象徵性的三十兩,餘均由本家自理的情況下,困於財力,每每無法建坊,此所以志書列女傳中合於建坊者,比比皆是,卻少見節坊。

第三節　邱良功之母許氏事蹟

位於金門縣金城鎮東門里莒光路一段,觀音亭邊的欽旌節孝坊,原是清仁宗為旌表邱志仁之妻,邱良功之母——許氏,守節撫孫,教子成名,於嘉慶十七年壬申(1812年)建成,今被列為國家一級古蹟。

關於許氏節孝事蹟,林焜熿《金門志》卷十二〈列女傳〉記:「許氏,後浦邱志仁妻。年未三十,夫歿。遺孤良功,生纔彌月,艱辛撫養,守節三十餘年。嘉慶間,良功官浙江提督,奏請旌表

[5] 詳見盧德嘉《鳳山縣采訪冊》(臺銀文叢第73種),〈采訪案由〉,頁22~24。暨林豪前引書;卷二〈規制〉「祠廟」,頁59~61。

建坊，封一品夫人，祀節孝祠。」[6]，除此外，遍翻志書，均無
進一步詳細記載，有之，則是其子孫之記載，如邱良功傳記載「邱
良功，字玉韞，號琢齋，後浦人。襁褓失怙，長從戎。」並因追
剿海寇，累陞把總、守備、游擊、參將、賞戴花翎，加副將銜，
晉安平副將、擢定海鎮總兵。適提督李長庚戰死，授良功浙江提
督，代統其軍，卒殲蔡牽等盜家，海氛江靖，晉封三等男爵世襲。
入覲皇上於道途中卒，授建威將軍，予祭葬，諡剛勇。關於邱良
功之恬謹個性與孝順事跡，傳中提及：「良功性恬謹，謙以下人，
廉以飭躬。事節母甚慎，母病嘗糞。從戎後，以櫓櫓為枕簞，波
濤為戶庭。專浙閩九年，文檄章疏動中窾要，謝絕上壽開筵張樂
事。浙江多飼蠶，當春行部戒田聲砲，養蠶家密祝焉。寧波府試，
諸生譁，知府請兵不從。會欽使至，餉以豬羊百頭，使語來弁云：
『提軍廉，安辦此，其貸來耶？』，令齎回，其清名著聞如此。」
[7]似如此清廉行徑，俱可見母教之成功或教誠影響。

　　良功之兄，樹功傳：[8]

　　　　邱樹功，後浦人，太學生。提督良功兄。性伉爽，少商天
　　　　津，家貲盡付季弟，不問出入，時贍族中貧者。識功弟鎮
　　　　功材，善視之。迨官守備，猶歲資三百金，貽書相勗。陝
　　　　西李眼鏡，積負二萬餘金，質諸官，李詞屈，而力不能償，
　　　　法當軍，復為營脫，李趨謝，則持其手曰：「非訟無以自
　　　　解於同事，顧君行，家口何以為生？釋君，則故交情分始

---

[6]　林焜熿前引書，頁 279~280。
[7]　林焜熿前揭書，卷十〈人物列傳〉，頁 248~249。
[8]　林焜熿前揭書，卷八〈人物列傳〉，頁 195。

全，心始安，奚謝為！」晚年歸，念仲弟婦寡守，恤以千金，又分千金予季弟，囊橐遂空。未幾卒於津，家中落，時鎮功已官安平副將，歲賙之（竹畦文抄）。

據此知邱樹功之孝友義行，亦再現母儀之影響。而良功之子，邱聯恩，傳記：「聯恩本將家子，行軍紀律嚴明，所至居民爭獻芻穀，卻不受，兵勇皆感其威信，遵約束，廉俸悉充軍餉。在軍營六年，與士卒同甘苦，誓滅群賊。既殉難，十餘日獲屍，面色如生，紳民祭殮如禮。旅襯歸時，沿途哭奠者不絕。」[9]

良功從子（即姪子），邱成勳傳：[10]

邱成勳，後浦人，提督良功從子，以白衣效力行間，嘉慶十四年秋，良功追剿蔡牽於漁出，兩船比，短兵接，成勳奮身格殺，中傷落海淹沒，牽亦斃。事聞，加恩，照把總例賜卹，世襲雲騎尉。

而列女傳中，與邱家有關者，一併抄錄於后：[11]

（1）邱氏，後浦北門人布政司理問聯奎季女，總鎮聯恩姪女。適總鎮文應舉長孫外委其珍，年二十五孀守。同治甲子年卒（三年，1864年），年四十一。

（2）許氏，後浦北門人，提督邱良功之弟永勝妻。二十二歲，夫故守節，年八十九。

（3）邱氏，後浦人。提督良功姪女，適文應舉季子，把總成

[9] 同註7，頁264~266。
[10] 同註7，頁261。
[11] 散見林焜熿前引書卷十二〈列女傳〉，頁284、288、290。

佐，年二十守節，現年六十八。

（4）邱氏甘娘，後浦人，提督良功姑也。乾隆間，適東門境王國俊子慶宗。不數年，夫卒，時甘娘纔二十三歲，守節。嘉慶四年卒（1799 年）。

一門節孝如此，是福榮抑是不幸，真有不知從何說起之感慨，故明盧若騰於浯洲節烈傳序言：「婦人以節烈著，非家之福也，而不可謂世道之幸。」[12]是乃深得三昧之言也。

志書文獻之外，有關許氏資料，尚有節孝坊之楹聯。邱良功母節孝坊是一座四柱三間五樓三層式之石造牌坊，由上等泉州花岡石與墨綠青斗石混合建造而成，雕工細緻，造型雄偉，是台閩地區現存牌坊中難得之傑作。節孝坊立於莒光路中，由四根等高方形石柱撐起，柱身上刻有楹聯，敘述邱良功之母節孝蹟，柱上楹聯內容如下：

陽面（正面）內柱：

　　撫週月幼孤，麟閣明標彤管，

　　垂千秋壺範，鸞書褒獎表冰心。

　　　　　　　　兵部尚書兩廣總督愚姪蔣攸銛頓首拜　　贈

陽面外柱：

　　鸞鏡分輝，龍駒匹月；

　　麟圖著績，鳳詔千秋。

　　　　　　　　福建水師提督子爵世襲愚姪王得祿頓首拜　　贈

---

[12]　林焜熿前揭書，卷十三藝文志，收盧若騰「浯洲節烈傳序」，頁 335。

陰面（背面）內柱：

華表闡幽光，不負冰霜苦節；

綸封綿世澤，長留史冊芳聲。

　　　　　　　　　工部右侍郎浙江巡撫愚姪阮元頓首拜　　贈

陰面外柱：

三十五日遺孤，在昔身肩教養；

二十八年苦節，於今澤沛雲礽。

浙江_{黃巖}^{定海}總鎮姻愚姪_{謝詔恩}^{李光顯}頓首拜　　贈

　　柱子前後立著四對雌雄石獅，勇猛威武，守護石坊。頂檐之下，豎著刻有「聖旨」的石匾，石匾下橫刻「欽旌節孝」四字。橫鑲之青斗石花板，佈滿鏤空之精雕圖象，大額枋上之寬橫額，鐫刻著「皇清誥贈振威將軍邱志仁妻，欽命提督浙江全省等處地方，統轄水陸軍功節制各鎮，加一等，記大功六次，晉封三等男爵世襲邱良功之母，誥贈一品夫人許氏坊。」

　　臺閩地區所有的石牌坊，在柱面上多有楹聯，用以傳達旌表事蹟，多半由上奏或地方官吏，與教官落款題字，邱良功之母節孝坊也不例外，但觀諸以上楹聯內涵，頗有空泛之感，而且題聯者，率多邱良功之長官或僚屬、姻親，更可想見其中「應酬」與「歌功」、「頌德」之味道，然則邱良功之母真無足道哉？未必盡然，其詳於下文再論。

　　總之，「婦人因子受封，准與旌表。因夫受封，守節者不准。」

[13]良功之母許氏得以建坊入祠，是因母以子貴，良功官拜浙江提督，晉封男爵之姑。我們試觀《金門志》卷七選舉表便可一目了然，〈選舉表六〉「國朝（指清朝）選舉」中封贈者有：(1)邱賽臣（良功曾祖）(2)邱心易（良功祖）(3)邱志仁（良功父，並贈建威將軍，浙江提督）。蔭襲者有：(1)邱炳乾（聯恩姪，六品蔭生）(2)邱炳信（以父聯恩殉難，世襲騎都尉，兼一雲騎尉）(3)邱振豹（以父成勳陣亡，世襲雲騎尉）(4)邱世藩（炳忠子，襲男爵）(5)邱世昌（炳信子，世襲祖聯恩，騎都尉）。例仕者有邱聯芳（後浦人，永福訓導）。

　　而真正擔任武職，憑本事封功晉爵者有：(1)邱良功（浙江提督，晉封男爵）(2)邱聯恩（良功子，南陽總兵，贈提督銜）(3)邱鎮功（提督良功從弟，道光間，安平協副將）(4)邱炳忠（提督良功孫，金門協副將）[14]。觀此，就可知邱家頗多勳階武職，是以能夠以軍功封蔭，則榮及前人，福延後嗣，而身家永康矣！茲略將邱家前後數代世系加以整理，列表如后，以清眉目：

---

[13] 陳淑均《噶瑪蘭廳志》（臺銀文業第 160 種），卷三（下）風教「旌表」，頁 127。

[14] 散見林焜熿前揭書，卷七選舉表之「國朝武職」、「國朝選舉」，另以新出版之《金門縣志》（金門縣政府，民國 81 初版），卷十二人物志，武秩表，頁 1453，補其後代。

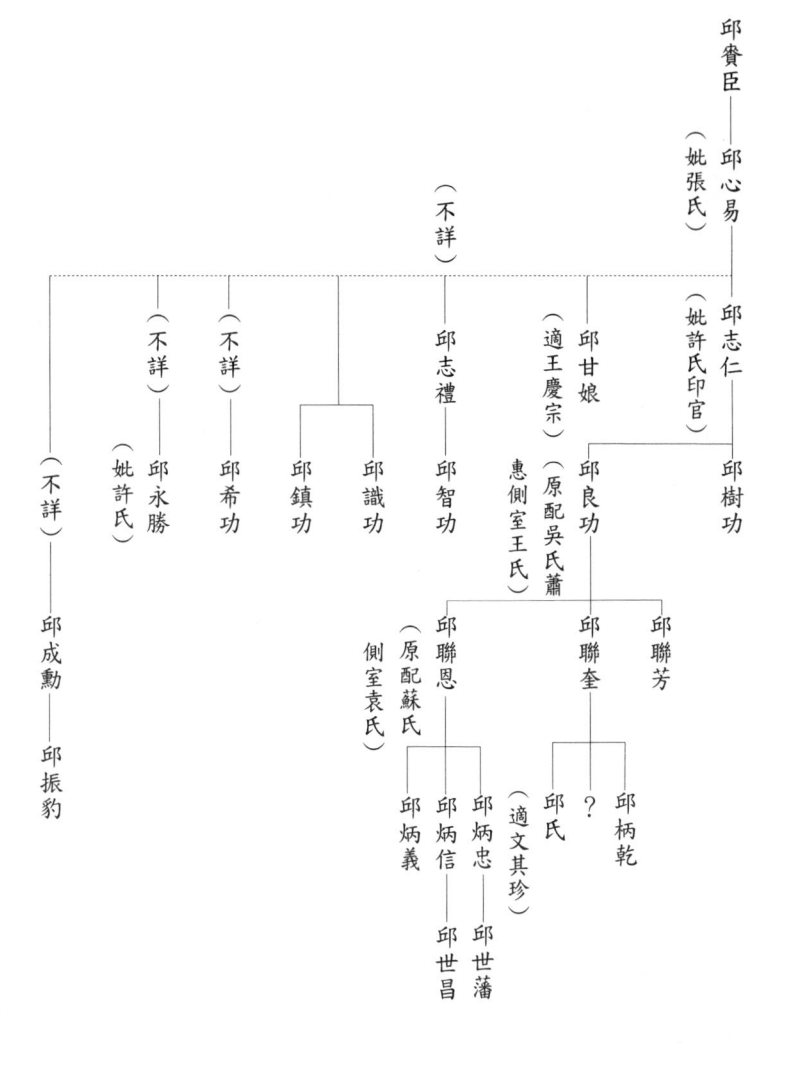

　　除了以上所提諸文獻志書節坊資料外，筆者也曾親至邱家家祠訪問其後人，惜語焉不詳，尤其以邱家顯貴之尊，並無家譜記載留傳，令人詫異；經轉查許氏家譜，冀望或有其母許氏之記錄，也未有記載，幸仍有若干收獲，其中頗覺珍貴者乃是許氏神主神位，牌位正面為：

　　皇清誥贈太安人恩受坊表
　　顯妣邱府貞淑許太君神主

　　內函（背面）寫：生於乾隆癸亥年二年二十七日（缺）時，姓名印官，享壽五十有五，行一，卒於嘉慶丁巳年八月二十五日戌時，葬峰上寨，寨內坐乙向辛兼辰戌。

　　據此神主牌立記載，暨參考上引諸史料，我們可以確知下列一點：許氏印官（貞淑）生於乾隆癸亥年，即八年（1743年），卒於嘉慶丁巳年（二年，1797年）。則守節廿八年，往前推算，是乾隆卅五年（1770年）。而邱良功卒於嘉慶廿二年（1817年），享年四十九，往前推算，正是生於乾隆卅五年，是可知邱良功之父邱志仁於乾隆卅五年逝世，許氏印官從此年起，守節廿八年，而是年許氏廿八歲。至於許氏所葬之峰上寨，自昔為番舶停留避風之處，為一軍事要地，於明代洪武二十年（1837年），周德興置官澳、峰上、田浦、陳坑、烈嶼五巡檢司，其中峰上設有城寨，清初仍沿明制，後廢，林焜熿《金門志》記：[15]

　　峰上寨，在十八都，明為巡檢司城，周九十五丈（府志作一百九十三丈），基廣一丈，高一丈五尺（府志作八尺），

[15] 林焜熿前引書，卷三〈規制志〉一「城寨」，頁50。

窩鋪四，門一。今頹。

城寨雖廢，其為衝要之地並不因而改變，既是番舶商船停留接濟之所，尤是海寇出入之路，易於潛蹤以截劫商舶，故置有峰上訊，設有煙墩三座，配兵八名，以為哨守之地，林志復記：「峰上，在金門鎮東，距後浦二十五里，距陳坑三里。汛居浯州嶼最東，其江曰料羅。峰上與福全、深滬、圍頭諸處，並為番舶停泊門戶，哨守最要。」、「……峰上民勇戰鬥，置精兵其處，賊來必不越而及官澳。然非官澳，則峰上之守亦孤，唇齒相依也。」[16]

此外，在峰上之孚濟宮（牧馬侯祠）旁，尚有一許氏封塋之示禁碑，碑文如下：

特調福建泉州府馬巷廳金門精捕分縣、加三級、奉滿保荐侯陞金，為封塋安葬峰上，再行申明示禁，以垂永遠事。照得金門峰上鄉山曠地一所，經欽命浙江全省水路軍門男爵提憲邱，為太夫人卜吉佳城。茲奉聖旨旌表、誥贈一品邱母許太夫人節孝，建坊金門後浦觀音亭左畔，通衢大道。伏思封塋早經安葬峰上，四至所在界址分明，無庸混淆，理宜虔敬，以肅觀瞻，誠恐距浦較遠，巡視難周，抑或愚民無知，日久生端，是以再行刻碑申禁。為此示仰附近軍民人等知悉：自示之後，許太夫人封塋及前後左右各圍地，毋許踐踏、戕損、佔耕等事，倘敢故違，准該家屬查實，呈明本縣，嚴拿詳辦，決不姑寬，各宜凜遵毋違，

---

[16] 林焜熿前引書，卷四〈兵防志〉四「沿海略」，頁 100。

特示。嘉慶拾捌年壹月（缺）日，立石永遠示禁。

碑文中之縣丞「金」，經查林焜熿《金門志》卷五〈職官表〉為金忠洛，金氏休寧人，於嘉慶二年任、九年回任、十年閏六月回任、十四年回任、十七年回任、十八年七月回任，屢屢回任金門縣丞，不知是深得民心，抑或載浮載沈宦途失意之一風塵俗吏？林志亦提及其若干事蹟，如擒海寇鄭類等及其船，先後分別梟遣有差。[17]又如後浦港外環沙汕，沙汕之上，有石堤二，各長八十餘丈，其中一為里人捐造，縣丞金忠洛有「築堤修塚記」，一是定海鎮陳光求造，亦有石碑，俱嘉慶時事。[18]而碑文中之「觀音亭」即靈濟寺，「金門志」亦有載：[19]

靈濟寺，舊名觀音亭，在後浦東門。道光四年十二月塵舍失火，延及封外亭墀，忽佛堂靈泉出，引灌之，寺無恙。林俊元等勸捐重修。

據此碑文，可知節孝坊原址景觀為一通衢大道，位在東門口，俗稱觀音亭街。而許氏佳城則在峰上鄉附近之曠地，今峰上東勢營區內，今人許維民先生曾親作一田野調查，並採訪當地耆宿，惜未尋得墓塋所在。筆者亦曾親自探訪，雖知其位置，惜早被營區剷平，無所增益資料。據許維民先生採訪資料，知：許氏之墓疑在昔明代巡檢司古城址附近，邱家古墓在此已知有三座，其中一座稱「菜包墓」，以其墓地在一大塊岩基上，中間凹下，

[17] 同上註，卷十五〈舊事志〉一「紀兵」，頁365。

[18] 同上註，卷一〈分域略〉六「港埭」，頁17。

[19] 林焜熿前引書，卷三〈規制志〉（七）「祠祀」，頁55。

形似菜包，故得名。並云，自古相傳，在邱母許氏墓處，皆可望
得到村民宅居屋脊高度。又云，邱良功之母許氏之節孝坊之所以
建在東門外，蓋佔風水佳地，邱家家運會更旺盛。[20]諸如此類，
難以究實，姑妄錄之，以供參考。不過，在孚濟宮「捐題重興恩
主廟」之道光癸卯年（二十三年，1843 年）重修古碑之捐題中赫
然見到邱家子孫之頗多捐輸，如「臺灣安平協邱（鎮功）捐銀伍
拾員」、「世襲男爵邱（聯恩）捐銀參拾員」、「鹿港左府邱楊
聲捐銀陸員」、「布政司理問邱熙奎捐肆員」等等，然則或因許
氏之墓在其附近，祈禱牧馬侯陳淵之庇佑邪！

　　許氏所知資料僅如此，實屬遺憾，史料有闕，固無可奈何也！
在此，較令人感興趣的另一點是，林志文中及節孝坊柱聯均提到
許氏「艱辛撫養」，許氏是如何「艱辛撫養」子女呢？按《金門
志》〈烈女傳〉記諸烈女之平日家居生活，如：「蔡氏，平林蔡
月湖女……躬績二十餘年，贖夫所典田宅，以供祀事。」、「盧
氏三娘……家極貧，事親撫孤，杼機洴澼，雖目瞀毛龜弗恤，舅
姑賴以待養。」、「林氏……家貧乏，以刺繡易食。」、「黃氏……
勤女工。」、「蔡氏約娘……朝夕以女工自給。」、「又有傅光
英娶北門石孫娘……善針刺，有淑德。」、「林氏……家貧守節，
紡績度生」、「洪氏……氏苦守紡績，別養存嗣。」、「李氏……
家無斗筲，紡績為業，艱辛萬狀。」、「倪氏雀娘……家貧，撫
一子，女紅度日。」、「李氏……氏浣衣餬口，苦節五十餘年。」、
「黃氏珠娘……氏女工自給。」、「張氏勸娘……家貧，螟蛉一
子，以紡績養其姑，堅守苦節。」、「許氏受娘……日夕紡績，

<hr>

[20] 本段資料承蒙任教於金門金城國中之許維民老師提供，謹致十二萬分之謝忱。

撫子成立。」、「鄭氏爽娘……紡績撫養，事姑極孝，和於姒娌。」
「董氏……紡績度日，毫無怨色。」、「葉氏妹娘……勤事女工，
奉事翁姑，備嘗辛苦。時寡婦多持齋奉佛，相習成風，有欲邀入
菜堂者，氏斥絕之。」[21]「王氏香娘……躬操田事，無怨色。」、
「黃氏麵娘……家極貧，藉女工以事舅姑。」、「張氏香娘……
紡績度日，謹守婦道。」「吳氏昧娘……撫伯氏次子良安為嗣……
良安業儒，氏夜績佐讀。」、「陳氏八娘……勤女工為食，幫衣
服，使二叔習負販相佐。」、「許氏西娘……適西倉呂登三，業
儒而貧，許以女工助之。」、「張氏文英……以女紅易饔飧。」
等等，《金門志》〈風俗記〉言：「其儒士修文而守約，其黎庶
任力而謹愿，婦女尤習勤苦事紡績」、「而金門婦女，但能紡木
綿績苧而已，其利甚薄。」[22]是可想像得知許氏平日應該也是勤
操女工，以供衣食。或正因家貧，其長子邱樹功不得不經商負販，
「少商天津」，蓋金門一地，「島地斥鹵而瘠，田不足於耕。……
水田稀少，所耕皆磽确山園，栽種雜糧蕃薯落花生荳。且常苦旱
歉登，又無陂塘可以灌注，但於隴頭鑿井立石為桔槔以灌之，務
農者最勞力習苦。」[23]地不足耕，其無業者，不得不散之四處，
貿易獲利。不過前述樹功經商似乎頗有嶄獲，觀其傳記載：「時
贍族中貧者」，予族弟鎮功「歲資三百金」，陝西李眼鏡積負二

---

[21] 同註 7，頁 347、355。

[22] 同前註，頁 353。

[23] 關於葉氏妹娘之所以斥絕入菜堂之原因，林焜《金門志》卷十四〈風俗記〉
載其事：邇來男婦多持齋奉佛，其黠者，鳩貲設立菜堂（金門城及浦下鄉有
之）。男女日夜麇聚，講經禮佛。凡入教之後，雖夫婦亦絕人道，惟菜友相
會，概免避嫌，傷風敗俗，莫此為甚。若折其堂，拏其首惡辦之，亦維持風
化之一端也。

萬餘金，為之營脫；晚年猶能「念仲弟婦寡守，恤以千金，又分千金予季弟，囊橐遂空。」云云，皆是明證。則家道尚屬中康，許氏「艱辛撫養」，或指平日課教督導子弟之艱辛吧！

然而個人以為，許氏固然艱辛守節，而其成就所在，應該大書特書者，乃在教子有成，固非僅以貞節名著者也。

金門數百年來，旌表婦節，多至數百人，而茹苦含辛，任重致遠。其中固大有足取者，如刻苦勵行，守貞如一，使老者有依，少者有養，以長以教，門祚復興。觀邱氏一族，正可明證。

以節孝言：邱氏諸女類能懷清履潔，守貞從一，蜚聲彤管。

以封坼言：手提三尺，斬蛟搏兕，榮膺列爵，是能以垂麟閣，建旌棨，掌封坼，如邱良功、鎮功、聯恩、炳忠、成勳是。

以孝義言：能愛其親，能愛其群，如邱樹功扶危濟困，殫金不稍惜；邱良功清名著聞，愛民如子；邱聯恩與士卒共甘苦，嚴紀律，兵勇感其威信等皆是。

要之，許氏印官守節廿八年，平日躬事縫紉，心凜冰霜，節操尤堅，其生平，其節孝，皆足以表彰大書，惜乎史多闕文，僅能勉強作一番粗淺之鉤稽，探討如上。

除上述邱良功之母節孝事蹟之探討外，另在節孝坊旁矗立一「示禁碑」，由於該碑與許氏並無直接關連，茲附於本節末再予探討，先抄錄碑文如下：（＊文中打圓圈圈字之字為不敢確定者）

賞戴藍翎即補清軍府攝理泉州馬巷廳糧捕撫民分府郭，為出示嚴禁事：本年（按光緒十三年，見碑末）十二月初五日，據金門後浦鄉廩生邱炳乾稟稱：乾與生員王增高互控改造○牆○坊，○佔藉坊毀奈名等情一案，荷蒙提訊斷結，

惟念民情刁悍，若平桌請出示時論，誠恐將來效尤，茲端
懇准如請等情。查此案先據王增高、邱炳乾赴廳控訴前
情，當經本分府提集兩造到案，察悉前情，斷令王姓改造
之牆，其高低式樣，自應與邱姓房屋相並，不得稍有軒輊，
其水溝既⓪邱姓界內，自與王姓無⓪，著令王增高即日
填塞，以免坊址日久侵圮。取結附卷錄供。詳蒙本道憲察
銷在案。茲據邱炳乾桌請前來，除批示外，合行示禁，為
此示仰該處除近人等知悉：爾等自示之後，務須遵照訊斷
堂諭，不得任意傷礙，致生事端，各宜凜遵毋違，此示。
光緒拾參年拾貳月（缺）日給告示特諭。

　　此碑文可惜於最重要之控訴事由字跡糢糊不清，難以辨讀；
文中之馬巷廳糧捕撫民分府郭，查《同安縣志》卷十三〈職官〉，
為郭榮禧，江西新建監生，光緒十三年任馬巷廳通判。王增高其
人無傳，不詳。資料殘缺，無法細考此碑文事蹟始末，但細審此
碑文，不禁感慨良多，良功有子三人（聯芳、聯奎、聯恩），邱
炳乾為其次子聯奎之子，聯恩之侄，乃六品蔭生，試想以邱家門
第之崇，而街坊鄰居王增高其人斗膽敢侵佔節孝坊土地，開通溝
渠，邱家雖訟訴打贏官司，尚懼其「刁悍」，特請官府出示諭禁，
似乎反映了邱家不過三代已趨沒落，反之也說明了邱家謙卑待
人，不以門第傲世之家風。而此碑文樹立在節孝坊旁，正反映此
坊所在通路在光緒年間仍是人來人往之通衢達街，權控在此，有
「週告眾人」之意味，但不知是否有達到嚇阻之作用。

　　末了，茲再採錄一則與節孝坊有關之傳聞，以為談資：相傳
嘉慶年間於後浦東門，興築邱良功母許氏節孝坊時，由於該坊高

達三層，必須累土成丘，才能將最上層之石梁安放。坊成之後，所遺土堆，棄置於南門附近空地，儼然成丘，故以該地名為塗山頭，遂成地名，留傳至今。[24]

第四節　小結

　　金門欽旌節孝坊，位在金門縣金城鎮莒光路，昔之東門口，古名觀音亭街，俗稱邱良功之母節孝坊。係清仁宗旌表邱志仁之妻，良功之母許氏，守節撫孤，教子成名所建。牌坊純為石料所建，雕刻精美，坊上橫楹，鐫「皇清誥贈振威將軍邱志仁之妻，欽命提督浙江全省等處地方，統轄水陸軍防節制各鎮，加一等，記大功六次，晉封三等男爵世襲邱良功之母，誥贈一品夫人許氏坊。」坊柱上共有楹聯四對，其中以浙江定海及黃巖總鎮李光顯與謝恩詔所贈一聯：「三十五日遺孤，在昔身肩教養：廿八年苦節，於今澤沛雲礽。」最能感人肺腑，道出良功母早年守節存孤之苦心堅操。

　　良功之母許氏，諱貞淑，閨名印官，生於乾隆八年（1743年），卒於嘉慶二年（1797年），壽五十有五，卜葬於峰上附近之曠地。許氏於廿八年華，猝逢不幸，遺孤良功，生才彌月，艱辛撫養，時乾隆卅五年。良功襁褓失怙，長從戎，追剿劇盜海寇，以榮續洊升，官至浙江提潯，奏請旌表建功，封一品夫人，祀節孝祠，蓋母以子貴也。

　　許氏課子有方，良功性恬謹，謙以下人，廉以飭躬，有功不居。防姦禦侮，幾無暇時，論其官、其行、其功，則榮及前人，

---

[24]　楊樹清《海上仙洲金門》(錦冠出版社，民國77年9月一版三刷)，頁75。

福延後嗣，而身家永康。是知良功之學，之賢，之忠，之孝，之勇，皆許氏課教長養之功，而茹苦含辛，懷清履潔，任重致遠，固不愧男子之所為，其功豈不偉哉！惜乎史多闕文，家譜不詳，而懿德遂無能週全遍知，乃一憾耳！

邱良功其人與其事

第一節　邱良功之家世

　　金門邱姓，分佈於後浦、舊金城、湖南、小徑、新市、小嶝，其先世源流已不可得而知之。邱氏本為丘氏，清雍正三年（1725年），奉旨避孔子諱，添加「阝」旁，改丘為邱。民國肇建，邱逢甲倡議復丘本字，族人群起響應，丘、邱遂通行並用，衍至於今。丘氏姓源，或云出自姜姓，乃齊太公姜尚之後，封於營丘（今山東昌樂縣東南），支孫以地為氏，望出河南、吳興二郡。晉代五胡之亂，支派南遷入閩，宋處士丘葵，因避元兵，隱居小嶝嶼，後裔遂分居浯之湖南、後浦、舊金城等處。[1]邱良功或其後裔？！

　　邱良功，字玉韞，號琢齋，諡剛勇，金門後浦人。生於乾隆卅四年（1769年），卒於嘉慶二十二年（1817年）八月三十日，享年四十九歲。曾祖邱賓臣，祖邱心易，父邱志仁，母許氏貞淑，

---

[1]　參見(1)《金門縣志》（金門縣立社會教育館，民國 81 年初版），卷三〈人民志〉第一章氏族源流，頁 379，(2)楊緒賢《台灣區姓氏堂號考》（台灣新生報社，民國 68 年 6 月初版），肆、台灣區一百大姓考略（邱氏）條，頁 234~235。

閨名印官,以良功顯貴,皆贈建威將軍,姚皆一品夫人。良功襁褓失怙,時許氏廿八歲,艱辛撫養,守節廿八年。林焜熿《金門志》載:[2]

> 許氏,後浦邱志仁,年未三十,夫歿。遺孤良功,生纔彌月(按確實日子應是三十五日,見許氏欽旌節孝坊柱身楹聯),艱辛撫養,守節三十餘年(按,確實歲月應是廿八年)。

> 嘉慶間,良功官浙江提督,奏請旌表建坊,封一品夫人,祀節孝祠。

此即今金門金城莒光路一段邱良功母許氏節孝坊之由來也,現列為國家一級古蹟。許氏封塋葬於峰上附近曠地,即今峰上東勢營區內,現已剷平,渺無蹤影。幸營區外之孚濟宮旁,尚豎立一許氏封塋之示禁碑,碑文指稱禁止附近軍民不在得此圍地、踐踏、佔耕、毀損,今封塋不存,禁碑反倒留存至今,睹碑思塋,豈不成一反諷,思之令人悼歎。[3]

邱良功原配為吳夫人肅惠,無出。側室王夫人,生聯芳、聯奎與聯恩三子,遂得承爵蔭襲。邱聯恩,字偉堂,生於嘉慶十七年十月十七日,生而穎異,有父風,良功卒,年僅八歲,聞訃迎喪,哀毀如成人事,事嫡母吳、生母王,以孝稱,弱冠襲爵,挑充侍衛,直乾清門。道光二十三年(1843年),選授直隸通州副將,再調河間協副將。咸豐四年(1854年),陞河南南陽鎮總兵。

---

[2] 林焜熿《金門志》(中華叢書委員會,民國45年7月印行),卷十二〈列女傳〉一節孝,頁279~280。

[3] 詳見拙稿〈金門邱良功節孝坊的歷史沿革〉,已收入本書。

所至紀律嚴明，得兵民心。後以追剿捻匪，歿於陣。時咸豐九年二月，年四十八。父子均以忠孝世其家，不愧父生。事聞，文宗震悼，以提督例優恤，諡武烈，賜祭葬如典禮，予騎都尉兼一雲騎尉世襲，入祀名宦，並於殉難地方及金門原籍立專祠。同治元年（1862年）子炳忠等扶櫬歸閩，穆宗賜祭一壇，雲漢為昭。同治七年十一月十九日，葬於嘉禾里江頭山。聯恩原配蘇夫人，四川總督蘇廷玉次女，造室袁氏，子三人：炳忠、炳信、炳義。女一，適內閣中書黃貽楫。[4]

良功之兄樹功，性伉爽，經商天津，有義聲，名列孝友傳。而林氏《金門志》人物列傳卷首說明：「是用蒐採舊聞，取其最著者，各為立傳。冠孝友為行，繼以文學及隱逸，而宦績與殉難次之。」[5]以孝友傳列為卷首，可知林氏之用意，則邱樹功得以列名孝友，足可想見其為人與風評，林氏《金門志》載其行誼：[6]

> 邱樹功，後浦人，太學生。提督良功兄。性伉爽，少商天津，家貲盡付季弟，不問出入，時贍族中貧者。識功弟鎮功材，善視之。迨官守備，猶歲資三百金，貽書相勗。陝西李眼鏡，積負二萬餘金，質諸官，李詞屈，而力不能償，法當軍，復為營脫，李趨謝，則持其手曰：「非訟無以自

---

[4] 參見(1)林焜熿前引書，卷十〈人物列傳〉，頁264~266，及(2)《泉州府馬巷廳志》（光緒八年木刻本，台北市福建省同安縣同鄉會，民國75年10月重印），附錄上之〈御製邱聯恩祭文〉（頁211）、陳駿三〈邱武烈公墓誌銘〉（頁241~244）、黃家鼎〈邱武烈公傳〉（頁249~250）。

[5] 林焜熿前引書，卷八〈人物列傳〉，頁189。

[6] 同上註，頁195。

解於同事，顧君行，家口何以為生？釋君，則故交情分始全，心始安，奚謝為！」晚年歸，念仲弟。婦寡守，恤以千金，又分千金予季弟，囊橐遂空。未幾卒於津，家中落，時鎮功已官安平副將，歲賙之（竹畦文抄）。

據此可知邱樹功之孝友義行，也見邱鎮功之不忘圖報。而邱良功之子聯恩，《金門志》記其風範：[7]

聯恩本將家子，行軍紀律嚴明，所至居民爭獻芻穀，卻不受，兵勇皆感其威信，遵約束，廉俸悉充軍餉。在軍營六年，與士卒同甘苦，誓滅群賊。既殉難，十餘日獲屍，面色如生，紳民祭殮如禮。旅襯歸時，沿途哭奠者不絕。

另外，在庵前鄉豐蓮山之牧馬侯祠有一道光癸卯年（二十三年，1843 年）陽月（十月）之「捐題重興恩主廟」碑，乃道光二十三年該廟重修之捐題人名石碑，碑文中赫然有「臺灣安平協邱鎮功捐銀伍拾員」、「世襲男爵邱（聯恩）捐銀參拾員」、「布政司理問邱聯奎捐銀肆員」。

良功從子（即侄子），邱成勳傳：[8]

邱成勳，後浦人，提督良功從子，以白衣效力行間，嘉慶十四年秋，良功追剿蔡牽於漁山，兩船比，短兵接，成勳奮身格殺，中傷落海淹沒，牽亦斃。事聞，加恩，照把總例賜卹，世襲雲騎尉。

---

[7] 同註 4。
[8] 林焜熿前引書，卷十〈人物列傳〉，頁 261。

　　而列女傳中，與邱家有關者，一併抄錄於后：[9]

　　(1)邱氏，後浦北門人布政司理問聯奎季女，總鎮聯恩姪女。適總鎮文應舉長孫外委其珍，年二十五孀守。同治甲子年卒（三年，1864年），年四十一。

　　(2)許氏，後浦北門人，提督邱良功之弟永勝妻。二十二歲，夫故守節，年八十九。

　　(3)邱氏，後浦人。提督良功姪女，適文應舉季子，把總成佐，年二十九守節，現年六十八。

　　(4)邱氏甘娘，後浦人，提督良功姑也。乾隆間，適東門境王國俊子慶宗。不數年，夫卒，時甘娘纔二十三歲，守節。嘉慶四年卒（1799年）。

　　一門節孝如此，是福榮抑是不幸？真有不知從何說起之嘆！

　　而且良功武功彪炳，蹇節鈇膺，廕庇所及，綸封綿世澤長，我們試觀《金門志》卷七選舉表便可一目了然，選舉表六「國朝」（指清朝）選舉中「封贈者有：(1)邱賚臣（良功曾祖）(2)邱心易（良功祖）(3)邱志仁（良功父，並贈建威將軍，浙江提督。）蔭襲者有：(1)邱炳乾（聯恩姪，六品蔭生）(2)邱炳信（以父聯恩殉難，世襲騎都尉，兼一雲騎尉）(3)邱振豹（以父成勳陣亡，世襲雲騎尉）(4)邱世藩（炳忠子，襲男爵）(5)邱世昌（炳信子，世襲，祖聯恩，騎都尉）。例仕者有邱繼芳（後浦人，永福訓導）。

　　而真正擔任武職，封功晉爵者有：(1)邱良功（浙江提督，晉封男爵）(2)邱聯恩（良功子，南陽總督，贈提督銜）(3)邱鎮功（提督良功從弟，道光間，安平協副將）(4)邱炳忠（提督良

[9]　散見林焜熿前引書，卷十二〈列女傳〉，頁284、288、290。

功孫,承襲金門協副將)[10]。觀此,就可知勳階武職,以致能夠以軍功封蔭,則榮及前人,福延後嗣,而身家永康矣!

　　除了以上所提諸文獻志書、節坊資料,筆者親至邱家家屋訪問其後人,惜以邱家之顯貴,竟無家譜之記載,實令人浩歎無奈,幸抄得若干神主牌位,但又無家譜可資參考,頗多無法斷定其世代,茲以邱良功為主,將其前後數代世系列表於下以供參考,餘不贅。

---

[10] 散見林焜熿前引書,卷七選舉表之〈國朝武職〉、〈國朝選舉〉,另加上新出版之《金門縣志》(民國81年版),卷十二〈人物志〉之武秩表,(頁1453),增補其後代。

表一　邱良功世系表

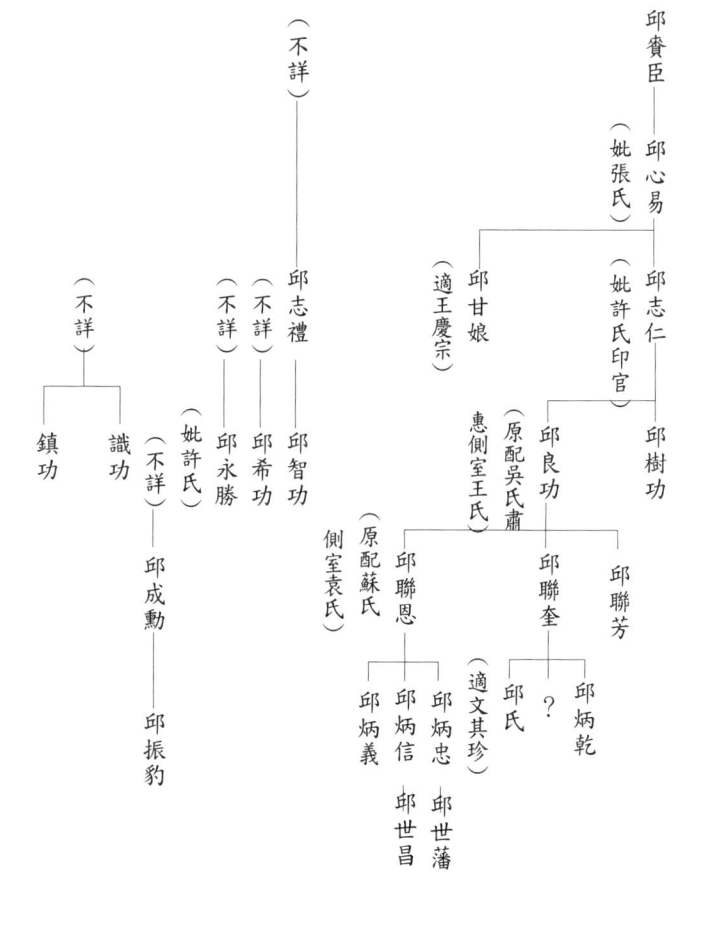

第二節　邱良功之行誼與風範

（一）小兵出身、累遷副將

邱良功襁褓失怙，及長從戎，隸金門營為兵，而其一生豐功偉業，標諸史冊，澤及後人，全在剿滅海盜。[11]

乾隆六十年（1795年），良功（時二十七歲）隨總兵李芳園出洋緝匪，在蘇尖洋獲許江等；[12]在烏潯洋獲林鳳等；又擒張春等，併船擄獲，深得李芳園器重，拔補外委。是年，復在南日洋獲陳合等，祥芝洋獲劉嘆等。[13]而我們從邱良功剿滅諸海盜的地點，應可推知邱良功時隸屬金門鎮水師左營。按，清初設水師援剿右鎮。康熙十九年（1680年）改援剿右鎮總兵官，為金門鎮總兵官。標下中、左、右三營，兼轄銅山、楓嶺、雲霄、詔安、海澄五營，後五營分別改歸福寧鎮、漳州鎮管轄，本鎮只領標下三營。康熙二十七年，裁中營，嗣又兼轄閩安、銅山。嘉慶間，閩

---

[11] 有關邱良功之生平，筆者是參考(1)黃家鼎〈邱剛勇公傳〉，(2)林焜熿《金門志》卷十人物列傳〈邱良功〉傳，(3)《金門先賢錄》之〈邱良功武功彪炳〉(4)《福建通志台灣府》（台銀文叢第84種），人物〈邱良功〉傳，(5)《福建通志列傳選》（台銀文叢第195種），卷五〈邱良功〉(6)故宮博物院庋藏之邱良功傳稿（《金門先賢錄》之〈邱良功武功彪炳〉一文幾乎與之完全相同）(7)《明清史料》戊篇（全十本），中研院史語所編印等改寫成，茲不一一另行分註，以省篇幅。若有牴牾出入，另在分註中作一考證說明。

[12] 林焜熿《金門志》作「良功追剿劇盜蘇尖等於銅山」誤，蘇尖為地名，非人名。

[13] 「李芳園」他書或作「李南馨」，誤，李芳園擔任金門總兵計有二任，一是乾隆五十四年九月至五十八年七月，二是乾隆五十八年十二月回任，六十年卒於官。李南馨是嘉慶二年任，對照上所記載之乾隆六十年，應以李芳園才是。

安改歸海壇鎮，銅山改歸南澳鎮，仍專轄左、右二營，直到同治六年（1867年），才有裁鎮設協，新定水陸營制之大變革。而其時不論是總兵官，或是中軍遊擊（兼管左營事）、右營遊擊，均是駐防後浦，邱良功既是後浦人，及長投軍從戎，加入金門營自是極自然之事。其中左營所轄水汛，南至晉江右圳，與本標右營水汛分界；北至香爐嶼，與海壇鎮湄洲水汛分界。營汛巡哨範圍中「分防晉江深滬水汛，所轄有烏潯、永寧、東店等水汛，外委一員，戰船一隻，配兵三十五名。」、「分防晉江祥芝水汛，所轄日湖、蚶江、後渚、逕邊等水汛、千把總一員，戰船一隻，配兵三十五名」[14]邱良功既然是在蘇尖洋、烏潯洋、南日洋、祥芝洋等處擒獲海盜許江、林鳳等人，理應隸屬金門鎮左營，其後因功拔擢為外委，惜不知是外委千總？還是外委把總？按，清制綠營兵因官分類，總兵（正二品）所屬稱標，居中鎮專，以備征調。副將（從二品）所屬稱協，本鎮衝要，率兵協守。參將（正三品）、遊擊（從三品）、都司（正四品）、守備（正五品）所屬稱營，城邑關隘，領兵專守。千總（正六品）、把總（正七品）、外委千總（正八品）、外委把總（正九品）所屬稱汛，道路境汛，分汛備禦。總之，綠營兵雖分為：標、協、營、汛四種，但只有標、協、營立營，汛則從協、營分出，汛兵不立營，因此邱良功應該是拔擢為駐防晉江深滬水汛的外委，此時的邱良功職銜只是一個下級的武職軍官。

另外需要補充說明的是：金門、廈門兩地「自隋唐以來，其

[14] 詳見林焜熿前引書，卷四〈兵防志〉「左營水陸汛」，頁87~88。

放洋針路（即今之航線），皆準諸此，西方商賈雲集也」[15]，而閩洋上通江浙，下達廣東，洋面遼闊，在在需兵守防，然而兵額有限，難資防範，不無疏虞之患，此地區遂成為海盜覬覦、出沒之區，而其中又有南、北洋之分。如南澳鎮之雲蓋寺以上，謂之南洋，林樹梅《歠雲文抄》說明：[16]

> 閩地濱海，港汉叢雜，故水師以巡哨為急務。……每歲夏梢梢，匪船各乘南風自粵來閩，閩之匪船必乘冬春往粵。……至金門鎮之料羅、烏沙、官澳、安海、圍頭、峰上，皆為商漁停泊避風汲水之門戶，奸匪易於潛蹤。再上則永寧、深滬、祥芝、獺窟、崇武、湄洲、平海、南日諸港澳，嚮為奸匪勾引之區，尤巡緝之不可緩者。

海壇以上，謂之北洋，其情形是：[17]

> 值秋冬時，多西北風，船之自南而北，必寄碇於所轄之鼓嶼、磁澳間，俟風稍轉，方能駛過南茭所轄。春夏之時，多東南風，船之自北而南，亦當寄碇東沙、白犬各洋面，以俟風順再行。故磁澳、東沙等處，實為南北咽喉。又自白犬而上，則竿塘、定海、黃崎、北茭、羅湖，俱為閩安協所轄洋汛，皆有停泊避風接濟水米之處。再上，則福寧鎮管轄之大金、三沙、俞山、烽火。至北關，為閩浙界洋，每歲秋冬，匪船多自浙而趨閩，閩之往浙，多在春夏。苟

---

[15] 同上註，頁 105。
[16] 同上註，頁 91~93。
[17] 同上註。

能確按風信,實力巡防,則閩浙相通之路,匪船不易往來,
事半而且功倍之。

藍鼎元亦指出:[18]

三、四月東南風風汛,粵中奸民,嘯聚駕駛,從南澳入閩,
截劫商舶,內外浯嶼、料羅、烏沙而上,出烽火、流江而
入於浙。八、九月風起,則捲帆順流剽掠而下。

需要補充說明的第二點是:邱良功能夠立此大功,除了他個
人英勇偉武外,與使用之戰船應有關係。按,左營戰船,乾隆間
原有趕繒船七隻、小趕繒一隻、雙篷艍八隻,嘉慶五年添造勝字
米艇船五隻(道光二年裁)、金字號同安梭船七隻、捷字號米艇
船一隻(嘉慶十一年添造二隻,裁存今額)、集字大橫洋船一隻、
大小八槳船二隻。[19]邱良功既然是隨總兵李芳園出洋緝,自是搭
載最佳之趕繒船,有此堅船利器,自然是事半功倍,關於趕繒船
之利害,林氏《金門志》有所記錄:[20]

閩之汛地,俱近外洋,非同安梭式趕繒船不可以攻大敵。
蓋趕繒之制,其蜂房舨牆即古之樓船巨艦,故舟之小者相
遇,或衝犁之、橫壓之,敵既難於仰攻,我則易於俯擊。
或利於深水,若風潮阻難,不便回翔,亦不能泊岸,須假
小船接渡。是以水師各營分配戰艦,大小相資,其名曰:
大橫洋、曰:大趕繒、曰艍船。

---

[18] 同上註,頁 104。
[19] 同上註,頁 86。
[20] 同上註,頁 97~98。

其下續記趕罾船之形制：

> 大趕罾之制，長十丈、廣二丈。首昂而口張，兩旁為舷，
> 護以板牆，人倚之以攻敵。左右設閘，曰水仙門，人所由
> 處。左曰路屏，右曰帆屏（泊船即架帆於此）。中官廳祀
> 天后。廳左右小屋各三間。曰麻籬。廳外總為一大門。出
> 官廳為水艙，左旁設廚灶，置大水櫃。水艙以前格艙為六，
> 迄大桅根格堵，乃兵士寢息所。下實米石沙土，以防輕飄。
> 口如井，版蓋之。桅高十丈，篾帆律索插花皆備。別有小
> 艙二格，乃水手所居。頭桅亦掛小帆，短於大桅。頭桅前
> 即鴟首，安碇三箇，碇用鐵梨木，重千斤，懷絙百數十丈，
> 有鐵鉤曰碇齒，以泊船者。廳中格曰聖人龕，安羅盤（即
> 指南針），以定方向。後曰舵樓，左右二小屋。舵樓右小
> 桅掛帆，曰尾送。另備小艇一，曰杉板，以便內港往來，
> 大船行則收置船上（船小即佩帶杉板於船旁）。船中輯眾
> 者，曰管駕弁目（商船即主出海）。主操舟者曰舵工。司
> 爨曰炊丁（商船即用總鋪）。上桅理帆繩、司瞭望曰亞班
> （亦曰斗手）。修整船器曰押工。分司舵繚板碇者，曰頭
> 目。佐事者水手。專任攻擊曰戰兵。能出沒水中曰水兵。
> 此同安梭式大趕罾制也。

嘉慶元年（1796年），良功隨游擊魏成德巡洋，迭獲劇盜劉
三、張訓、王時、陳明、吳班等。次年又獲王忠、楊善等。五月
在祥芝外洋遇盜艇，一躍登舟，擒匪首莫阿三等；六月在深滬廟
內獲賊酋陳三貴，升把總。旋在永寧獲高集等。在崇武獺窟洋獲
曾春，在將軍澳獲艇匪張阿四，督撫奏請議敘，奉仁宗皇帝硃批

可嘉，並於良功姓名加硃圈，表示重視，良功以末弁得恩結主上，感激遇知，愈自奮厲。其後又迭獲陳六、鄭梅梅、吳秤、黃克正等。臨震嶼礁險絕，賊常出沒其間，四年秋，良功率兵數搗之。五年，補千總，引見，擢中軍守備。七年，良功在銅山港獲蔡牽匪夥陳質等人，復送部引見，八年九月升左營游擊。隨浙江提督李長庚在浙江扁礁洋，擒獲駱然等人。同年十一月，閩浙總督玉德保奏良功，堪勝參將一任，十二月遷烽火營參將。九年八月，蔡牽在浮鷹洋戕害溫州鎮總兵胡振聲，良功以失於防護，革頂戴，尋復還。嘉慶十年（1805年）正月，署閩安協副將，並偕同署金門鎮總兵許松年過台會剿蔡牽，正月二十五日在閩東渡台，李長庚、海壇鎮孫大剛夜開駕湄洲、竿塘等洋，堵剿蔡牽。蔡牽聞兵船截拏，駛南先竄。許松年率師追之，二月初九，在小琉球洋攻剿蔡牽，被蔡牽裏去兵船二隻，燒燬兵船一隻。而良功見台協外委許元良等二船被賊圍，往救援，松年舉旗招之，未能即攏幫，惱怒之下，劾良功不聽調遣，致蔡逆竄逸。而以違調被劾褫職。幸總督玉德審訊得實情，以救援故，不及攏幫，復原官。十月，改署台灣副將，時蔡牽復竄擾台灣，良功隨李長庚剿捕。而李長庚與邱良功也在此後數年面臨了生平最大勁敵—蔡牽、朱濆兩人。

（二）補授提督，痛殲蔡牽

清代官方文書常將海盜區分為二：土盜與洋盜。土盜者，指在沿海一帶零散海盜，無組織，其船隻多屬小型商漁船，因缺乏航行外海大船，故只能在近海地區攔劫沿岸航行商船，不能前往外海劫奪越洋大商船，為害程度較輕。洋盜者，指擁有夷艇洋砲之大幫海盜，所駕船隻大，活動範圍偏及江浙閩粵，為害最烈。

海盜歷史與海上貿易同樣悠久，清代海盜活動可以以乾嘉之交為界，分為前後兩期，具有不同特色。前期海盜活動雖然接連不斷，但多屬於小規模，缺乏組織，海盜一般使用小型船隻，偽裝他省船隻，借討水易米為由，傍近客船，突襲行劫，奪取貨物和銀兩，而且絕不盡行奪取，以免殺雞取卵，因此商船仍往來不絕，他們也不斷地有對象可獵取。至於官方防禦措施泰半是水師兵船護送商船離開港口出洋，直到駛至大洋，兵船才返回。可是這是沒有什麼效果的，由於向例兵船不得越境巡查，海盜可寄泊在交界之地，等待洋舶回棹掠截。[21] 其作案方式，林樹梅《歗雲文抄》亦提及：[22]

> 近時土盜竊發，往往取間道突至為患，則所防堵，又不僅多巡要害，乃無可虞。刦盜船初出，必且偽為商漁，請給牌照。洋遇孤商，則劫貨擄人，占坐其船。遇巡哨，則隱匿刀鎗，呈驗牌照，何從辨其為盜。然亦有人船兩地，舵手異名，私藏禁物，載貨不符，蓬無書字，無刻號，牌照逾期，不換水手。但載十餘人，乃多至三、四十人，詰之指為搭客。違禁器械，無所不有。詰之，稱為禦盜。且船隻給照，必先書寫縣號、船戶姓名於風蓬之上，及刻兩舷以憑查驗，若以布蓆遮掩其字，必將為盜，恐被認識指告耳。凡此形跡可疑，在在留心盤話，無難弋獲。

---

[21] 參見(1)陳希育《中國帆船與海外貿易》（廈門大學出版社，1991年4月第一版），第九章第三節，頁357~366，(2)張中訓〈清嘉慶年間閩浙海盜組織研究〉（收於《中國海洋發展史論文集（二）》，中央研究院三民主義研究所、中國海洋發展史編輯委員會，民國75年12月出版），頁161~198。

[22] 同註16。

並且進一步指出防堵破獲之法：

> 今兵船出洋巡哨，盛為威儀，是先驅盜賊而使知避也。先
> 君子常易服藏兵，假商船以為餌，或於風雨晦冥，並舷偕
> 泊，乘賊不意，擒之。久之，賊將自疑其黨，亦兵家用間
> 之機也。後之有事巡哨者，宜留意焉。

總之，前期海盜特色，我們可以用藍鼎元一段話來形容：[23]

> 江浙閩廣，則自二至九月，皆為盜艘劫掠之時，今天下太
> 平，非有所謂巨賊，不過一二無賴，飢寒逼身，犯法潛逃，
> 寄口腹於煙波浩蕩之際，而往往不能廓清，歲歲為商民之
> 患。

而康熙以降，昇平日久，社會漸趨奢靡，加上吏治敗壞，營
伍廢弛，作奸犯科日多。直迄嘉慶初年，閩省漳泉一帶，因災歉
導致物價高漲，商漁失業，從賊者多，兼之行商從事海外貿易，
屢獲巨利，為不法之徒所歆羨，沿海失去生計的漁民、商民、鹽
民及失業的手工業者、破產的農民，嘯聚一起，下海行劫，產生
大規模海盜集團。後期的海盜勢力龐大，而且是有組織的武裝船
隊，肆行劫掠，甚至與清廷水師戰艦抗衡十多年之久。當時以「水
澳幫」的朱濆為首，嘉慶五年時有六、七十艘船，到了嘉慶十四
年除了數十艘船隻外，還有五十餘艘夾板夷船，甚屬高大。浙江
的「鳳尾幫」規模也在六、七十艘以上。[24]同安人蔡牽則後來居

---

[23] 藍鼎元〈論海洋緝捕盜賊害〉，《鹿洲初集》，台北，文海出版社，頁 41~42。
[24] 同註 21。

上。成為當時東南海上叱吒風雲的人物，其大名不但屢見於官方文書，即使仁宗皇帝也深以為患，其嚴重性由此可見。

嘉慶初期，以土盜一變為洋盜、艇盜，最聞名且最有實力者為蔡牽。蔡牽的壯大，關鍵在嘉慶五年（1800年）六月，安南夷艇夷匪在浙省台州海面遭遇颶風被消滅，殘存的水澳、鳳尾兩幫，經浙省水師猛力追剿，賊眾大潰，各自駕船逃散，悉數南竄閩洋，自此由大幫分為數小幫，實力大衰，故浙省洋面暫告安靖。但不旋踵，始終保持完整實力的蔡牽，處此千載難逢機會，多方兼併收編二幫餘眾，並獲得若干夷艇夷砲，勢力迅速擴張。嘉慶八年以後，蔡牽厚賂閩商，製造橫洋大船，載貨出洋，偽報被劫。彼於獲得橫洋大船後，活動範圍由沿海內洋，擴及台灣，成為越洋大海盜。[25]幸好當時清廷，水師將領有李長庚、邱良功、王得祿等人，疆吏有浙江巡撫阮元，文武同心，協力一致，終得戡平蔡牽。

是時洋盜蔡牽、朱濆，橫行海上，分擾閩浙粵三洋，嘉慶十年，蔡牽竄擾台灣，邱良功復隨李長庚赴台剿捕，並護理台灣副將，統率師船在台澎各洋偵緝。十一年正月，李長庚領大兵在鹿耳門駐守，邱良功則帶領換班兵船在安平港口防守。仁宗皇帝下諭：李長庚當添兵丁義勇飭交邱良功，令其悉力堵禦，如能將蔡逆攔截，即係邱良功之功，當加以重賞，若稍有疏虞，即惟邱良功是問，決不寬貸。時蔡牽以朱濆擾台灣北路，已身突犯鹿耳門。三月，邱良功率兵會剿，夜選壯士駕小艇，乘其不備以火攻之，

---

[25] 同註 21 外，另參考蘇同炳〈海盜蔡牽始末〉，收於《台灣史研究集》（國立編譯館中華叢書編審委員會，民國 69 年 4 月印行），頁 151~252。

殲其眾於洲仔尾，轉趨北汕，與李長庚夾攻牽船，幾獲，會風潮
驟漲，原北汕沈舟為風浪掀起漂走，既去堵截，蔡牽乘間逸去。
上怒，奉旨摘去頂戴，仍責令帶罪立功。良功乃率舟師赴北淡水，
至大雞籠洋進剿朱濆，毀沈其舟。又滅白衣匪於笨港。五月，蔡
牽復竄擾鹿耳門洋西，良功偕副將張見陞、王得標等合力會勦，
良功督率弁兵，衝陣敗之，奪獲船械砲位，牽遞之。疏入，上賞
戴花翎，復硃圈其姓名，十一年七月九日下諭加副將銜。十二年
七月，追朱濆於滬尾洋，濆再東竄入雞籠洋，值潮退，良功堵港
口困之。南澳總兵王得祿率師夾擊，擒匪犯林紅等十五名。濆遁
入番界，窮追抵蘇澳，燬其巢，擒殲甚眾。奏入，上大喜，諭邱
良功著加恩交部議敘。尋部覆照一等軍功例，給與功一等、紀錄
二次。十二月，長庚戰歿於粵海，命得祿與良功繼捕務。

　　嘉慶十三年正月十六日，良功實授安平副將（即台灣水師協
副將），六月三日再陞浙江定海鎮總兵，殲蔡黨駱亞盧。今台南
市安平區伍德宮（祀蘇府王爺），尚存有邱良功此時期所立的匾
額「保合安寧」，上下落款為「嘉慶戊辰年陽月（按 13 年 10 月）
穀旦」、「欽命鎮守浙江定海水師等處地方總兵官協鎮，台灣水
師副總兵官，功加一等，紀錄二次，尋常加一級，記大記六次，
邱良功敬立。」先是，十二年十二月，長庚在黑水洋戰死；十三
年十二月，繼任浙江水師提督之何定江也病故。浙江提督兼轄水
陸，正值水師剿捕喫緊之時，浙江巡撫阮元保薦良功，請旨簡員
補放，十四年正月初八日，奉上諭：浙江提督員缺，著邱良功補
授。邱良功與福建提督王得祿二人均是長庚舊部，良功追隨長庚
在閩浙洋面剿匪多年，勇敢善戰，為長庚賞識。良功心痛長官長
庚功敗垂成，至是忘身殄寇，以滅牽自任。而眾兵勇同切報仇雪

恥之心，「見公至（指李長庚侄子李增階），伏慟不能仰。公大
呼：復仇報國，皆收淚躍起，皆裂髮指，矢以死，或曰不得盜著，
目不瞑。」[26]。於是上下一志、邱王同心，使閩浙二省舟師矢誠
合作，對於後來蔡牽之覆滅，關係甚大。前已述及，蔡牽之所以
猖獗強大，是由於他在安南夷艇遭風覆溺，及鳳尾、水澳二幫皆
殲之後，既得夷艇夷炮，又得兩幫餘眾之歸附，才迅速發展成一
大勢力。但此時情勢已有所轉變，其因一則官兵的大船一再更新
增造，於嘉慶六年正月新造三十艘之霆船，逼得蔡牽要厚賂閩
商，更造大於霆船之船；後李長庚先行雇用大號商船以資對抗，
十四年後又添造大同安梭船二十隻，此一新式大船足以與蔡牽擁
有的橫洋船相對抗。二則由於邱良功之勇敢善戰，眾兵勇的報仇
雪恥，恰好抵銷了蔡牽在人、船兩方面的有利局面。再加上各處
海防嚴緊，斷絕岸奸接濟，蔡牽船團所需的火藥、鉛子、蓬索、
水米、菜蔬等等，無從購覓補給，只有從海上搶劫商船一法，或
從福建以外其他沿海地方設法一途，因此原本蔡牽盜船，在被李
長庚追剿逃竄入粵省洋面，嘉慶十三年再由粵省北竄入閩，十
三、四年又屢屢窺伺浙洋，其故在此。另一方面，為患浙洋的竂
嘴、亞盧兩幫土盜亦告先後殄滅，浙省水師無復後顧之憂，正可
全力對付蔡牽，而專門針對蔡牽的「分船隔攻，專注首逆」戰術，
更是一大突破，再加上浙江巡撫阮元新創的軍務傳單之法，使得
浙江沿海之軍情傳報，十分靈活迅速，能夠搶先一步，掌握蔡牽
行蹤。這些因素湊在一起，終於促成了蔡牽之覆亡。[27]

---

[26] 景沆〈李謙堂軍門外海水程戰法紀要跋〉，收於《馬巷廳志》附錄中，頁274。
[27] 同註25蘇同炳文，頁236~238。

　　而甫任浙江提督的邱良功，既懷報仇雪恥之心，也迭有表現，如：「（五月）浙江提督邱良功蒞任，統帶兵船向南搜捕土盜亞盧幫餘船，寧、台洋面甚為寧謐。」、「（七月十七日）是日，蔡逆復入浙洋，至台州遇颶，壞船二隻。通判陳豐會營拏獲蔡城等五十五名，餘船直入定海洋。提督邱良功自閩追回，會同浙江各鎮追剿。」[28]到了八月，雙方展開一場大海戰，一決生死。

　　先是嘉慶十四年七月，蔡牽由閩竄浙，他甫由閩洋進入浙江平陽縣，平陽縣已經派遣專人，以每一時行三十里速度，將此一情報填入報單，分別馳報沿海州縣、各水師中軍，及巡撫衙門。三日之內，沿海各口岸的船隻俱已收岸保聚，嚴密查緝奸民偷漏接濟，以致蔡牽在遠洋近海馳突多日，一無所獲。七月十四日，蔡牽由外洋竄至臨海，旋即北向定海、寧波。時邱良功正統帶水師在玉環、三盤一帶探尋盜蹤，一得臨海州縣馳報賊情，立即轉柁向北。八月初四日，邱良功、王得祿，海壇鎮總兵孫大剛、黃巖鎮總兵童鎮陞等探知蔡牽在寧波洋，各兵船連夜接續向北。初五日黎明，童鎮陞首先追及，在旗頭洋面雙方發生接觸戰，守備武定太等攻取盜船一隻，生擒王鳥等五十一名，斬取首級十顆，餘船由衢港迅速竄向外洋。八月十一日，象山縣飛報該縣潭頭外洋發現盜船，乘風向南行駛。邱良功等時在普陀，聞報立即與黃巖鎮總兵童鎮陞，及閩省舟師在北洋搜尋，無蔡牽蹤跡。十五日，由普陀挑帶兵船，星夜窮追，南下追剿。至十七日，終於追及蔡牽於台州魚山外洋，邱良功首先追及，將蔡牽船隻攻剿殘破，童鎮陞船被盜砲折桅。適王得祿舟師亦至，齊攻蔡牽，斃盜無數，

---

[28] 同上註，頁 232~233。

夜復遁走。十八日傍午，追及蔡牽於溫洲外洋之黑水洋，良功懼賊暮遁外洋，大呼突進，以己舟駢於牽舟東，專注蔡牽本船，全力攻擊，以致左腿被矛戳傷，他裹創擂鼓，督戰益力，時暴風驟起，浪起伏如山，牽船大蓬猝壓良功帆上，壓船幾覆，軍士紛紛落水，良功猶指揮奮擊，蔡牽用大椗札住邱良功之船，拼命死鬥，浙船毀椗脫出。其後王得祿船隻趕到，並攏攻擊，蔡船鉛丸不得接濟，早就用完，遂以番銀作為砲子點放，王得祿身被炮傷，仍喝令千總吳興邦等連拋火斗火罐，燒壞蔡船尾樓。得祿復用本身坐船衝斷蔡船後舵，而李長庚侄子李增階也「煆鐵為二籤，長丈有咫，縛於鷁首，迎盜首舟而上，風力猛，籤入盜舟，兩船合為一不可解，雙方短兵相接，適飛砲洞兩舟。火藥震，煙燄蔽天，盜舟焚而公舟亦焚，志與盜俱燼也。」[29]在眾人齊心併力攻擊下，蔡牽始與其妻子，并船內眾夥落海淹斃，計二百六十餘人，並生擒胡有均等人。

關於此戰情形，雖然清仁宗實錄與張師誠、邱良功、王得祿三人會銜奏摺有詳述，但實際情形，奏摺與實錄均有疏漏，其中浙幫水師攻剿之功多被閩師所掩，阮亨《瀛舟筆談》卷三收有邱良功致浙江巡撫阮元書，其文頗長，但一來提供參考比較，二來此文乃邱良本人所存親筆書信，不可多得，茲節要於后，用表存真：[30]

　　……弟與閩幫在北洋搜無匪蹤，即返蓬過南。十六日抵牛欄基，探聞該逆在於黃巖所屬之魚山外洋潛蹤，即連夜開

[29] 同註 26。
[30] 轉引自蘇同炳前引文，頁 239~241。

行。十七日黎明駛抵該處，果有盜船十餘隻在彼起蓬駕逃。浙幫兵船行先行趕上追擊，該匪俱返蓬放砲拒敵。內有綠頭大賊船一隻，認係蔡牽本身之船，揮令各兵船注定圍剿。該逆放砲回擊，將童鎮軍坐船頭桅打損，隨即收轉。各兵船俱佔上風，迴環攻打。該逆見兵凶勇，方向東南外洋駕逃。兵船隨追隨擊，自卯至申，擊斃盜匪無數。已追黑水深洋，閩幫兵船方始趕上。弟與海壇孫鎮軍並攏逆船，兩下接仗，火斗交拋。因外洋浪大，不能過船，隨浪戧出。時已入夜，弟帶兵船俱在上風，截住跟追，該逆不能逃遁。十八日寅刻，各兵船又復趕上逆船，聯絡攻擊。該逆且拒且逃，有提標署右營遊擊陳寶貴被賊砲打傷左手。浙幫兵船並攏仰攻，俱被逆船拋下火斗轟擊，官兵俱有傷斃。攻至午刻，已至黑水深洋，又見清水。弟想深洋窵遠，旋又天晚，恐被逃逸。弟之船先行並攏逆船，王提軍之船隨後趕上，並在弟船外，將弟之船夾在中間，鎗砲齊發，刀斧交攻。盜匪見勢凶勇，俱紛紛跳水。因逆船插花大篷纏住弟篷之上，將艇船蓆篷即時扯碎。逆船欺弟艇船，竟敢用桁札住弟船，意在拼命決一死戰。弟左腿被鎗掄傷，胞姪邱成勳與賊格鬥，落海淹沒。外洋湧浪，逆船與王提軍之船兩下搖擺，將弟船上舨邊船尾俱行碰壞，兵丁站立不住，多有落水。因弟船上舨邊碰掉，逆賊之桁勾札不住，弟船隨浪撇下，王提軍之船亦即戧開。時有海壇孫鎮軍、乍浦營參將陳琴，守備李增階俱從道船外首撞攏，該逆連拋火斗，火星引入陳琴、李增階藥艙，將二船即時轟開，隨即沉沒，官兵落水。各兵船放杉板撈救，將

陳琴李增階救起,並撈獲跳水盜犯胡有均等七名。弟坐船僅存底碗,又復發漏,幸命舵未損,得免沉溺。因東風猛烈,僅用頭篷隨浪漂放。浙幫兵船見弟之船損壞,前來保護牽帶,王提軍與孫鎮臺等船,仍在圍攻逆船,遙見砲火聯絡。弟於酉刻駛過黑水深洋,見王提軍坐船亦逢篷收轉,此閩浙兩幫會同攏擊逆船之實在情形也。弟於二十日將抵北關,查點兵船,尚有幾隻未曾收到。訊據盜犯胡有均供稱,小的廣東人,落蔡牽船已有三、四年,船上共有盜匪二百五、六十人。十七、八等日被兵船打死約二百人,被火斗燒傷數十人,只剩二、三十人。蔡牽躲在艙內不敢出來。小的在前艙,見船漏沉水,艙板湧起,小的走上艙面,聞蔡牽要發火藥艙自燒,小的著慌,所以跳水,即被撈獲,求開恩等情。適溫洲李鎮軍前來北關會合,弟隨換坐船隻開行,過南搜剿,並訪王提軍與各兵船下落。二十二日駛抵崇武,聞王提軍兵船先已南下。弟若自行具奏,既恐兩歧,且逆船被浙幫兵船攻擊,如此狼狽,曾否沉況,未得實信。隨即過南,於二十三日抵廈門,張署制軍亦在該處。王提軍被賊砲打傷額角手膀,在署醫養。蔡逆坐船,已被攻沉。此次圍剿,浙幫兵船俱奮不顧身,掩攏逆船攻打,以致該逆不能逃遁。閩幫大船呆笨,王提軍於十七日晚間方始趕上,此時該逆之船已被浙幫攻打狼籍。弟坐艇船,尚且數次並攏,逆船用椗紮住,相攻一時之久,王提軍之船反在弟船外,以致弟船碰壞。浙幫前來救護,雖不克將逆船攻沉,而該船業已垂危,閩幫現成收功。現經張署制軍具奏,以閩幫稍優於浙幫,其實浙幫實優於閩

幫。……」

　　此信縷述浙省水師自十七日至十八日始終緊躡蔡牽坐船之後，連攻二日，又搶截上風，以致蔡船不能逃遁，終被攻沉之情形，極為清楚，所敘浙船苦戰情形，尤覺栩栩如生。遺憾的是在勝負將分的關鍵時刻，因邱良功的座船被蔡牽及王得祿的座船內外夾撞發生危險，不得不採緊急救護，當下撤離戰場，遂使後到之閩船坐收殲渠之功，實在可惜，這中間曲折，若非有邱良功此一親筆書信留存，我人不免被史書所蒙蔽矣！當時人有曉知此事者，以邱良功受賞封次於王得祿，頗有不平，良功致浙撫書，謂海疆肅清，已為快事，名位軒輊，何足計。真是名將風範，然究竟不能服人心，尤其是金門人，清林豪詠金門耆舊十二首，其中第十一首「爵帥邱剛勇公」詩前小序云：「公諱良功，賜謚剛勇，嘉慶間，官浙江提督，追海寇蔡牽至黑水深洋，以椗搭牽坐船，大戰移時，兩船舵皆損壞，而閩幫王提軍始到，牽因鉛藥已盡，遂投海死。論功王得祿封二等子，而公僅得三等男，浙撫阮文達公以書勸公自陳，將為代奏，公覆書遜謝力辭焉。阮公益賢之。事詳阮公弟梅叔太史亨《瀛舟筆談》。」，詩詠：「公帥水犀軍，鏖戰黑海浪。誰與殲水仙，後來反居上。屏居大樹下，疆臣服其讓。遺澤及後賢，勳勞猶歌誦。」[31]

　　不僅如此，邱良功本人之風範典型，尤多令人感佩。《金門志》紀：[32]

<hr>

[31] 《金門縣志》（民國 57 年版），卷九詩文輯略，林豪〈詠金門耆舊詩〉，頁 806。

[32] 林焜熿前引書，卷十〈人物列傳〉，頁 248~249。

良功性恬謹，謙以下人，廉以飭躬。事節母甚慎，母病嘗糞。從戎後，以樓櫓為枕簟，波濤為戶庭，專浙閩九年，文檄章疏動中竅要，謝絕上壽開筵張樂事。浙西多飼蠶，當春行部戒毋聲砲，養蠶家密祝焉。寧波府試，諸生譁，知府請兵不從，會欽使至，餉以豬羊百頭，使語來弁云：「提軍廉，安辦此，其貸來耶？」令齎回，其清名著聞如此。

昔馬巷廳判黃家鼎亦譽邱良功可媲美有明一代大將戚繼光與俞大猷：[33]

良功隨長庚為偏禆，獨見，任官把總，即邀九重特達之知，卒殲巨逆，以功名終。其遭有勝於長庚者，閩中多將帥材，漳泉兩郡五等之茅土備焉。聯恩死捻亂，尤能以忠孝世其家，於戲！與戚繼光、俞大猷爭烈矣！

（三）掃蕩餘寇，將星殞落

嘉慶十四年八月這一場慘烈的大海戰，雙方抵死決勝負，蔡牽終於敗死落海，自此滅絕。浙閩兩提督由溫州乘北風至福建廈門，報知署總督張師誠具奏，捷聞，上大悅，此一肆擾十餘年，往來閩、浙、粵三省，擾害商旅、抗拒官兵，甚至謀占台灣，率眾攻城，偽稱王號，不特商民受其荼毒，官兵多被傷亡，并戕及提鎮大員，今朝一旦剷除，仁宗皇帝至是欣慰之極，大小文武官弁均賞賚有加，王得祿敘功晉封二等子爵，加太子少保銜。邱良功「勞績稍遜」，晉封三等男爵，准再承襲八次，並賞翎管、玉

[33] 《泉州府馬巷廳志》，附錄上，黃家鼎〈邱剛勇公傳〉，頁244~246。

牒、荷囊。除此，並要求嚴拿餘孽，以淨根株，以靖海洋。

　　邱良功恩遇極貴，不敢稍自逸縱。旋追餘盜，生擒郭淺等於漁山，再擒網盜於馬蹟洋等處，盡散其黨。曾嘗於田岙洋面望見賊船，餓帆追之，至東機外洋，風雨暴至，官船、賊船皆漂散，良功坐船亦折斷大桅，桅柁槓具盡壞。次日始收泊，亟派兵弁沿海搜捕，獲莊姜等八十餘名，蓋已料到賊船被漂，亦必登岸修葺也。

　　嘉慶十六年，入都陛見，南旋回任，復出巡洋，獲蔡險、郭魁、虞煥章、徐進才、翁阿三、葉三豹、邱合發、癩頭四等。次年復獲陳登、陳烏青、施阿興、蔡勝玉、王有升、駱阿楚、孔阿智、柴武魁、王文星、陳祖金等。二十年，又獲梁成起、洪啟大、郭乃姐、陸瑞倫、舒玉燕等。二十一年，又獲何金鳳、陳得奇、潘永光等。時蔡朱已死，溫台盜匪吳屬寖熾，良功督舟師擒捕，吳畏懼，率眾赴閩省投誠，自是閩浙二洋，海氛稍平。二十二年，又獲張和尚、梁阿川等。是年春，奏請述職，出都，於八月三十日，行次江蘇揚州附近之甘泉縣病歿，享年四十九歲。

　　遺疏入，上震悼，授建威將軍[34]，照提督例給予卹典，尋賜

────────────────

[34] 關於邱良功之授「建威將軍」究竟是生前或死後？曾引起評審委員一番疑問，茲簡單說明如下：

　　按封授有功官員及其先世以官爵名號，稱為「封贈」。清制，凡九品以上文武官員，都可得到相應的封階，辦理封贈事宜，文職隸吏部，武職隸兵部。凡需封授、封贈者，據其官職和品級，開列名氏存放題奏，得旨則給予封贈。武職封贈之階，初分三類：一為公侯伯，二為八旗，三為綠營。其官階屢經變更，至前乾隆五十一年（1786年）統一定為：正一品建威將軍（公侯伯同），從一品振威將軍。（以下略）妻室封贈有九等，即一品夫人、夫人、淑人、恭人、宜人、安人、孺人、八品孺人、九品孺人。命婦稱號，只限于嫡配正室和嫡妻亡故後之繼室，一般不推及妾媵等其他妻房。而邱良功死時之職銜

祭葬，諡剛勇，子聯恩以三等男承襲，嗣子聯奎，候補布政司理問。除此，并叨諭祭神道碑二通，天章炳爍，無上榮寵，茲轉錄於後：[35]

（一）御製諭祭三等男提督邱良功文

威宜旄鉞協致果為毅之經，績炳旂常副克壯其猷之譽。惟禦侮式彰雄略斯明禋載賁彝章爾。原任浙江提督邱良功，偉抱肫誠，英姿颯爽。值洪祥之烏合，出沒波濤。搜絕島之蜂屯，往來潮汐。秩惟上賞，拔燕頷於行間，戰必前馳，奮鷹揚於海外。鏐牌拜賜，翠羽邀榮。當申命之迭膺，每辛勤而罔懈懈。除其醜類，殲厥渠魁。肆秉鉞以總戎，遂建牙而專閫。披堅執銳，益恢龍豹之韜。獻馘訊俘，悉就鯨鯢之戮。挽天河而洗甲，馳露布以旋師，淨掃攙槍，肅清芭蘖。創每深於傷股，志彌切乎忘身。優敘崇其殊勳，褒封躋之異等，畫接頻瞻夫魏闕。方歌入覲之章，星沉遽告於邗江。特貴飾終之典，良深軫惜，用沛恩施。於戲！溟澥風恬，執干戈以為社稷之衛。旌旂雲擁，聽卑則將帥之臣。爾靈有知，尚其歆受。

（二）御製三等男提督邱良功神道碑

朕惟聽鼓聲以思將帥，載在禮經。詠干城而重公侯，垂諸

_____

是「從一品」的武職外官「浙江提督」，照理應封贈「振威將軍」，嘉慶帝追念其平蔡牽之勳績，追贈「正一品」的「建威將軍」，因此良功之元配吳肅惠亦誥封「正一品夫人」，我們可從邱良功墓碑之碑文及牌坊題詞得到印證。

[35] 林焜熿前引書，附錄「皇言錄」，頁 384~385。

詩訓。十年專閫，重洋欣海瘴之消，千里還轅，中道悵星
芒之隕。宜鑴珉石，爰錫絲綸。爾原任浙江提督邱良功，
志行惟貞，機謀允濟，起家行伍，技早擅夫習流。效職偏
裨，威已宣於絕島。駕艨艟而捩柁，勢欲澆螢。瞰樓櫓而
揮戈，聲如虓虎。於是膚功迭奏，眾醜成擒。橫港奪舟，
敢峙糧而深入。長風掛席，曾斫陣以先登。敘勞邀華袞之
褒，紀績懋功牌之賞。籌陳玉殿，余嘉乃勳。隘守金門，
汝蒞茲土。復因醜黨肆煽妖氛，掩逋寇而窮追，挾偏師而
直搗。攔甲鮫人之窟，勇奮屠鯨。暢旌蜑戶之鄉，憤伸戮
鱷。雖未剋期八日，殄楊太於湖南。終能屬氣三軍，殲盧
循於海上。攪槍影淨，殊榮特錫。花翎刀箭、癠深渥賚，
宜叼蒲璧。節鉞旋移於兩浙，韜鈐尚著於七閩。疆場之任
方隆，屏翰之資益固。纔值雲瞻楓陛，正倚長城，何圖月
暗柳營，遽彫大樹。諡之剛勇，隆此恩施。嗚呼，沐異等
之褒封，澤延帶礪。想英姿之颯爽，績耀旂常。式峙穹碑，
欽承勿替。

　對於邱良功一生行誼評價，清馬巷廳通判黃家鼎頗有一段公
允之批評：[36]

　　邱良功性端謹，謙以下人，嚴以馭將。專閫九年，以清廉
　　著。其官水師也，衽席波濤，殄劇寇無算，即生擒交地方
　　官訊辦者，亦幾及千人。賊見良功旌幟，無不股栗。嘉慶
　　朝以水師名將稱者，首數李長庚，然長庚始扼於總督玉

[36]　〈邱良功武功彪炳〉，《金門先賢錄》第一、三輯，頁81~83。

德、阿林保，所志不得遂。洎受知仁廟，幾成功矣，竟殞
於陣，則天為之也。良功隨長庚為偏裨，獨見寵，任官把
總，即邀九重特達之知，卒殲巨逆，以功名終，其遭際有
勝於長庚者。

第三節　邱良功之遺物與傳說

　　邱良功之墓在今小徑村旁，佔地頗廣，在金門目前諸多古墓
中，最為完整，按清制，職官一品，塋地九十步，皆從塋心發步，
各數至邊，但卜葬者或絀於財，或限於地，亦有不盡符步數者。
而茍如其制，則不容他人侵佔也明矣，今觀邱墓，墓坐北朝南，
兩傍有翁仲、石馬、石羊、石虎，其前有石柱牌坊，後有小丘。
筆者稽核步數，後之小丘不必言，前之牌坊若符步數，左右則不
符，時移勢遷，恐有被侵佔之事。邱墓墓碑上鐫書：「皇清嘉慶
二十四年歲次己卯十一月，誥授建威將軍，晉封三等男爵，賜諡
剛勇琢齋，邱公暨元配正一品夫人蕭惠吳氏佳城，孝男聯芳、聯
奎、聯恩等仝立」。墓前兩傍一為清仁宗御製神道碑，碑文已見
上。一為墓道碑，文鐫：「皇清誥授建威將軍提督浙江全省水陸
軍務，晉封男爵世襲加三級，欽賜祭葬諡剛勇琢齋邱公暨元配誥
封正一品夫人蕭惠吳氏墓道」。前之牌坊，最上橫書：「嘉慶二
十四年歲次己卯八月穀旦建立」，其下分行縱書：「皇清誥授建
威將軍，提督浙江全省等處地方，統轄水陸軍，節制各鎮總兵官，
記大功六次，軍功加一等，紀錄二次，晉封三等男爵，世襲加三
級，欽賜祭葬，賜諡剛勇邱良功，妻誥封正一品夫人，蕭惠吳氏」。
　　良功故宅在金城浯江街中段，俗名邱厝埕，低小狹隘，且已

破陋。傳說良功顯貴後，擬就故宅修建爵府，乃向四鄰商購房地。左右鄰居貪其高價，均先後售讓，佔地甚廣，南起今浯江街，北至今北門上帝廟後，西起今中興街，東至今三級古蹟「金門鎮總兵署」。惟獨此一見方土地中，有一蔡姓宅地，約有五公尺見方，不肯讓售，良功曾允以白銀鋪滿蔡氏屋地之高價買之，蔡氏始終不肯，蓋嫉妒良功富貴，有迫遷舊鄰之嫌。良功不敢挾勢凌逼，只得作罷。另屋中尚存有邱良功部份遺物，如方形銅鏡一面，長一四二公分，寬八十五公分，厚一公分，鏡面正中，鐫刻「湖州薛惠功造」，據邱家裔孫言，是良功傳下之物。另有雕龍聖旨石二塊，高六十一公分，寬四十九公分，所刻聖旨二字，每字約十二公分見方。據傳係良功顯貴封爵，皇帝聞其家屋簡陋，賜建爵府，故贈予雕聖旨石二塊，預備置於府第大門前坊。後因購買宅地不遂。隨之放棄建第計畫。歷年既久，民初因家屋破毀不堪，家道中衰，遂將二石當一般石材，作為補牆之用，今疊築於故宅右側廂房牆腳。[37]另外，筆者曾二度親訪邱家，承蒙吳天進先生之協助，邱老太太一一指點文物所在，另展示一刀、一劍、一瓷鼓橙，均謂是邱良功之遺物。

又，民間傳說邱良功之母許氏貞淑（閨名印官），與李光顯之母許氏懿惠為親姊妹，為小徑人士。兩姊妹出閣時，許家內牆忽生靈芝兩株，舉家欣慶，以為祥瑞。識者云：靈芝長於門楣之牆上，且葉外向，福運不應本家，其應於女兒所歸之婿家。其後良功及姨表兄李光顯，均是在小徑舅家誕生，兩人後皆顯貴，官至提督。嘉慶二十二年，良功卒於揚州，特旨欽賜祭葬，運棺回

<hr>

[37]　〈李光顯海邦著績〉，《金門先賢錄》第二、三輯，頁 71~72。

金，遍擇佳地，多不適意，遷延久之。時舅家已衰替，乃依堪輿師言，徵得母族同意，就舅氏宅址為塋地。及拆屋時，發現屋脊中有紅蛇兩條，一已斃，另一尚活，工人見而急擊之，遂亦斃。其時光顯在廣東任上，接獲良功出殯訃聞，遽爾嘔血而逝。於是鄉人咸謂良功與光顯，俱是紅蛇轉世，所以兩蛇斃而兩人亦相繼謝世。金門民俗一向忌女兒歸寧在母家分娩，傳係即因良功與光顯俱在舅家出生，後皆顯貴，而舅家卻告中落，後人以此為戒，謂能奪其福氣也。[38]

　　此外，金門民間又傳說今邱良功墓非真墓，乃疑塚。並謂當年邱良功之屍體為「金頭銀頸」，嘉慶帝賜祭葬時，廣設疑棺（因懼蔡牽餘黨報復），同時出發，過水搭橋，逢屋拆屋，抬至今地時，抬棺不動，遂埋於該地。金門縣政府主任秘書翁廷為先生亦提供一則傳聞，略謂其姑丈住於小徑邱墓附近，曾在民國三十年左右夜深時刻親見有人盜邱良功墓，結果竟是空墓；並說邱墓建築極其堅固，不易挖掘，需從墓桌下方挖起才較容易……等等，類似如此傳聞，疑信相參，彼此矛盾，只能姑妄言之，卻不可信之了。

第四節　小結

　　邱良功，字玉韞，號琢齋，諡剛勇，金門後浦人。生於乾隆三十四年（1796年），卒於嘉慶二十二年（1817年）八月三十日，享年四十九歲。曾祖邱寶臣、祖邱心易、父邱志仁、母許氏貞淑、閨名印官。以良功顯貴，皆贈建威將軍，姊皆一品夫人。

---

[38] 同註33。

良功襁褓失怙，時母許氏二十八歲，艱辛撫養，守節二十八年。嘉慶間，良功官浙江提督，奏請旌表建坊，入祀節孝祠。在寡母悉心調教下，遂養成良功秉性恬謹，清廉飭躬，謙以下人，嚴以馭將，事母慎孝的風範。

良功及長從戎，隸金門鎮水師左營為兵，乾隆六十年，時二十七歲，隨總兵李芳園出洋緝匪，獲許江、林鳳等人，深得李芳園器重，拔補外委。嘉慶元年（1796年），良功隨游擊魏成德巡洋，迭獲劉三、張訓、王忠、莫阿三、陳三貴等巨盜，升把總。旋又獲高集、曾春、張阿四等匪，督撫奏請議敘，奏嘉慶帝硃批嘉許，並於良功姓名加硃圈，表示重視。良功感激遇知，愈自奮厲，迭立功勞，擒陳六、鄭梅梅等人，數搗臨震嶼礁賊巢，嘉慶五年（1800年）補千總，引見，擢中軍守備。七年，因功復送部引見，八年九月升左營游擊。同年十一月，閩浙總督玉德保奏良功，十二月遷烽火營參將。九年八月，良功以失於防護溫州鎮總兵胡振聲生命，革頂戴，尋復還。嘉慶十年正月，署閩安協副將，偕同署金門鎮總兵許松年過臺會勦蔡牽，良功因救援臺協外委許元良等船，未能即時攏幫，遂以違調被劾褫職。幸得總督玉德審訊得實情，得復原官。十月，改署臺灣副將，並至追隨李長庚勦補蔡牽、朱濆兩盜。

嘉慶初期海氛不靖，沿海土盜一變為洋盜、艇盜，最聞名且最有實力者為蔡牽。是時洋盜蔡牽、朱濆，橫行海上，紛擾閩、浙、粵三洋。嘉慶十年，蔡牽竄擾臺灣，邱良功復隨李長庚赴臺勦捕，並護理臺灣副將，統率師船在臺澎各洋偵緝。十一年正月，邱良功帶領換班兵船在安平港口駐防，嘉慶帝並且下諭，令其悉力堵禦。不料，終究讓蔡牽乘間逸去，帝大怒，奉旨摘去頂戴，

仍責令帶罪立功。良功隨率舟師進勦朱濆，又滅白衣匪於笨港。
五月，蔡牽復竄擾鹿耳門，良功偕副將張見陞、王得標等合力會
勦，衝陣敗之，牽盾去。疏入，上悅賞戴翎，復硃圈其姓名。十
一年七月下諭加副將銜。十二年七月，追朱濆，濆一逃再逃，遁
入番界，窮追抵蘇澳，燬其巢，擒殲甚眾。奏入，上大喜，諭邱
良功著加恩交部議敘。尋部覆照一等軍功例，給與功一等、記錄
兩次。十二月，李長庚戰歿於粵海，上命王得祿與良功繼捕務。

　　嘉慶十三年（1808年）正月十六日，良功實授安平副將（即
臺灣水師協副將）。六月三日再陞浙江定海鎮總兵，殲駱亞盧。
十三年十二月，浙江水師提督何定江病故，浙江巡撫阮元保薦良
功，請旨簡員補放。十四年正月初八日，奉諭補授。良功為長庚
舊部，追隨長庚在閩浙洋面剿匪多年，素為長庚賞識。至是忘身
殄寇，以滅牽自任。因此甫任提督，迭有表現，為患浙洋的竅嘴、
亞盧兩幫土盜亦告先後殄滅，浙省水師無復後顧之憂，正可全力
對付蔡牽。到了八月，雙方展開海戰，一決生死。良功一生豐功
偉業，標諸史冊，澤及後人，全在勦滅海盜功勳，尤其平蔡牽一
役，更見其名將風度。嘉慶十四年（1809年），閩水師攻剿洋盜
蔡牽，鏖戰重洋，閱兩晝夜，蔡牽夫婦淹斃黑水洋，盜船燒毀，
餘盜擒斬無數。經閩浙總督張師誠，由五百里馳奏，仁宗皇帝大
喜，封福建提督王得祿子爵，賞戴雙眼花翎。封浙江提督邱良功
男爵。並各頒賞珍物有差，良功賞給白玉翎管一個、白玉四喜搬
指一個、金纍絲搬指套一個、大小荷包各一對。[39]當時浙軍圍攻

[39]　參見（一）《金門縣志》（金門縣文獻委員會，民國57年2月出版），卷十
　　編餘雜錄〈名將風度〉，頁836。及（二）《金門先賢錄》第二、三輯之〈邱
　　良功武功彪炳〉，頁84。

蔡牽船隊，追逐千里，枵腹苦戰，喋血於狂風巨浪中，兵勇傷殘極眾。比閩軍到，已功在垂成矣。奏捷之疏，由總督主稿，遂有閩幫優於浙幫之說，而恩賞亦稍有軒輊。邱軍門致浙撫書，謂掃蕩鯨鯢，肅清海甸，是大快事，不必計較功伐。真乃名將風範也。[40]

　　嘉慶十四年八月這一場慘烈的大海戰，雙方抵死決勝負，蔡牽終於敗死落海，自此滅絕。嘉慶帝至是欣慰之極，大小文武官員均賞賚有加，並要求嚴拿餘孽，以淨根株。良功恩遇極貴，不敢稍稍自逸。旋追捕餘盜，盡散其黨。嘉慶十六年，入都陛見，南旋回任，復出巡洋，屢獲群盜，宵小斂跡。十九年復請覲見，回任又迭獲諸盜，自是閩浙二洋，海氛稍平。二十二年春，奏請述職，出都，於八月二十日，行次江蘇揚州附近之甘泉縣病歿，年四十九歲。

　　遺疏入，帝震悼，追授建威將軍，照提督例給予卹典，尋賜祭葬，諡剛勇，子聯恩以三等男承襲，嗣子聯奎，候補布政司理問。除此，并叩諭祭神道碑二通，天章炳爍，無上榮寵。

　　邱良功原配為吳夫人蕭惠，無出。側室王夫人，生聯芳、聯奎與聯恩（字偉堂）三子，遂得承爵。邱聯恩，字偉堂，生於嘉慶十七年十月十七日，生而穎異，有父風，良功卒，年僅八歲，聞訃迎喪，哀毀如成人事，事嫡母吳、生母王，以孝稱，弱冠襲爵，挑充侍衛，直乾清門。道光二十三年（1843年），選授直隸通州副將，再調河間協副將。咸豐四年（1854年），陞河南南陽鎮總兵。轉戰河南六載，頗著戰績，人稱「邱老虎」，所至紀律

嚴明，得兵民心。後以追剿捻匪，歿於陣，地名為「吃虎橋」，亦是巧合。[41]時咸豐九年二月，年四十八。事聞，文宗震悼，以提督例優恤，諡武烈，賜祭葬如典禮，予騎都尉兼一雲騎尉世襲，入祀名宦，並於殉難地方及金門原籍立專祠。

　　邱良功、邱聯恩父子均以忠孝世其家，不愧所生。對於邱良功一生行誼評價，清馬巷廳通判黃家鼎頗有一段公允平實之批評，茲再轉錄於後，以為本文之結：[42]

> 邱良功性端謹，謙以下人，嚴以馭將。專閫九年，以清廉著。其官水師也，衽席波濤，殄劇寇無算，即生擒交地方官訊辦者，亦幾及千人。賊見良功旂幟，無不股栗。嘉慶朝以水師名將稱者，首數李長庚，然長庚始扼於總督玉德、阿林保，所志不得遂。洎受知仁廟，幾成功矣，竟殞於陣，則天為之也。良功隨長庚為偏裨，獨見寵，任官把總，則邀九重特達之知，卒殲巨逆，以功名終，其遭際有勝於長庚者。

[41] 關於邱聯恩死事經過，詳見李禧《紫燕金魚室筆記》（北京廣播學院出版社，1995 年 12 月），「邱聯恩」則，頁 10。

[42] 同註 36。

瓊林蔡家一門三節婦

第一節　金門瓊林蔡氏概述

一門三節坊位在瓊林村西郊的古官道上，乃道光年間旌表瓊林蔡仲環妻陳氏，次子尚聞妻陳氏，三子尚功妻黃氏婆媳三人節孝所立。

瓊林舊稱「平林」，緣此地「所居多樹木，望遠森然若蓋」

一門三節坊

[1]，世故稱之，「瓊林」之美名由來則是明帝「御賜里名瓊林」[2]。瓊林在明代隸屬同安縣綏德鄉翔風里十八都，清初同，道光年間改馬巷廳翔風里十八都瓊山保。民國初年，金門設縣，屬第

---

[1] 蔡鴻略（尚溫）修《浯江瓊林蔡氏族譜》（道光元年修，民國81年4月重印），頁13。

[2] 見林焜熿《金門志》（中華叢書委員會，民國45年7月印行），卷九人物列傳（二）「蔡獻臣」條，頁219。

二都瓊山保，二十四年改制為瓊林第二區瓊山保所屬。三十四年，金門光復，初歸滄湖鄉，依次再歸沙美鎮、瓊浦區、金湖區、金瓊鄉，至民國五十四年再歸隸金湖鎮迄今。

金門蔡氏有兩大支派，一是濟陽派，以瓊林蔡氏為代表，並發展到許坑、中下蘭、小徑、壠口、前水頭、後浦、列嶼等。一是青陽派，以蔡厝（昔山兜）、安岐、湖尾為代表。瓊林蔡氏家族之發展，據說始自唐末五代自河南光州固始遷至同安西市，再遷於金門許坑，傳到十七郎，入贅平林陳十五公家，是為瓊林蔡之始祖。後因蔡氏子孫昌繁，陳氏遂遷陽翟（今陽宅），另結新社，瓊林乃成蔡氏世居之處。

十七郎再傳宣義，三傳子春、致政、季炳三人。子春傳三人，其中二十四郎開下廳族，二十六郎留住瓊林。致政有子六人，其中二十三郎留居瓊林；二十二郎開庵裡族，二十七郎開宅裡族，二十九郎開別族。

二十六郎諱望高，字天賜，其長子早逝，由二十三郎的四子維德承繼，並續留住瓊林；而二十三郎其他三子均開別族。總之，從一世十七郎至五世維德，族裔或為僧侶、或早逝，或開別族，而留住故居，光大先人者，唯維德一人。

維德長子一禾的後裔開上坑墘、下坑墘、大厝與前坑墘四房。次子一蓮後裔開新倉長房，新倉上二房、新倉下二房、新倉三房，與前庭房，共五房。三子一梅，早逝。四子一輩贅晉江劉家。由於子孫昌盛，共析分九房，分住四甲：(1)大厝甲，大厝房居住；(2)坑墘甲，由上坑墘甲、下坑墘房、前坑墘房居住；(3)大宅甲，新倉上二房、前庭房居住；(4)樓仔下甲：由新倉長

房、新倉下二房、新倉三房居住。[3]

　　新倉上二房傳至二十二世的蔡子倫，生有五子，第三子蔡衛，字仲環，娶妻斗門陳氏。仲環不永天年，陳氏二十九歲守寡，茹苦含辛撫育三子。次子尚聞早逝，娶妻斗門陳氏；三子尚功亦早逝，娶妻後水頭黃氏。婆媳三人即一門三節坊所欲旌表的節婦，也是本文所要研究的對象。

第二節　建坊入祠的條件

　　在我國傳統社會中，為綱常名教之所關，世道人心之所繫，官府對於具有忠孝節義之人，旌表其人之善行耆德，以為獎善之儀範，作為維持風教之一種手段。依《欽定大清會典事例》所載，可與旌表之種類有九：鏹樂善好施，宾急功好義，觥節孝，罴累世同居，跡百歲人瑞，鉤親見七代，鉤夫婦同登耆壽，胎兄弟同登百歲等。其中「節孝」，指孝子、順孫，義夫、節婦、烈婦、貞女、孝婦等等。也即是說，旌表節孝就是在表揚這幾種人之「孝順」與「節烈」事蹟。旌表的種類雖然繁多，旌賞的方式則依事蹟的不同而異，從歷代旌賞實例來看，可粗略的分為：鏹鏹無形的捐職，宾有形的給賞、賜匾及建祠建坊。捐職就是「捐納制度」的規定，按捐貲納粟的多寡，取得晉官賜銜。給賞則多賜給銀兩、綢緞；賜匾又因旌表種類而不同，有皇帝御書匾額、南書房翰林書寫匾額，及地方官給匾等數種，此外，累世同居或是百歲情形

---

[3]　蔡主賓《金門縣古蹟瓊林蔡氏祠堂修護研究計劃》（漢光建築師事務所，民國78年4月），第一章〈金門瓊林村發展概要〉、第二章〈金門瓊林村蔡氏家族發展概要〉，頁1~4，頁13~15。

下也有題詩文的。建坊、建祠則以紀念性實質空間，如牌坊、節孝祠等為主，立於閭里，作為表彰，以樹風聲，是旌賞中最為隆重的一種。清代旌表節孝的建坊條件，據《欽定大清會典事例》之「禮部風教」記載，計有：[4]

　（一）節婦不論元配或副室，自三十歲以前夫亡，至五十歲
　　　　完全守節；或未及五十歲身亡，但已守節十五年以
　　　　上。[5]

　（二）夫婦未成婚就流離失散，守志到老再行結合者。

　（三）孝女以父母無子孫，終身奉養不嫁的。

　（四）官婦或民婦遭寇，守節殉身者。

　（五）童養媳拒絕未婚夫私姦調戲，守節致死者。

　（六）強姦不從，以致身亡者。

　（七）節婦被翁、姑、父、母等逼嫁致死的。

　　關於婦女的旌表，依大清會典禮部則例，按其身分階層又可分為王室婦女、命婦、營伍婦女，和庶民婦女，但是通常考核方式是以婦女的德行良窳為標準，分為貞、孝、節、烈四種名目，「女曰貞，婦曰節；孝者，婦女善事其父母、翁姑也；烈者，婦女慘遭不幸，奮不顧身也。」[6]，婦女只要合乎上述四種標準，即可依例請旌。請旌的程序，大致如下：首先由當地士紳造明該

---

[4]　詳見崑崗等奉敕撰《欽定大清會典》（光緒二十年刻本，台北新文豐出版公司，民國65年影印本）第十三冊，卷四〇三～四〇四〈禮部風教〉旌表例，頁10408~10456。

[5]　對於守節年限，清代屢有修改，越後越短，如清初為二十年，世宗雍正時減為十五年，宣宗道光時再減為十年，穆宗同治時再縮短為六年。

[6]　盧德嘉《鳳山縣采訪冊》（台銀文叢七十三種）〈采訪案由〉，頁22~24。

婦的履歷，上面註明係來自某鄉里，其戶首與出結保證者，貞女、孝女要戴父母名氏，已許字者曰字某姓，未字者則云未字，貞節婦須戴夫名，孝婦兼錄舅姑名氏，並某年于歸，某年夫卒，守貞、守節若干年，現存年若干歲等。又節婦之子孫如何，有科名仕宦者，亦須登錄其上，烈婦　亦同，均須一一詳明，以防冒報。這類履歷造冊，須層層彙轉，作業程序繁複。[7]直到清末，仍有旌表婦女之行，而婦女、鄉里、子孫亦多以獲得旌表殊榮自勉。

　　至於旌表的方式，前已述及，有賜匾、給銀建坊，與入祀節孝祠幾種，其中又以建坊入祠，更受時人重視。建坊即是牌坊，簡稱為坊，是一種紀念碑，以題名、題字為主體，以縱柱、橫柱組成，在柱上施以雕刻，有些牌坊又有屋頂，或可稱為牌樓。牌坊可分為；貞孝、節烈與節坊等幾種，其建造位置並沒有嚴格規定，係由官方給銀三十兩，聽本家自行建坊。不過，貧窮人家縱能獲准建坊旌表，但在官方僅補助象徵性的三十兩，餘均由本家自理的情況下，困於財力，每每無法建坊，此所以志書烈女傳中合於建坊者，比比皆是，卻少見節坊。

第三節　蔡家三節婦略考

　　一門三節坊所表揚的三位節孝婦女事蹟與生平，流傳極少，一般人所常用者，不外乎林焜熿的《金門志》與瓊林蔡氏的《浯江瓊林蔡氏族譜》（以下簡稱蔡氏族譜）。

　　《蔡氏族譜》記新倉上二房二十二世的子倫生有五子：長子名首，字仲元，娶陽翟陳氏；次子名質、字仲彬，娶董林許氏；

[7]　同前註。

三子名衛,字仲環,娶斗門陳氏;四子名輔,字仲佐,娶官裡許
氏;五子名豹,出繼蔡子月。長子條下又記:「與母黃氏、三弟
仲環、合葬內厝后,有大溝,有牌。」[8]仲環生三子:長子名炒,
字尚淳,號芳桂,太學生,娶東店黃氏,有妾;次子名紹,字尚
聞,早世,娶斗門陳氏;三子名老,字尚功,早逝,娶后水頭黃
氏。[9]以上諸人之生卒與事誼均未有紀錄,不能進一步追索稽考,
誠屬遺憾!另一方面,《金門志》卷一〈分域略・坊表〉簡單地
記下:「一門三節坊,在瓊林」[10]卷十二〈列女傳・節孝〉則稍
微詳細地記載:[11]

> 陳氏,陳海女,平林蔡仲環妻。年二十九寡。撫子芳桂、
> 尚聞及遺腹子尚神。尚聞娶陳文心女,陳氏年二十一亦
> 寡。尚神娶黃志傳女,黃氏年二十九又寡。姑媳同志,勤
> 儉持家,晚年孫、曾繞膝,一家八十餘人,五世同爨。姑
> 卒年七七,媳年今俱五十七,道光十一年,合詞請旌。二
> 陳斗門人,黃汶水人(案牘)。

　　雖短短數行,卻足以提供稽考若干史實:
　　請旌之年為道光十一年(1831年),則該節孝坊應該不外
乎道光十一、十二、十三年此數年間建置,但其中仍有若干疑點
(見後文),穩當說法,當然是建於道光年間。
　　族譜記三子為「尚功」,志書記為「尚神」,互有牴牾,

---

[8]　見《蔡氏族譜》,頁674。
[9]　《蔡氏族譜》,頁700。
[10]　林焜熿《金門志》,頁23。
[11]　同前註前引書,頁280。

不知何是？

　　志書記「晚年孫、曾繞膝，一家八十餘人，五世同爨。」，經查族譜，記二十四世之尚淳生五子：長子名撥，字文思，早逝；次子名度，出繼尚聞；三子名如，庶出，出繼尚功；四子名寂，庶出；五子名齒，庶出。可知尚淳有側室，二子出繼，二子留下，長子夭折。尚聞有二嗣子，長名光篆，字永經，太學生，尚濯次子承繼，娶董林呂氏；次名度，字永恢，尚淳次子承繼，早逝。是知尚聞妻陳氏並無生育，二子皆是他繼而來，其中一子且早逝。尚功亦有二嗣子：長名炎，字永潤，尚撫三子承繼；次名如，字永囗（族譜原缺），尚淳三子承繼。二十五世永字輩，永經與永潤下空白，不詳，永恢無記。[12]族譜所記如不誤，則志書所記孫曾繞膝，一家八十餘人，恐過甚其詞，名存而實亡者多矣！茲將二十二世以下四代世系表，簡化如下表，以清眉目：

[12]　《蔡氏族譜》，頁728。

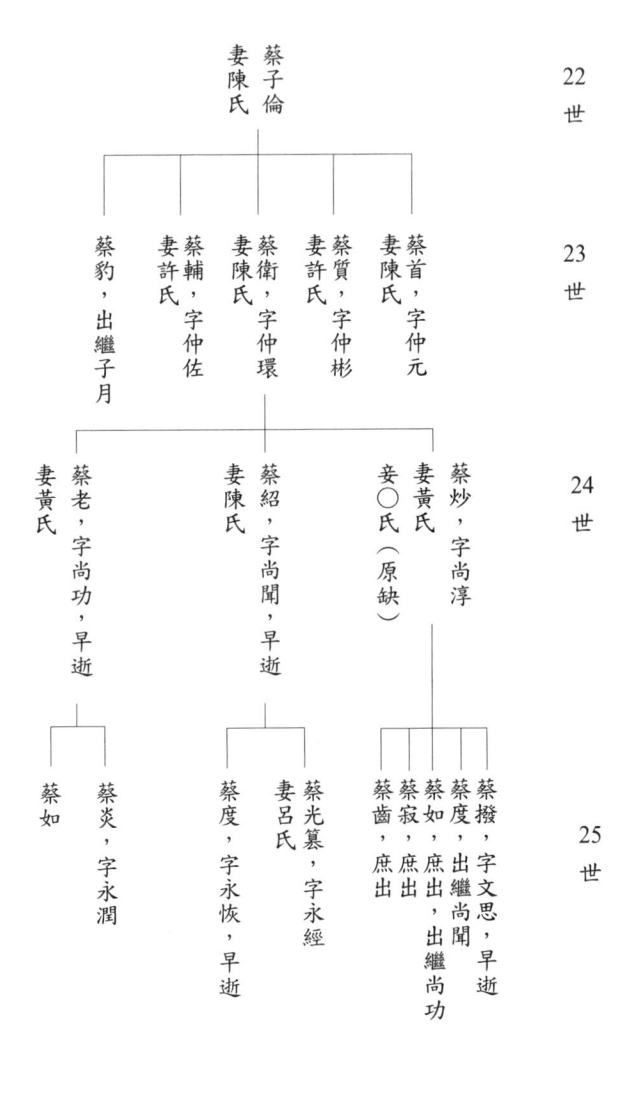

| 22世 | 23世 | 24世 | 25世 |

　　如志書所記，此則記載是採自「案牘」，是「道光十一年，合詞請旌」，而且該年「姑卒年七十，媳年今俱五十七」，顯然可見仲環妻陳氏是屬於身故旌表，二位媳婦則是生前題坊，並不一樣，不可混為一談。

　　若假設「姑卒年七十」即具呈題請旌表的同一年——道光十一年，則仲環妻應生於乾隆二十七年（1762 年），卒於道光十一年（1831 年）享壽七十。守寡的二十九歲時是乾隆五十五年（1790 年），即該年為蔡仲環卒年。陳氏於二十九歲夫亡守節，長達四十一年，故符合旌表條件。二媳陳氏道光十一年是五十七歲，則守寡的二十一歲為乾隆六十年（1795 年），該年即蔡尚聞身逝之年，比其父仲環晚五年死，陳氏則生於乾隆四十年（1775 年）。三媳黃氏與二媳陳氏同年，則二十九歲是嘉慶八年（1803 年），即蔡尚神卒年。而尚神為遺腹子，若假設是仲環死亡那年即出生，則生於乾隆五十五年（1790 年），卒於嘉慶八年（1803 年），享壽不過十三年，而黃氏是年二十九歲，兩人相差十六歲，除非是老少配的「小丈夫」婚姻型態，否則顯然不合常情。總之，除婆婆陳氏、二媳陳氏之推論，個人相信較接近事實外，三媳部份尚有待發掘更多史料，進一步推敲稽考。

　　此外，個人又翻查《同安縣志》，於卷七「建築‧坊表」與卷三十八、人物錄十一之「列女」，竟然無一語提及蔡家三位節孝婦女。再翻查黃家鼎《泉州府馬巷廳志》卷十坊表與卷十六烈女亦是如此，實在令人詫異。所幸在《馬巷廳志》書末附錄下篇黃家鼎所撰〈募置金門節孝祠祭業引〉中所附「金門新節孝祠牌位姓名」發現有「清儒蔡仲環妻陳氏、清儒士蔡尚聞妻陳氏、清

儒士蔡尚神妻黃氏」[13]，可知三人牌位曾供奉在金門節孝祠內供人追思弔念。

扼於史料，三女所能稽考史實，僅有以上。有關貞節烈女諸傳，志書一向簡略，多半只記夫名，里居、年歲，是因文不足以傳其事？或是因浮詞濫譽，轉沒其真？其實論她們事蹟，不外乎養親、撫孤、守節而已，內涵貧乏單調，不知從何下筆，只好章重句複，篇篇一例，周凱在《廈門志》〈列女傳〉說得好：[14]

> 論曰：貞節諸傳，或詳、或略，非有所輕重於其間也。婦人無奇行，養親、撫孤、厥功已偉。至其所以苦節之貞，淒其風雨，黯然深閨，雖其子孫且有不能詳者，他人焉從而悉之；不過曰若養親、若撫孤、若苦節而已。章重句複，篇篇一例，即或略舉其義，率皆能養親、撫孤者。無異同即無優絀，無優絀即無輕重，亦第標識姓氏、里居、年歲而已。雖然，當日抱貞完操，祇各行乎其心之安夫；豈藉是以為名哉？則今之僅識其姓名、里居、年歲，亦九京貞魂所原鑒也。

第四節　節孝坊題詞人物考

蔡家三節婦略考如上，今再進一步稽考坊表上之題詞人。節孝坊柱身前後均有題聯，西面（陽面，有龍形浮雕）有兩聯，一為「甲辰科鄉進士愚姪李嘉卉頓首拜」所題的「正氣萃金閨兩世

---

[13] 黃家鼎《泉州府馬巷廳志》（光緒十九年刊本，台北市福建省同安縣同鄉會，民國75年10月重印），頁357。

[14] 周凱《廈門志》（台銀文叢九十五種），頁601。

冰清光綽楔，煊音流彤管九重日出煥絲綸」。李嘉卉其人查《金門志》、《馬巷廳志》、《同安縣志》諸志書中的人物列傳、名宦列傳與選舉表、職官表等等，均無斯人記載，想必不是金門人。再翻查《泉州府志》、《漳州府志》與《中國人名大辭典》、《中國文學家大辭典清代卷》等等，也無其人資料，只好暫闕，敬待高明教之啟之。

同面柱聯尚有「賜進士出身江西即用知縣愚弟廷蘭頓首拜」的「殉婿易撫孤難，不死為存一塊肉；寡婦貞孀潔，未亡真見三宅人。」蔡廷蘭為澎湖林投澳人，會試中式第二百零九名，殿試二甲六十一名，《澎湖廳志稿》有傳，轉錄於下：[15]

> 蔡廷蘭，字香祖，學者稱秋園先生，雙頭掛社人。廷蘭幼而穎異，五歲讀書倍常童，八歲能文，十三補弟子員，屢試輒冠其曹。旋食餼，名藉甚，澎之廉吏蔣鏞尤愛重之。道光十二年，澎湖饑，興泉永道周凱奉檄勘賑，廷蘭賦詩以進，備陳災黎窮困狀。凱大加稱賞，瀕行贈以詩，有「海外英才今見之，如君始可與言詩」之句。因手錄讀書作文要訣一卷授之，題曰《香祖筆談》。時凱方以詩古文詞倡導閩南學者，廷蘭以海島諸生，為所器重；於是臺郡當道名流，如熊介臣、周潤東、姚石甫、劉次白諸公，莫不知澎海有蔡生矣。十四年，主講台灣引心書院。越明年，鄉試罷歸，由金門放舟，遭颶風，船飄十晝夜，抵越南之思義府菜芹汛登岸，乃由陸返閩。途次與南國人以詩相酬和，藉以采風問俗。行四閱月，歷萬餘里，因即見聞所及，

---

[15] 林豪《澎湖廳志稿》（台灣省文獻會，民國87年4月），頁252~253。

成《海南雜著》一卷。十七年，凱調任臺灣道，舉充丁酉
拔萃科。是年旋領鄉薦。郡守聘主崇文書院講席，兼引心、
文石兩書院山長。二十四年，會試成進士，以知縣即用，
分發江西，年已四十有四矣。二十九年四月，補峽江縣知
縣。至則清積案，獎善類，月課諸生，為文手自校閱。觀
瀾書院久廢，乃助修郡治章山書院，使邑士得以時就近肄
業焉。峽江素稱瘠區，逋賦者眾，以大義勸諭士民，民皆
悅服，完納如額。次年，值秋收荒歉，自捐司房筆資，請
豁免逋賦；并設法賑恤，多所全活。咸豐二年七月，解任。
是歲充江西鄉試同考官，九月署南昌水利同知，十月卸
事。三年，回峽江任，五年八月卸事。六年九月，委署豐
城縣。適江水暴漲隄壞，捐廉二千七百兩，僱夫修築張家
嘴、羅家角隄岸。又出貲募人撈拾屍首數百，安插難民。
時粵寇逼境，所在土匪焚掠，人心風鶴。丕出駐江上，舉
辦團練，令富者出貲，貧者出力；其條目簡易可行，民始
有固志，屢卻悍寇，以防堵出力，巡撫者齡保舉，升用同
知。九年三月十五日，在任病卒，年五十有九。廷蘭自少
力學，以博雅稱，於詩工古體，於文尤善四六，所撰《海
南雜著》，刊行已久。為諸生時，佐蔣通判輯刊《澎湖續
篇》，網羅故實，多出其手。臺灣道周凱歿於任，金、廈
門下士林樹梅輩，議刻《內自訟齋文集》，鳩資助費。廷
蘭銳身自任，移書臺地同門生施進士瓊芳等曰：「吾師素
負知人愛士之目，今此事宜各盡心力，庶彰吾師之明；豈
可諉之樹梅，使私為己責哉」？其風義之篤如此。卒後，
遺稿罕有知者。光緒四年，主講文石書院廈門林豪為蒐其

《惕園古近體詩》兩卷、駢體文、雜著各若干卷。

　　按，澎湖雙頭掛蔡氏乃由金門遷居澎湖，開澎祖為蔡鳴震，廷蘭是抵澎之第六代。道光二十三年（1843 年）廷蘭由澎赴京會試途中，先至金門瓊林謁拜祖廟，並為三年前其族兄蔡蔚亭等人所建十一世宗祠立碑紀事，今碑文猶存，惜有若干字跡漫漶毀損，無法辨識。碑末題銜為「道光二十三年癸卯冬十月，新倉三房二十二世孫廷蘭謹記。溫陵石室居刻」。另有柱聯一對：「紹業本詩書，風雅千秋延祖澤；傳家為孝友，雲仍（按此字為礽之誤）奕葉篤宗支。」上下落款為「歲道光癸卯小春」、「新倉三房裔孫廷蘭敬書」。他也為瓊林蔡德妻顏氏的「欽旌節孝坊」書寫對聯，文曰：「飲藥奉姑，代職寢門全孝道；和風訓子，流徽巾幗享高年。」、「愚弟廷蘭頓首拜贈」。由於廷蘭是新倉三房第二十二世孫，比新倉上二房二十三世的蔡仲環大上一輩，但禮貌上仍謙稱「愚弟」。

　　不過，此處便產生一疑問：廷蘭是道光二十四年（1844 年）會試成進士，知縣即用，分發江西，是年已四十四歲。前述李嘉卉為「甲辰科鄉進士」，甲辰應該也是道光甲辰二十四年，若往上推一甲子是乾隆四十九年（1784 年）年齡上便見不妥當，換句話說，此一門三節坊應是道光二十四年左右建成，才會有此落款題詞，前述於道光十一年（1831 年）請旌建坊，如是拖了近十三年才恩准建坊，若謂因作業程序繁複，須層層彙轉，公文牛步化如此一拖十三年，未免令人駭異。其中關節，百思不得其解，是官府作業推拖刁難？還是該房發生鉅變不幸，因而延誤？這一切也只有等待史料的發現，作進一步推敲解釋，在這之前，關於此

節孝坊的建置年代不宜論斷為道光十一年。

　　節坊陰面（東向，有鳳形浮雕）也有二對聯，一是「台灣安平左營遊府姻再姪郭揚聲頓首拜」所提的「苫席偕安，一姑兩媳冰霜節，栢舟共矢，萬苦千辛鍦（鐵之俗字）石心。」，郭揚聲為金門後浦南門人，《金門志》有傳，錄於后；[16]

> 　　郭揚聲，字騰圍，後浦人，七歲入塾，嘗指揮群童，戲為列陣狀，以糖餌作軍餉，散給必均，師奇之曰：「此兒將來必以武略顯。」既長,性豪放不羈。入金門右營編伍，戍臺灣，補營外委，遷把總。道光三年，提督許萬齡巡臺檄捕內山賊魁林永春，並馬硞山洋盜擒之，護理艋舺及滬尾守備。張丙等倡亂，揚聲於雞籠張犁莊，擒逆黨蔡歡、陳硯等，誅之。擢安平千總，補澎湖守備，護理遊擊事。旋以歷任在洋獲盜功，賞戴花翎，越級升補遊擊，駐守鹿港。漳泉分類械鬥，揚聲建議謂：勿縱兵以擾民，勿過激以釀巨禍，當道韙之，遂親履各莊，召鄉耆諄諄勸諭，餘黨皆知所警。時奸匪乘機搶掠，難民赴鹿港，號救無虛日，乃倡率紳殷捐貲賑恤，親率弁兵會知府全卜年彈壓安撫，事甫定，而颶風為災，海水挾大雨盛漲，下湖更甚，復設法查恤，死者瘞，亡者歸，活二萬餘人。署澎湖副將，移署安平協副將，安平緝補尤繁，而兵缺口糧，揚聲會商知府，以嘉慶十七年所存部帑生息，源源接濟，由是眾益用命，相謂曰：「嚮來月餉必攤扣，至是始免，真造我於無窮也。」乃奉揚聲祠位，私把於安平武廟。總督劉韻珂，以揚聲材，

[16] 林焜熿《金門志》，頁252~253。

奏請越級超擢安平副將，亦異數也。揚聲雖起家戎伍，恂
有儒將風，於文員不存畛域，遇事必虛心察詢。先後在臺
澎二十九年，熟悉南北洋務，及盜蹤出沒，遇有緝捕，往
必獲。待下嚴而有恩，故所屬樂為用，撫群季恩誼甚篤，
歲割俸廉養贍，遇文人必折節敬禮焉。後以升任副將，入
覲，順途回籍葬母，卒於家，年五十有七。（墓誌。以下
續修。）

　　郭揚聲任職台灣水師協標左營遊擊，據鄭喜夫《台灣地理及
歷史》卷九〈官師志〉第二冊，「武職表」所記：約是道光二十
二年後，至道光二十五年陞署澎湖水師副將，[17]如是，參酌以上
蔡、李二人中式落款年代，與郭氏任職年代幾乎可以斷定一門三
節坊決非道光十一年所建，以道光二十三、四年左右最有可能。
另一聯為「松負雪柏含霜，孤埴雙標同萬苦；玉藏山珠在水，前
輝後映並千秋。」、「廣東水師提督軍門，愚再姪吳建勳頓首拜。」
吳建勳其人其事，《金門志》亦有傳：[18]

　　　　吳建勳，字晶齋，原籍永定縣，祖亮興移居後浦。嘉慶二
　　　十三年，建勳充金門鎮右營繚手，赴戍臺灣，拔外委，班
　　　滿，回遷金門千總，廈門守備，迭護理前營右營遊擊，屢
　　　獲洋盜周吃等，擊其船，燬其巢，題補游擊，復於紫泥社
　　　等，獲吳生毛，唐漢、林貶，周交各海寇，以功題升參將，
　　　署閩安協副將。總督鍾音保奏堪勝總兵之任。十九年入

[17]　鄭喜夫《台灣地理及歷史》〈官師志〉第二冊「武職志」（台灣省文獻會，
　　　民國 69 年 8 月）頁 1~6。
[18]　林焜熿《金門志》頁 253~254。

觀，召見三次，交軍機處記名，累署海壇、金門、定海總
鎮兵。嘗扮商巡緝湄州外洋，獲盜無算。擢廣東水師提督。
時海氛告警，靖逆將軍奕經派守永清門，旋以夾板退出繳
還砲臺，飭赴新任，並揀帶水勇前往虎門查收各砲臺。適
張斌師船失事，關防砲械被盜搶失，建勳即出洋分派將
弁，追至洋浦北藜，獲盜犯吳祖帶等，復在洲墩狗頭山及
儋州一帶，先後擊沈賊船，生擒譚保多名。九月，盜首梁
亞喬、吳亞美等，帶船十隻，率賊夥投誠，事平班師，面
總督祁塤，已以廉州辦賊功奏保副將賴恩爵等，建勳遂據
實互奏。報聞建勳論事剛直，性清勁，不可以私干，嘗議
豬頭山不可建砲臺，宜於山左沙擔龕為便，與塤意見不
合。恩爵曾囑為保舉，願以萬金為壽，建勳拒之，恩爵慚
懼，遂與塤子相結。至是塤參奏建勳操防不力，奉旨降為
副將，留粵補用，又參奏建勳前議豬頭山砲臺及山左沙龕
俱無庸建設，指以為罪。嗾建勳所革書識何龍韜摹擬建勳
手書函稿為左證，建勳疏辨。會恩爵接署提督，委任屬員
煆煉成獄，建勳欲再疏請申理，不得達，乃誣服。遣赴軍
臺效力，後奉赦回籍，卒於家（誦清堂文集）。

　　總之，佐証以上四人身份背景與落款年代，一門三節坊建置
年代不太可能是道光十一年，以道光二十三、四年較有可能。但
何以從具呈題請旌表建坊的道光十一年，一拖十三年，至道光二
十三、四年才得以建成，史文有闕，只能待來日有新史料發現解
決了。另，附帶一提，該節孝坊之興建方式，據當地耆老所談與
邱良功之母許太夫人節孝坊一樣，均是採用屯土搭蓋方式。

　　至於節孝坊建物變遷，大約是於民國三十年代被颱風吹掉上層構件，構件部份散落在溪沙後及瓊林村內，其中聖旨牌據說是被軍車撞損，殘餘部份似曾流落在金門人陳成器手，中再轉賣出去。民國五十年代，節孝坊一度修復，大失原貌，整修師傅為蔡復晉（正司）、蔡其烈（副手）。民國八十六年（1997年）鋪路時，再構築外面之小圍牆，而成今貌。[19]

第五節　餘論

　　金門瓊林蔡氏，約於南宋高宗時入居瓊林，歷七百年之蕃衍，裔孫昌盛，共有進士六、舉人七、貢生十五、武將六，其他進學出仕者亦不乏其人，而族內具有忠烈節孝事蹟者更是不勝枚舉。其中孝子賢孫、美夫節婦，志行卓異，足以激勵風化，表正鄉閭者，有司仍具實蹟以聞，大力宣揚，表節義、列志譜、修牌坊，一門三節坊的陳、黃氏婆媳三人，即是其典型。

　　中國的貞節觀念在宋代是一個極重要轉折期，在這之前，提倡貞節僅是倡論空談，這之後逐漸奉行實踐，尤其是程頤的名句「餓死事小，失節事極大」，更是影響後世觀念鉅大。明清以來，受程朱理學影響，故於婦女貞節方面特別加強，尤其在法令方面，對於旌表節烈婦女規定的很詳細，有積極的褒獎，也有消極的懲治兩種法令來鼓勵婦女守節。在這樣風氣主導下，貞節觀念更加深化，節婦旌表已不僅是個人的光榮，整個受旌家族的社會地位也可隨之提升；反之，再醮婦則被恥笑鄙視。所以，夫死守

---

[19] 據民國88年1月23日下午，訪問瓊林村耆老蔡水加、蔡朝栽、蔡炳泰等三人口述資料。及88年6月續訪問金門陳成器先生整理而成。

節或殉夫，已為社會大眾與婦女本身視為理所當。因此節婦的旌表，已成宗族中無上光榮，對一生一世毫無社會地位可言的婦女來說，更是一生中唯一可光耀門楣，可揚眉吐氣的機會。

因此家有節婦者，無不想盡辦法，以求旌表，汲汲營求，於是流弊也就逐漸產生。在明清若干實際例子中，我們不難發現有地方官吏在薦舉節婦過程中有需索錢物之流弊，否則詆論其短，事竟不行，或者文移覆勘，動經數年，更有窮鄉小戶的節婦，終身泯沒無聞而終者，比比皆是。尤其清代政府，竟只給銀三十兩聽本家自行建牌坊，更是極不合理。雖然如此，但究竟這是毫無地位的婦女，一生最大尊榮，立節垂名，受到地方仕紳父老的尊崇，也可藉此提高門第，旌表鄉閭的作用。對於一門三節坊，我們有如上歷史價值與社會意義的看法。

不僅如此，一門三節坊位在瓊林村西郊的古官道上，古人在通衢要道上豎坊立碑，以傳達政令，頌揚功德，旌表宅里，足以激勵風化，表彰節義，成為一種社會性質榮寵。另一方面，由於牌坊石碑立於官道通衢，反過來又成為今日考證昔年古街衢官道的路標指引，今人陳炳容就根據從金門城到官澳間，沿途的牌坊、古橋、碑石考證出一條古官道通路線。[20]這恐怕是當初立一門三節坊時所未料到的後世附加作用，這也替一門三節坊更添增了值得保存的價值。

[20] 詳見陳炳容《金門的古墓與牌坊》，（金門縣政府，民國86年8月），第六章〈金門主要古官道的調查〉，頁154~156。

「提督衙」與楊華

第一節　楊華之家世

清總兵楊華故宅為縣定古蹟，在今金門湖下，為三進房屋，俗稱「提督衙」。

金門楊氏始祖為南宋福州觀察使亮節公字允藏、小名廿六使。楊氏固宋朝世臣，德祐間，元兵侵迫，楊亮節奉度宗楊淑妃（亮節之妹），及二皇子廣王昰、益王昺如婺州。元兵復迫，亮節護保二王逃匿山中七日，乃走溫州，航海至福安，於是廣王即帝位，尊淑妃為太后，亮節為處置使。嗣後元兵又侵逼福安，帝再遷至泉州，詎料招撫使蒲壽庚悖亂，閉城不納，帝遂揚航南遷，崖山一戰，宋軍失利，陸秀夫背負幼帝投海死，南宋亡。時亮節因事別往，未及跟從，至潮洲回，聞帝崩，恥為元臣，乃率同長、次子來浯島寶珠石下定居，名曰官澳，相地之宜，耕耘傳家，乃

埋名晦跡以終其身。[1]

　　楊亮節生有三子：佛細、佛成、佛曇，三子因途勞染病，寄養於漳浦佛曇橋（古稱佛潭，俗稱浮南橋，位居漳浦縣東北），居然派衍成族，人丁逾萬，瓜秩綿綿。[2]金門楊姓，除金城十餘戶係清代由閩南遷居，另烈嶼前埔、湖尾西堡、及金門城等，各有數戶支派不同外，餘均係亮節公派系。長子佛細卜居湖地，因而肇基，生子四人，編分房分，曰前倉、上厝、下厝、上下厝、後上厝。後上厝楊建業，乃佛細之孫，為避倭害，遷居湖峰（湖下），經營開創，枝榮葉茂，子孫蕃衍，遂成湖峰楊氏始祖，後再支分林厝、榜林、東坑、頂埔下、埔后、烈嶼東林、下市、西浦頭、料羅、新市、安民、建華、及後浦等地。建業公生子三人：仲思、仲惠、仲敬，復編房分，曰：天、地、人，加上前倉、下厝、上下厝為「日、月、星」，成六房世系，一脈相承，苗裔熾昌，人才輩出。

　　楊建業由官澳避居湖下，此地得名，乃昔有安歧湖（或稱湖尾湖），係金門五大名湖之一。（五湖者曰古崗、安歧、山外、東村、東店，今除重崗湖外多已成陳跡）。湖尾村位於湖末端，湖南村位湖之南端，湖下村位於湖之下端。清屬同安縣馬巷廳翔風里十九都古湖保，現隸金門縣金寧鄉湖埔村。建業公之肇建開基，傳聞關心風水，曾禮聘地理師詳勘村落，留下一則傳說：當時欲開墾立家，曾禮聘有名地理師，週詳勘查村址，首先初勘兩處適於創建者為抉擇，其一為徐厝下，脈成東坑山直下，背山面

---

[1] 楊志文《金門縣湖峰鄉土誌》（金門縣湖峰社史料編纂委員會，民國84年12月），〈宗族篇〉「金門楊氏派系簡介」，頁36~37；「楊氏祖序」，頁43。
[2] 詳見楊志文前引書，「佛曇鎮楊氏淵源」，頁35~36。

海，地勢峻秀，據云奠基該地，所出苗裔，文人秀壯，但人丁欠旺。其二為湖下（湖峰）現址，脈承煙墩山蜿蜒朝西南而下，兩面環海，地勢低斜，據云若奠基該地，枝茂葉盛，苗裔昌熾，但文人稍遜。最後相地現址為宜，遂農山漁海，安居樂業而肇基，因成一闔煙，今則綿延世澤，宗枝繁衍。復據云湖下（湖峰）村莊為糞箕穴，村前為糞箕嘴，極宜廣植林木掩蔽，避免財富由箕嘴外流。又云村前有一公共池塘，昔時係配和創建宗祠而開鑿，其池塘應多挖深，要經常蓄水，如此，對整個村莊具有興旺發達之象徵。[3]

傳聞掌故，不必認真，不出文人，則出武將，安邦武略，將帥聯鑣，楊華是也。

楊華固為建業公之後裔，其前後家世則因族譜未曾續修，家宅神主失落不全，裔孫支派播遷，族眾疏遠，遂不明昭穆，無法銜接，實屬遺憾，茲先抄錄在家宅中調查現存神主牌位如后：

一、楊華之父母

陽面：皇清誥封昭武都尉字達夫楊公暨配邵氏恭人神主／出嗣子臣、孝男福、王全祀奉

內函：

A 一行：生於康熙己卯年（按三十八年，1699 年）二月二十六日戌時

二行：考諱通官行三享壽七十六歲

三行：卒於乾隆乙未年（四十年，1775 年）五月初三日子時

[3] 楊志文前引書，「湖峰肇建，風水攸關」，頁 85。

　　　　下行：葬在溝沙上坐南向北

　　B 一行：生於康熙甲申年（四十三年，1704 年）十月十
　　　　　　五日未時

　　　　二行：妣諱申娘享壽六十七歲

　　　　三行：卒於乾隆庚寅年（三十五年，1770 年）四月初
　　　　　　八日卯時

　　　　下行：葬在龜山坐南向北

二、楊華本人

　　陽面：皇清誥授武顯將軍諡端毅楊府君神主／孝男武鎮、承
　　　　重孫有森全祀

　　內函：

　　　　一行：生於乾隆十年乙丑（1745 年）四月廿四日辰時

　　　　二行：顯考諱華字良淵號鳳山提督江南全省水陸軍門
　　　　　　享壽八十二齡

　　　　三行：卒於道光六年丙戌（1862 年）七月初二日午時

　　　　下行：坟塋坐寅向申兼甲庚分金庚寅庚申／風水做法
　　　　　　分壙歸中繩式尺分拜廳把棺三寸壙尾灰路五寸
　　　　　　式／葬在本鄉之西穴坐寅向申兼甲庚分金庚寅
　　　　　　庚申

三、楊華之妻洪氏

　　陽面：皇清誥授一品夫人淑惠楊門洪氏神主／承重曾孫長
　　　　榮、孝男武鎮祀

　　內函：（無）

四、楊華長子

　　陽面：皇清例贈承德郎亡冢男楊子美字伯瑩位

　　內函：

　　　　　一行：生於乾隆四十年（1775年）十月二十七日辰時

　　　　　二行：皇清例贈承德郎顯考伯瑩府君之靈神主

　　　　　三行：歿時嘉慶十三年（1808年）正月初三日辰時

　　　　　下行：致祭孝子楊克家、克明、克勤

五、關係不詳，推測或為楊華之祖

　　陽面：皇清誥授昭武都尉超庵楊府君之神主

　　內函：（無）

六、關係不詳，推測或為楊武鎮之妻

　　陽面：皇清誥授淑人楊門蕭謹丁太淑人神主／男光修、尚、
　　　　　宗祀

　　內函：（無）

七、關係不詳，傳聞為楊武鎮繼室

　　陽面：（缺）

　　內涵：

　　　　　一行：生同治乙丑年（四年，1865年）六月十七日酉
　　　　　　　　時

　　　　　二行：妣蔡氏名唅娘靈位壽三十歲亡

　　　　　三行：卒光緒庚子年（二十六年，1900年）五月廿一
　　　　　　　　日丑時

　　茲再依據神主牌位、楊華墓誌銘、皇帝誥書、楊華墓碑等，
將其世系整理如下表，其中容有錯誤，敬待指正！

表一：楊家世系簡表

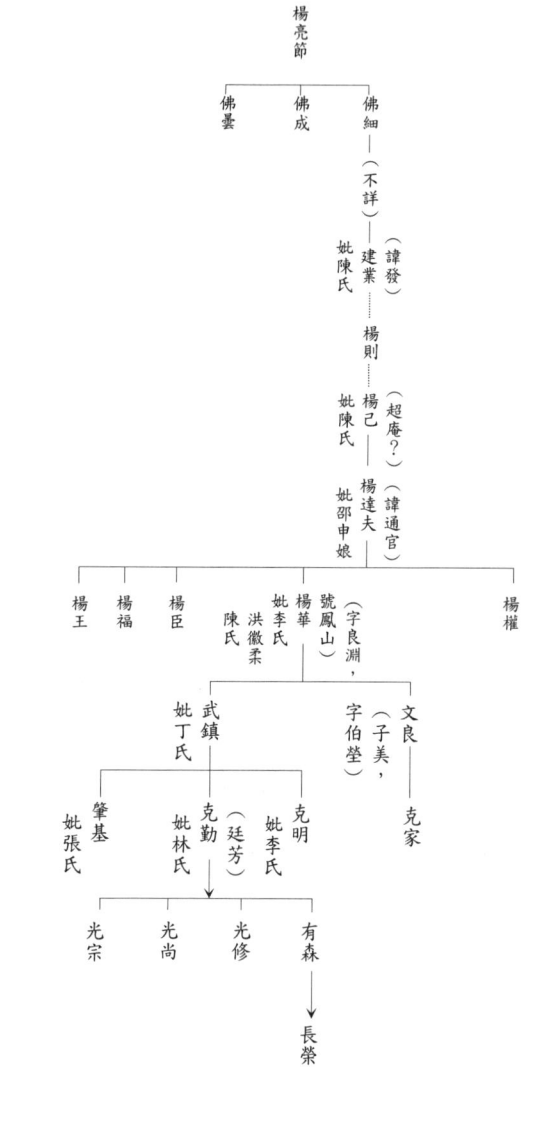

※說明：
1. 「……」符號代表不知幾代世系。
2. 「↓」符號代表世代清楚，但不知何房子孫。
3. 《湖峰鄉土誌》頁四六有「楊華衍系」，錯誤失實，茲不取。

第二節　楊華生平事蹟

　　楊華字良淵，號鳳山，其生卒年如上引神主牌：生於乾隆十年（1745 年）四月廿四日，卒於道光六年（1826 年）七月初二，享年八十有二。生平事蹟林焜熿《金門志》有傳，引錄如后：

> 楊華，字良淵，號鳳山，湖下人。為廈門前營外委，從征林爽文，前後八戰，獲賊最多。嘉慶元年，陞海壇守備，先後擒盜百餘，奪船八，奉檄護送琉球貢船，至五虎洋，擒盜蔡老等，奪回被擄水手。逸盜陳阿包，招集亡命，四出劫掠，勢甚張，剿之白犬洋，擒阿包，伏誅，補閩安左營都司。擒盜陳才，復獲盜首許跳，補狼山左營遊擊，累遷京口副將，陞蘇松鎮總兵，署江南提督。乞休歸，卒年八十二。子武鎮，都司，署澎湖副將。[4]

　　今楊氏後裔藏有手抄本「皇清誥授武顯將軍，鎮守江南，蘇松總兵官，江南全省提督，鳳山楊公墓誌銘」，不知何人所撰，抄本復被蛀蝕殘損，茲試抄補如下：（按，「……」為蟲蛀蝕殘損不知有幾字空格者，「□」為確定不明字數者）

> 名將有四：曰戰將、曰驍將、曰大將、曰儒將。大將……（大將者）而能不戰而屈人之兵。儒將者，不貪功，功成而身能退。同安入我□朝□武功□□並時者，李忠毅邱剛勇，才名最著；而蘇松鎮軍鳳（山）……予嚐望……醇，

---

[4] 林焜熿《金門志》（中華叢書委員會，民國 45 年 7 月），卷十人物列傳三〈楊華〉，頁 247~248。

而夙服公有大將……儒將（之）風也。今……鎮，以公名幽□□讀□（試）按狀而為之剟次焉。公諱華，字良淵，號鳳山，同安浯洲人。偉軀幹，沈鷙負重，家貧投筆從軍，喜講韜鈐（按原文作鈴，誤），得孫吳大意。乾隆四十一年（一七七六）戍台灣□□□外委。瓜期滿，回標考驗，提督黃海澄公器之，拔補□□□委，勖以遠大之圖。五十一年（一七八六）冬，林爽文亂台灣，帶兵進剿，前後八戰，賊軍皆披，將軍湖督常公以為能，擢把總，隨征南路，獲給最多。五十七年（1792 年）擢千總。嘉慶元年（一七九六）陞海（壇守備），哨至斧頭澳，擒盜郭大玉等。復於湄洲獲盜船□□□□九十二名。于平海洋獲盜船二陳執等四十三名。二年（1797 年）四月，護送琉球貢船至（五虎）洋，擒盜蔡老等，釋陷賊水手蔡元等二十二名。五□□□本標左營遊蒙。時逸（盜陳阿包）招合亡命，因（出劫掠）……甚，公率兵轟之白犬洋……船一，獲船六，阿包伏誅。九月補閩安右營都司，擒盜陳才等，復獲盜首許跳等。四年（一七九九）三月，檄委督造金州戰艦，帶赴交納，奉旨授狼山左營遊擊。五年（1800 年）五月，特授□□□□。七年（1802 年）陞京口副將；八年署狼山總兵；九年兩署蘇□□□，蘇松之要害曰吳淞，向為秦盜蔡牽屢次闌入。公至，則堅明約束、斷接濟、搜間諜、增設砲台，自金山衛、劉家河、福山港、寶山等處，聯絡聲援，在洋防堵，無間寒暑，賊不□□□南界。十年（1805 年），實授蘇松總兵，奉命總理沿海地□□□□，署江南提督。旋卸事回崇明任。十六年（1811 年）十一月，蒙恩予告□籍

綸□詔公任閩疆，屢上首功……，及調江南，罕……不若忠毅剛勇之……剛勇，洊歷閩……故始終百戰，與之………北洋，先聲奪人，□□□羅，布置嚴密，賊雖鳥竄，□□□□狂賁，而聞范韓之名，則心膽皆寒，見順昌之幟，……避。其不致如道覆窺伺建業，倭奴突犯瓜儀者，……長城，攝其魄而扼之吭也。夫倖事爭功，貪戀祿位，□□□宅，以遺子孫者，此武臣之常態也。公起家行伍，不逢梯榮，不屑鑽刺，故浮沈偏裨者二十載。迨膺專閫，期□□主，冰蘗自持，年甫傳政，引疾懸車，角巾私第，口□□□，課兒孫誦讀騎射，與父老話桑麻，開綠野之草，□□□□之居士，壽邁者英，福備箕疇，守老氏知止不殆之□□□澤，成功者退之□□之。古來名將，蓋不數數□□□□。道光六年（1826 年）七月……距生乾隆十年（1745 年）四月……曾祖妣氏□，祖妣□□，母氏□皆贈一品夫人……誥封夫人李氏先公卒，生子文良早歿，例贈承德郎……艋舺把總周名源成。繼室誥封夫人洪氏，生子（武鎮）任閩安左營都司，有幹稱，克荷先業，娶原福建水（師）……丁公次女。長孫克明，娶李公祿次女。次孫延芳，娶太……林公廷瑚女。三孫肇基，娶閩安副將張公保女，將以……年九月十六日卯時，葬公碧湖之西，原穴坐寅向（申兼甲）庚，銘曰：橫海威名震天吳兮，庚辰手鎖靜颭……勒勳功成不居兮，歸杖私明，匪便其身圖兮，嶬景……仙□兮，騎箕委。魂歸于壤，而魂歸于虛兮，風……拓其遺模兮。（※按，括號內之文字，為筆者推敲補入。）

　　根據上引二文，有若干背景需作一補充說明，方可明瞭：其一是清朝綠營軍制。綠營兵制，以省為軍區，下設鎮、協、營、汛等建制單位，領兵大員所轄軍隊，分別稱「標」、「營」。例如各省總督所屬為「督標」，巡撫所屬為「撫標」，提督所屬為「提標」，總兵所屬為「鎮標」。鎮為軍區基礎，各省境內重鎮，每鎮設總兵官（正二品）一員，稱「鎮守總兵官」。其上承提督（從一品）節制，提督統馭全省軍區各鎮軍隊，稱「提督總兵官」。標下分治為協（副將所屬）→營（參將、游擊、都司、守備所屬）→汛（千總、把總、外委所屬）。也即是總兵之下為副將（從二品）→參將（正三品）→游擊（從三品）→都司（正四品）→守備（正五品）→千總（從六品）→把總（正七品）→外委千總（正八品）→外委把總（正九品）→額外外委（從九品）。[5]

　　其二是清朝官吏的任用制度。清代崇尚科舉，凡以舉人、進士身份入仕，稱「科甲出身」。再就是經國子監培養出來的貢生，叫「學校出身」，第三種是因父祖做官推及子孫，或遇難受廕的叫「恩蔭出身」，以上三種統稱「正途出身」。其中科甲出身歸入甲班，「選班首重科目正途」，任官有優先權利，有頗多官職是限於正途出身才能充當的。相對於「正途」的即是「異途」（或稱偏途、雜途），大抵通過捐納，荐舉優行生，以及吏胥遷秩而入仕的，統歸其內，凡屬異途出身，頗多官職是不能擔當的。官員補缺，先分別班次，再根據各官初任還是再任，定出「除」（或

---

[5] 參見(1)郭松義著《清朝典制》（吉林文史出版社，1993年5月一版），第七章軍事制度第二節綠營，頁445~448。(2)李鵬年等《清代六部成語詞典》（天津人民出版社，1990年8月一版），兵部成語「鎮協」條，頁243；與「標營」條，頁274。

稱授，新任官，此外如服除乃指丁憂後第一次任官）、「補」（原任官因某事故出缺後待補，可能開復原官或另任）、「轉」（同一衙門內改任同一品位，但地位又稍高于前者）、「改、調」（從某一衙門改調另一衙門，品級相同無變動者）、「升」（升任）、「遷、隆」（官員因過被罰，或革職或降調）、「署」（又分「署理」：官員官階相等代理職務；「接署」：官員奉旨署理某官職；「攝理」：高階代低階；「護理」：低階代高階；「贊理」：副手協助主官處理事務；「督理」：官員奉命，或奉委督率屬員辦理某事；「暫理」：官員因公出差或因事出缺，在未派委新官正式接任之前，遴選委派某員暫時代理。）官員補缺，任命形式亦各不相同，首先是「特授」（或稱「特派」、「特簡」，由皇帝親自拔擢，不拘品級、出身。）、「開列具題」（若干重要官員缺由吏部而軍機大臣開列具資格者姓名、履歷，分別正陪，請旨定奪。），再就是「銓選」（銓選門類繁多，有即選、正選、插選、并選、抵選、坐選、月選、大選、急選等，此處不擬詳述），此外還有「大吏保荐」（奉荐）、「督撫題調」（地方道府、副將以下之任官，督撫有拔補、題調之權，不過若是委署、暫代，則需每三個月上奏報告。）[6]

　　明瞭清朝官員任用制度與軍事制度，我們自能知曉楊華歷任軍職升遷之過程，即：汛兵→乾隆四十一年（1776年）廈門營外

[6]　參見：(1)郭松義前引書，第四章職官管理制度第一節官員的選拔和任用，頁258~266。(2)李鵬年前引書，「回署」（頁17）、「署事」（頁18）、「署理」（頁20）、「接署」（頁20）、「護理」（頁20）、「贊理」（頁20）、「督理」（頁20）、「暫理」（頁21）、「借品調補」、「對品調用」（均頁22）條等。

委（從九品，時年三十二歲）→乾隆五十一年（1786 年）擢把總
（正七品，四十二歲）→乾隆五十七年（1792 年）擢福建水師提
標中營千總（從六品，四十八歲）→嘉慶元年（1796 年）升海壇
守備（正五品，五十二歲）→嘉慶二年（1797 年）九月補閩安右
營都司（正四品，五十三歲）→嘉慶四年（1799 年）奉旨授狼山
左營遊擊（從三品，五十五歲）→嘉慶五年（1800 年）五月，特
授某官（原文缺，時五十六歲）→嘉慶七年（1802 年）升京口副
將（從二品，五十八歲）→嘉慶八年（1803 年）署狼山總兵（正
二品，五十九歲）→嘉慶九年（1804 年）兩署蘇松某官（原文缺，
應即是總兵官，時六十歲）→嘉慶十年（1805 年）實授蘇松總兵，
奉命署江南提督（從一品，時六十一歲）→嘉慶十六年（1811
年）十一月，蒙恩乞休歸，時六十七歲。其間升官仕途中獨缺升
參將之記載，可惜文獻資料欠缺，無能查證。

　　綜觀上述，可知楊華從基層之汛兵做起，「不跡梯榮、不屑
鑽刺，故浮沈偏裨者二十載」，直到三十來歲仍是從九品的外委，
嗣後寅緣時會，乾隆末平台灣林爽文之亂，尤其嘉慶年間，蘇、
浙、閩、粵四洋，正是洋盜橫行猖獗，紛擾海上歲月，不少官員
因圍剿不力而降調褫職，李長庚甚至因而喋血陣亡；反之，王得
祿、邱良功正因此滅賊建立殊勳，天章炳爍，邀九重特達之知，
專閫一方。[7]楊華亦是身經百戰，不僅防守堵禦，也全力追剿攔
截，擒殲甚眾，可說是以名將稱者。而且大器晚成，從五十歲開
始發達，官符如火，一路高升，由守備、都司、遊擊、副將，終

<hr>

[7]　詳見卓克華《邱良功墓園之調查研究》（金門縣政府，民國 85 年 3 月），第
　　一章〈邱良功其人其事〉，頁 1~22。

至總兵提督，一生備嘗艱辛，卒以功名終，毫無僥倖可言，墓誌銘中，稱許其為大將儒將、不戰屈人、不貪邀功、成功身退，是實言，非虛語溢美之客套話。

第三節　福蔭家人

清制，封授有功官員及其先世以官爵名號，稱為「封贈」，凡九品以上文武官員，都可得到相應封階。辦理封贈事宜，文職隸吏部、武職隸兵部，凡需封授封贈者，據其官職、品級，開列名氏存部題奏，得旨給予封贈，前引諸神主牌位中：①楊華之父母，楊達夫誥封昭武都尉正四品，邵申娘恭人四品，②楊華誥授武顯將軍正二品，③楊超庵誥授昭武都尉正四品，④丁蕭謹太淑人三品，⑤楊華之妻洪淑惠誥授一品夫人，⑥子楊子美（伯瑩）例贈承德郎正六品。據此對照推敲，可知：

（一）楊華之父楊達夫卒於乾隆四十年（1775年），母邵申娘卒於乾隆三十五年（1770年），乾隆四十一年左右楊華還只是從九品之外委，因此有可能是在嘉慶二年（1797年）擔任正四品都司時上奏朝廷追贈。另外，七品至四品官常辭本身封贈給祖父母（三品以上常可追贈兩代以上），因此筆者推論楊超庵有可能是楊華祖父楊己。

（二）楊華本身做到從一品之提督，照理至少應封贈從一品的振威將軍，卻只是正二品的武顯將軍，有可能提督江南只是護理，並非實授。反之，其妻洪淑惠（徽柔）在世封贈「夫人」，有可能比楊華晚死，死後追贈「一品夫人」，反而升一級。

（三）楊子美（伯瑩）或為楊華長子，即墓誌銘中「夫人李

氏先公卒，生子文良早歿，例贈承德郎」同一人，可能無後，由楊華繼室洪淑惠子楊武鎮之子楊克明等人負責祭祀。而「丁太淑人」參據前錄墓誌銘「武鎮……娶……丁公次女」或為楊武鎮之妻，而祭祀孝男或則即是克明（光修）、克勤（廷芳、光尚）、肇基（光宗）。

（四）楊華祭祀者為「孝男武鎮、承重孫有森全祀」，楊華之妻（武鎮之母）祭祀者為「承重曾孫長榮、孝男武鎮祀」，據此推測：楊華之孫（武鎮之子）與曾孫（武鎮之孫）未見列名，恐有早夭或英年遽逝之可能，此或可解釋說明何以楊家兩代發達之後，後代竟沒沒無聞，家世中道衰落之情形。

不僅如此，楊華在職時，亦把握機會，依制請求封誥，今老宅猶存四道封誥。第一道封誥外軸寫有「林字一千八百九號／千楊華／貳軸」，乃嘉慶元年正月初一頒賜，追贈楊華父為武略騎尉（正六品），母親為安人（六品），時楊華剛從千總（從六品）晉升為海壇鎮標右營守備（正五品），誥書內容如下：

「奉天誥命

奉

天承運。

皇帝制曰：寵綏國爵，式嘉閥閱之勞，蔚起門風，用表庭闈之訓，爾楊通迺福建水師提標中營千總，今陞海壇鎮標右營守備楊華之父，義方啟後，穀似光前，積善在躬，樹良型於弓冶，克家有子，拓令緒於韜鈐，茲以覃恩贈爾為武略騎尉，錫之敕命。於戲！錫策府之徽章，浹承恩澤，荷天家之庥命，永賁泉壚。制曰：怗恃同恩，人子勤思於

將母，糾桓著績，王朝錫類以榮親，爾邵氏迺福建水師提
標中營千總，今陞海壇鎮標右營守備，楊華之母，七誡嫻
明，三遷勤篤，令儀不忒，早流珩瑀之聲，慈教有成，果
見干城之器。茲以覃恩贈爾為安人。於戲！錫龍綸而煥
采，用答劬勞，被象服以承庥，永光泉壤。

嘉慶元年正月初一日　　」

第二道封誥外軸書有「恩字十九號總兵楊／參軸」，為嘉慶
十四年正月初一頒贈，追贈楊華祖父楊己為武顯將軍（正二品），
祖母陳氏為夫人（二品），時楊華已任江南蘇松鎮總兵，誥文如
下：

「奉天誥命

奉

天承運。

皇帝制曰：嘉勞臣之偉伐，遠溯家風；策專閫之崇勳，上
推祖德。舊章斯在，新渥攸加。爾楊己，迺江南蘇松鎮總
兵楊華之祖父，善可開祥，教能貽穀。集軒車於里閈，早
知世澤之長；擁節鉞於方州，聿見孫謀之裕。爰頒寵爵，
俾荷崇褒。茲以覃恩贈爾為武顯將軍，錫之誥命。於戲！
錫五色之徽章，丕光令緒，沛九重之濊澤，益煥膚功。休命
其承，淳風追表。制曰：豐功炳爍，端襲慶於閨門；懿德
深長，恆鍾祥於子姓。特加渥典，用逊休聲。爾陳氏乃江
南蘇松鎮總兵楊華之祖母，毓質清門，作嬪名族。肅雍壺
範，夙知詒穀之風；碩大孫枝，彌見含飴之澤。式逢慶典，
特賚徽章。茲以覃恩贈爾為夫人。於戲！發珩瑀之流光，

恩綸下貫；煥中巍之異采，寵命攸敷。茂獎欽承，良型彌
播。

嘉慶十四年正月初一日」

　　第三道封誥外軸亦書有「恩字十九號總兵楊華／參軸」，與
第二道封誥乃同時頒賜楊華父母（楊通、邵氏），誥文如下：

「奉天誥命

奉

天承運。

皇帝制曰：國爵優崇，樹膺揚之偉烈；家聲光大，表燕翼
之良謨。特布新綸，用彰舊德。爾楊通迺江南蘇松鎮總兵
楊華之父，清門代啟，素履恭脩。教子義方，早授豹韜之
略；傳家忠孝，果符鵲印之祥。慶典式逢，崇階宜陟。茲
以覃恩贈爾為武顯將軍，賜之誥命。於戲！顯揚克遂休
茲，天室徽章；作述交輝展也，人倫盛事。令名無數，世
澤長垂。制曰：元戎受任，既協吉於師貞；閫範貽芳，更
推原夫母德。克光內則，戴錫殊恩。爾邵氏乃江南蘇松鎮
總兵楊華之母，早習規型，凤嫺圖史。令儀不忒，表懿範
於閨門；慈教有成，樹鴻勳於幕府。式頒慶典，用闡徽音。
茲以覃恩贈爾為夫人，於戲！錫茂獎於蘭陔，芳蕤益播；
被惠風於蕙佩，馨澤彌新。祗服誥詞，允揚休問。

嘉慶十四年正月初一日」

　　第四道與第二、三道皆是嘉慶十四年正月初一頒賜，對象為
楊華本身，與妻室李、洪二氏，但未見副室陳氏。據此可推知至

遲嘉慶十四年正月前，楊華第一任妻子李氏已逝，再娶繼室洪氏徽柔，方得以李、洪二氏皆得誥封，同理亦可想見楊華對前妻思念之情義。外軸亦同樣寫有「恩字十九號總兵楊華／參軸」，據此，可推測第一道外軸之「貳軸」應是指有兩道誥命，則應有另一道是頒賜給楊華之祖父母誥命，今不見，或是佚失，惜哉！第四道內文如下：

「奉天誥命

奉

天承運。

皇帝制曰：閫外疏功，特重丈人之任；師中樹績，爰標上將之名。望起干城，恩頒綸綍。爾江南蘇松鎮總兵楊華，謀猷克壯，材藝兼優。早執銳以披堅，久司軍旅；迺建牙而仗節，遂總戎麾。裘帶從容，功信成於樽俎；車徒整練，勢儼並於金湯。爰貴寵綸，俾膺嘉獎。茲以覃恩特授爾為武顯將軍，賜之誥命。於戲！式頒殊寵，用酬閥閱之勳；祗服徽章，益展韜鈐之略。尚勤後效，無替前勞。

制曰：推恩錫爵，王臣奏秉鉞之勳；履順思莊，女士著宜家之美。良型既播，茂獎宜加。爾江南蘇松鎮總兵楊華之妻李氏，毓質名閨，作嬪右族。恪恭當室，率禮法於珩璜；黽勉相夫，樹勳名於帷幄。特頒令典，俾闡徽音。茲以覃恩贈爾為夫人。於戲！被七章之褕翟，象服攸宜，貴五色之綸絲，鸞書有耀。祗承顯命，允樹芳規。

制曰：功成帷帳，錫天寵於中權；化起閨閫，沛殊恩於內助。爰申茂獎，用闡芳型。爾江南蘇松鎮總兵楊華之繼妻

洪氏，孕玉名門，承筐鼎族。宜家宜室，早知伉儷增光；
織素織縑，果見後先媲美。綸章戩錫，慶澤均沾。茲以覃
恩封爾為夫人。於戲！播彤管之芳蕤，垂聲珩瑀；佩絧函
之烏燮，流譽笄珈。休命祗承，榮名益邵。

嘉慶十四年正月初一日」

另，林焜熿《金門志》卷七選舉表〈國朝選舉〉「封贈」欄
中記載：「楊己（華祖）、楊通（華父）、楊權（華兄），並贈
武顯將軍蘇松總兵」[8]是知楊華猶有一兄長楊權，而其下之「蔭
襲」欄未見楊武鎮等諸子名諱，可知諸子在楊華死後並未得到任
何蔭襲，而在「國朝武職」中，「封爵」無楊華名；「提督」為
蔡攀龍、李光顯、吳建勳，亦無楊華名；僅在「總兵」欄中有「許
盛、李耀先、楊華、陳光求、文應舉」等人，可知楊華本職實是
正二品之總兵官，所謂「提督江南」（從一品）應只是署、護
理之職務，所以在世、身後僅獲贈正二品的武顯將軍。

楊武鎮既未獲蔭襲，《金門志》〈國朝武職〉記彼「總兵華
子，道光間閩安左營都司（正四品），歷署水師提標左右營遊擊
（從三品），護理澎湖副將（從二品）」〈楊華傳〉記「子武鎮，
都司，署澎湖副將」[9]蔣鏞《澎湖續篇》〈澎湖水師協鎮〉記「楊
武鎮，護理，同安金門人」[10]林豪《澎湖廳志稿》卷六武職表「水
師副將」亦記「楊武鎮，護理，同安金門人」[11]皆嫌過於簡略，

---

[8]　林焜熿前引書，頁187。

[9]　林焜熿前引書，頁180、248。

[10]　蔣鏞《澎湖續篇》（台銀文叢第一一五種），頁55。

[11]　林豪《澎湖廳志稿》、林文龍點校本（台灣省文獻會，民國87年4月），頁192。

皆對任職年代未見記載，而家譜未見、神主牌佚失，坟墓被盜發，墓碑不存，既乏文獻，無法對其人生平作進一步探究介紹，實有無可奈何之憾！另筆者在今鹿港鎮金門街之「金門館」拜殿左壁之「重建浯江館捐題碑記」中，赫然見到楊武鎮捐獻之大名，碑刻為「台協水師右營都閫府楊印武鎮捐銀陸大員」。此碑立於道光十四年（1834 年）四月，故可佐証前引墓志銘、《金門志》、《澎湖續篇》、《澎湖廳志稿》內文，又可確知楊武鎮之確切在職年代。而碑刻楊武鎮之前為「原台灣艋舺水陸參府周印承恩捐銀式拾大員」，筆者懷疑此周承恩說不定即是前引墓志銘中之「艋舺把總周名源成」，若屬實，或因兩人誼為僚屬同袍，因此遂結為兒女親家也說不定！

第四節　身後文物與傳奇

　　楊華生前因軍功武職，封贈三代，光耀門風，恩澤啟後。死後亦留下一華宅，供子孫棲身。關於此宅之建築與風水，頗有一段傳奇可談，《湖峰鄉土誌》載其事：「楊華提督，少時處境窘困，家無立錐之地，壯年從戎，前後隨軍擒剿海盜無數，屢獲晉陞，某次，華剿賊建奇功，嘉慶皇帝仁宗，特准召見於皇宮，對其英勇戰績，勞苦功高，獎勵備至，斯時華肅立殿階，仰首注視殿宇而興嗟，皇上奇之，問為何故，華因而奏明家乏片瓦棲身故也，皇上同情處境，憐憫有加，遂賜建皇宮式三進平屋衙署一座於湖峰故鄉，鄉人稱之為『提督衙』，後乞休歸鄉，樂娛晚景，卒年八十有二，墓葬於村之西北隅，稱之為『新墓』（按該墓地原有山坵，稱之為『山仔頂』，為創築墓園而挖成平地），相傳

當時卜葬該墓地，對整個村莊風水不利，故葬後一連三日，全村
雞犬不鳴，揣其作為並非故意，蓋因所僱地理師受賄於某大姓村
莊而蓄意惡作劇，但對整個村莊似無影響，然對其後裔竟乏興旺
跡象，故目前其裔孫零落，故居頹唐不堪，真是『一代英名今弗
在，遺留故宅憶當年』，撫今追昔，感慨系之。」[12]

　　令人感慨系之的不僅此，楊華、楊武鎮父子二人之墳墓竟先
後同月被盜發，武鎮墓碑今已不存，實堪浩嘆。按楊華墓在湖下
村西北一百公尺處，俗稱新墓，碑長五十八公分、寬四十公分，
鐫刻「皇清誥授武顯將軍楊公暨誥封夫人徽柔洪氏副室夫人陳氏
壽域」。有短石柱及石獅等物，墓於民國五十六年五月十六日晚
被不肖之徒挖盜，竊去殉葬器物。其子武鎮墓在村西，亦於同月
被盜發。此外，楊華墓前石獅柱造型亦有一說：「凡高官貴爵構
建官衙或墓地，靡不樹立石柱，表示顯榮，而文官柱端是筆尖，
武官柱端是醒獅；但武官雕塑醒獅站姿亦有分別，即生前曾經皇
上召見者，醒獅四腳趾分開，否則四腳趾靠攏，因此，總兵楊華
之官衙及墓地，其硬軟體建造，確有裝建塑醒獅，且四腳趾分開，
予以證實曾經面聖也。」[13]

　　以上種種傳說，皆昔年民間不明官府禮制，見楊華故居華美壯
觀，美侖美奐，竟有此傳奇說法。按清制，京官五品以下，外官四
品以下，由于授官、京察、大計、保舉、升調、俸滿、丁憂、終養、
病痊、降革、處罰等等，均須朝見皇帝，文官由吏部引見，武官由
兵部引見，基本上在乾清宮或養心殿引見。尚書、侍郎以綠頭名簽

[12]　楊志文前引書，「仰殿興嗟，御賜宮宇」，頁 162。
[13]　同前註。

進呈皇帝，得旨宣進引見。另外京官大員和外省高官，奉召或因公
晉謁見皇帝，奏對事件，接受旨意，稱為「陛見」，亦稱「朝見」、
「謁見」。各省武職大員，定期謁見皇帝，亦稱陛見，皆在太和殿
陛見。其中直隸提督、總督每年輪替來京陛見一次，總兵分班兩年
輪替一遍；其他各省提督、總兵三年奏請陛見一次，如未准，次年
再行奏請。在陛見中，皇帝除徵詢赴任官員的打算、意見之外，還
要發布上諭，上諭針對地方的吏治民生，及前任得失，提出一些原
則性的，或具體性的實際要求。[14]因此楊華每次升調、保舉均會有
機會去「引見」或「陛見」皇帝。民間不明禮制，總以為得以晉見
皇帝，是一種莫大之光榮與恩寵，是以有此傳奇故事！楊華故居金
門民間俗稱「提督衙」，有可能是二種原因：一是楊華提督江南時
所建，二是因楊華曾作過提督江南而有此尊稱、泛稱，若是第一種
情況，則此宅第應該是建於嘉慶十年（1805 年）左右。若是第二種
情形，則應是他致仕休歸後所建，大約是嘉慶十六年（1811 年）時。
由於墓誌銘曾提及楊華不僥爭事功、不貪戀祿位、不建豪宅以遺子
孫之風範，個人較偏向此宅不是在任時所建，有可能是致仕退休
後，為貽養終年所建，何況他晚年其子楊武鎮仍身居都司、副將等
要職，家境已是不錯，應有能力興建，以符合體制、地位、聲望，
至於所謂皇帝賜建云云，不免誇大其詞了！

再，前引神主牌謂楊華葬在「本鄉之西穴」，墓誌銘亦記「葬
公碧湖之西」，墓地原有山丘，土名「山仔頂」，正是坐高望下
之佳城，焉有將山丘剷平之理，筆者懷疑此墓風水或有礙湖下

---

[14] 參見：⑴郭松義前引書，第二章禮儀制度第四節朝觀、引見和相見，頁
129~145。⑵李鵬年前引書，「引見」、「陛見」條，頁 23~24。

村，於楊家中衰後予以剷平，今地名「新墓」此一「新」字或許點出其中曖昧難言之處。

有關楊華文物，除上述故居、誥書、墳墓、藍采和神像外，尚有若干傳奇，茲一併抄錄於后，作為墊尾，結束本文：

（一）征剿海盜：據說海賊蔡牽曾夢到「羊吃菜」之情境，後與楊華作戰，憶及此乃「楊吃蔡」之意，遂屢屢避開與楊華正面交戰，楊華遂得以不斷追剿獲勝其黨羽。

（二）神明指點：楊華追剿海盜頭目許跳之初原呈敗勢，欣幸楊華府中供奉的「藍采和」神像顯靈指點，並引途指路，令楊華繼續追趕，不得鬆懈，許跳始料未及，而慘遭敗亡。另有一說藍采和提示楊華脫鞋追趕不歇，終能轉敗為勝；或說是楊華拿頭旗時，因所穿草鞋丟落一隻，為撿拾草鞋而回頭，因此扭轉頹勢云云。

（三）退隱因由：楊華擒剿海盜屢建功勳之後，朝中仕宦讚揚淚賞者有之，嫉妒中傷者有之，暗中與海賊勾結之奸臣，更欲剷除而後快。某日，楊華又夢見家中奉祀之「藍采和」神像託夢告誡：「儘速歸隱故鄉去吧！」楊華毫不遲疑，隨即面聖乞休告老還鄉，而得長居金門湖下村故里，歡度晚年。

（四）清廉致仕：楊華為官，清廉施政，頗獲佳評，當年告老還鄉時，反對派宣言「楊華截獲海盜錢銀眾多，生活富裕」，仁宗皇帝雖不信實，但為防堵爍金眾口，仍暗派官員至金門勘察，只見楊華夫人（一說是楊華老母）正在紡紗，而楊華則正吃著稀飯，家境毫不寬裕，傳言至此不攻自破。[15]

[15] 詳見楊天厚〈湖下村楊華提督衙的故事〉，《金門日報》，民國88年7月22日刊載。

將軍第與盧成金

第一節　盧家先世略考

　　金門縣後浦北門將軍第係金門縣定古蹟，此宅第之創建人為清代官至溫州總鎮之盧成金。盧氏一族之發祥有二說：一是盧人為姜姓戎族中一支，姜即是羌，意為牧羊人，從原始社會時代起，即逐水草而居，長期在中國西部草原山地，和西北高原一帶活動。這些人因游牧飲食之便，攜帶「盧」器（盛飯菜器皿），久之，這些器皿成為部落之共器，群體之特徵，終以「盧」做為圖騰命名之人群。另一說是：周代姜子牙受封建立姜姓齊國，至第十一世裔孫高傒，因擁立齊桓公之勛績，封賞得「盧邑」為采邑，傳之百年，其裔孫取邑名為姓，遂由高氏而為盧姓，肇始後世一大族系。[1]至秦代出現一代名人博士盧敖，由於其子孫家於涿水之上，涿水一帶古稱范陽或涿縣，范陽縣最早建於秦代，故城在

---

[1] 詳見盧美松《中華盧氏源流》（廈門大學出版社，1996年9月一版），第一章『盧人發祥』與第二章「盧氏得姓」，頁1~37。又此書得作者親贈，並請益若干疑問，謹致謝忱！

今河北定興縣南四十里之固城鎮，城西十里有地名范陽陂，陂水南流注入易水，易水亦謂之范水。范陽城之得名，即因城建於范水之北，後來盧氏遂以最早出名的盧敖族人聚居地「范陽」為地望，不僅此，盧氏自戰國、秦漢，乃至於隋唐，千餘年來，主體家族成員多出於此，地因人靈，人因地顯，盧氏從發祥起就是重臣巨族，成為漢晉高門、隨唐望族，擁有顯赫家勢，歷久不衰，傳說清代乾隆皇帝出巡，途經范陽，曾揮毫題下「自古幽燕無雙地，天下范陽第一州」之聯語，也難怪范陽盧氏如此自豪。[2]

從漢末至宋代千餘年間，盧氏家族世代簪纓，歷朝顯貴，直到北宋末，金兵入侵，元朝代宋，盧氏家族強宗高第的地位慘遭打擊，族人倉惶南逃，蕩析離居。其中一支遷居福建，據記載最早始自唐初高宗，為平定閩南漳州地區「蠻獠嘯亂」，這批府兵將校中，有校尉盧鐵（字如金）與其子盧伯道，因平亂有功，受封落籍，盧如金曾孫盧武輝開基漳州墨溪（今寶鎮盧橋頭村），後裔繁衍，遍佈閩南遍地。唐末僖宗年間，固始人王潮、王審知兄弟率鄉民從王緒軍隊入閩，其中有盧、林二姓，後兩姓以文顯，為福州巨族。[3]

另外，金門盧若騰一支始祖並非上述兩派，其遷閩開基祖為盧鄒，本河南光州固始縣人，在唐僖宗朝任侍御史中丞，宦游於閩，後合族卜居同安，其裔孫一支由盧宗發帶領，於明代遷往浯州島（今金門）定居，開金門盧若騰一支。[4]

不過，據盧成金後裔所提供的盧怡堂所輯之《霞洞族譜》，

[2] 盧美松前引書，頁 80~84。
[3] 盧美松前引書，頁 153~158。
[4] 盧美松前引書，頁 154。

與道光年間盧德繡所修之《盧氏族譜》，細閱內容，頗有時空誤植，成為盧鄒派下之誤，此或因枝繁葉茂，分流愈遠，遂紛擾不清之故。據今人盧美松之調查，並參照盧成金裔孫自稱源自南安縣溪仔尾霞洞鄉之說法，金門盧成金頗有可能是盧如金一派之裔孫。茲先簡略將龍岩縣霧平山（今屬漳平市）盧姓世序表列如下：

〈甲：盧家先世略表〉

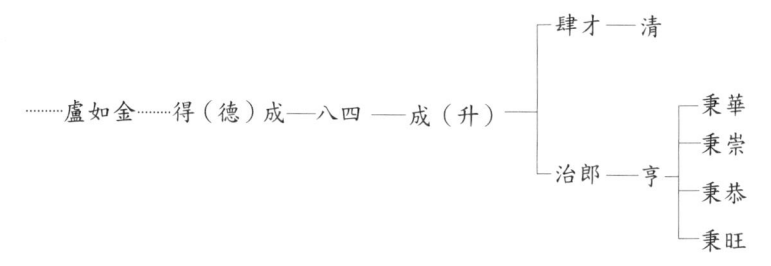

　　其中盧得成遷龍岩永福里方家山四十（目）坑霧平山（今屬漳平市官田鄉坪山村）。盧亨諸子後皆遷居：長子盧秉華遷安溪縣湖丘鄉卓源（竹圍）村、次子秉崇遷長泰坊洋鄉青陽村、三子秉恭約於明宣德年間遷南安縣（美林鄉李東、霞洞，和石碼宮後澳下村、洪瀨大洋村，石井淘江盧青村，及東田鄉等地），[5]據此金門盧家既來溪仔尾霞洞，自是盧如金派下。盧秉恭之選擇遷居南安縣自有其考慮，按，南安是閩南文化的發祥地，亦為泉州諸縣、市的母縣。三國吳永安三年（260年）置縣，取名東安，西晉太康三年（282年）改稱晉安，南朝後梁時又改梁安。梁天監年間又置南安郡，為福建省三郡之一，轄興、泉、漳三府之地。隋開皇九年（589年）改郡為縣，為全省四縣之一。唐武德六年

---

[5]　盧美松前引書，頁170~172，頁178。

（622年）置豐州於南安，州治設在今豐州鎮。武德九年并豐州入泉州（按今福州）。唐嗣聖元年（684年）分出南安、莆田、龍溪三縣置武榮州，南安縣城豐州為武榮州治，因四周環柳，又名「柳城」。唐久視元年（700年）武榮州治遷往東南十五里今泉州地。豐州鎮乃作南安縣治，取名「南安」，意謂保護閩疆南部安定。

而且南安地處晉江中遊，東與鯉城、晉江緊連，南與金門隔海相望，西與安溪、同安毗鄰，北與永春、仙游接壤，晉江支流東、西兩溪從西而東橫貫縣境中部，沿溪階地相當發育，並形成串珠狀的河谷平原，是糧食主產區。甘蔗種植和製糖業發達，為福建省主要產糖縣。龍眼、荔枝、楊梅、菠蘿等果樹遍山漫野，水果總產量居福建省首位。[6]

溪仔尾一地，據李漢青《南安續志》介紹，謂：「溪尾的地點恰恰位於本邑——南安的中心，它左傍滾滾長流的西溪，自古以來，就已成為西溪的航運中心。每日上安溪、泉州帆船，都要停泊那邊卸貨上貨，或補充食料。溪濱設有碼頭，好讓過往的旅客、估客上上下下。在公路網尚未發展之前，它是西溪的航運站，據說在全盛時期，每日經過溪尾上下溯的船兒，就達數百隻之多，其地位之重要可見一斑。自從它被設為縣治所在地之後，它的形勝更加重要起來，溪尾鎮因擅溪利，縱橫十數里內，平疇宏開，阡陌交錯，農產豐足，物阜民殷，是個魚米之鄉。鎮西的湖塘、蓮塘，鎮北的美林、南廳、都算得巨鄉大里，人煙稠密，廬

---

[6] 陳曉亮《尋根攬勝話泉州》（華藝出版社，1991年12月一版），第三章第四節〈南安縣〉，頁160~161。

舍櫛比，渠道縱橫，雞犬相聞，映襯的溪尾鎮有如皇冠中的寶石，因而益輝耀。……至論山水方面，溪尾附近，東南有困九山、南山、謝坑鎮；西有貴峰山；西北有高鎮山、楊梅嶺；東北有鳳凰山、鵲鳥髻山、魏嶺；北有葛嶺、保福山、后鼓山。雖山度不高，而卻層巒疊岫，環如列屏，蒼松翠柏，靈岩古剎，饒有畫意，所謂山水鍾靈，人物毓秀，殆非虛語。」[7]

再，民國八十九年六月二十六日筆者同閻亞寧教授親自至原鄉訪查，承蒙盧茂成老先生提供他於一九九七年十月所撰寫之簡略「李東盧氏族譜」，對照筆者於同年一月下旬親自到金門盧家訪查抄錄神主牌位內函與歷代祖先祀辰表，內容出入頗大，但「李東盧氏族譜」未必儘然不可信，「前言」謂族譜寫作依據為：「范陽霞美盧氏繁衍概略，從第一世太始祖至第六世高祖的概述，是根據前輩世代傳說和有些尚存祖墳現狀，回憶推理整理的。因此，存在誤差是難免的。從第七世祖至第十二世，是稽查《四房功德目錄簿》作依據，加以推理計算寫下來的，誤差必然較少。從第十三世以下的輩屬關係，就比較準確無誤。此著對祖宗繁衍的記敘，僅留給下輩文賢者完繕盧氏家譜作參改。請予以保管下去。但願下輩不忘祖宗的繁衍淵源，加強團結，相互友愛。」「族譜」中提及：「燈號為范陽衍派」、「字勻為仁德南近、昆崇丁繼、成世維新、振茂昌榮。文章華國、詩禮傳家，光前裕后，少芳萬年。」均可信，但：「以上三十二輩，前節十六勻為太始祖所傳，後半節十六勻，系於清庚戌科進士，第十四孫盧少波（字芳年）編纂銜接的，至今已傳至『華』字輩了。」則顯然有誤；

[7] 李漢青《南安續志‧後編》（陳其志基金會，民國63年10月）頁1130~1132。

庚戌科若指的是清宣統二年（1910年），則清末科舉早在光緒三十二年已停考。往前推六十年為道光三十年（1850年），如是一則年齡不符，二則據《明清進士題名碑錄索引》；道光庚戌科中進士者並無盧姓者。[8]

「李東盧氏族譜」又提及先世來歷：相傳李東盧氏太始祖為盧仁榮，始祖妣盛氏，於明朝中葉，從同安縣墨溪地區遷到李東（霞洞）定居開基，時李東大姓為侯，而盧氏三代單傳，遂受欺侮。據聞盧族婦女欲到侯厝井腳打水，常被調戲，至第五代，侯氏漸衰，盧姓人丁漸旺，才敢抗爭，今井腳有一塊田地稱「圍來」，乃當年與侯氏械鬥時遺跡。盧氏六代之後，人丁興旺，繁衍神速，今之美林鎮人口約三千五百人，盧姓即高居二千人以上，可以想見族人興旺，裔孫繁衍。由於「李東盧氏族譜」於六世以下世系與金門盧家提供家譜有所出入，茲暫不取，但兩地盧家系出同脈，是絕對可以斷言的。而其間誤差，蓋因原鄉盧家，世遠代湮，又無法親自到金門詳實調查，致有訛誤，固無可奈何也。茲先條列筆者在金門盧家所抄錄之神主牌位，再表列世系，以清眉目：

甲 金門盧家神主牌位彙抄

⑴盧雍等人（成金之祖與曾祖）
陽面：
一行：誥贈武顯將軍祖考諱雍盧公
二行：皇清貤贈武顯將軍曾祖考繼維盧公二品

[8] 朱保烱等《明清進士題名碑錄索引》（上海古籍出版社，1979年10月新一版），頁2807~2809。

大夫曾祖妣勤慈鄭氏仝神位

三行：誥贈二品夫人祖妣端森陳氏

四行：孝孫成金奉祀

內函：

A 一行：生於○年（原缺）九月二十九日○時

二行：祖考諱雍字成穆行三享壽○歲

三行：卒於○年十一月初七日○時

下行：葬在南安縣二十三都新村鄉左坐申向庚兼卯
　　　酉分金庚寅庚申

B 一行：生於○年○月○日○時

二行：曾祖考諱鞠字繼維號茂圃行三享壽○歲

三行：卒於○年○月○日○時

四行：生於○年○月○日○時

五行：曾祖妣氏鄭閨名○享壽○歲

六行：卒於○年○月○日○時

下行：合葬在南安縣廿三都新村鄉左坐寅向申兼艮
　　　坤分金丙寅丙申

C 一行：生於○年九月十八日○時

二行：祖妣氏陳閨名○享壽○歲

三行：卒於○年五月十五日○時

下行：葬在南安縣廿四五都蔡林鄉畲頭山坐午向子
　　　兼丁癸分金庚午庚子

⑵盧世憶（盧成金之父）

陽面：皇清誥贈武顯將軍顯考諱記字世憶盧府君之神主／孝
　　　男成金奉祀

內函：

　　　　一行：生於乾隆乙巳年（按五十年，1785年）六月十
　　　　　　　六日酉時

　　　　二行：顯考諱記字世憶行三享壽六十有八歲

　　　　三行：卒於咸豐壬子年（二年，1852年）八月十一日
　　　　　　　申時

(3)林孰娘（盧成金之母）

陽面：皇清誥贈二品夫人顯妣盧門諡貞懿林太夫人神主／孝
　　　男成金奉祀

內函：

　　　　一行：生於乾隆壬子年（五十七年，1792年）八月十
　　　　　　　一日○時

　　　　二行：顯妣林氏閨名孰娘享壽七十有三歲

　　　　三行：卒於同治甲子年（三年，1864年）十月二十一
　　　　　　　日辰時

　　　　下行：葬後浦鄉前娘仔宮南吳厝路邊坐巽向乾兼辰戌
　　　　　　　分金丙辰丙戌

(4)盧成金

陽面：皇清誥授武顯將軍賞戴花翎記名簡放總兵歷任浙江海
　　　門溫州等處總兵官乍浦協副將顯考剛肅盧府君之神主
　　　／孝男松志植志棟志楷志嶽志杖期孫同慶等仝奉祀

內函：

　　　　一行：生於道光壬午年（二年，1822年）正月二十九
　　　　　　　日午時

　　　　二行：考諱鐵官章成金字維麗芬亭行一享壽七十有四

　　　　　歲

　　　三行：卒於光緒乙未年（二十一年，1895年）六月二

　　　　　　十九日午時

　　　下行：葬在古坑大社左邊／坐子向午兼壬丙分金丙丁

　　　　　　丙午

⑸黃、劉等三夫人

陽面：皇清誥贈夫人顯妣盧門黃夫人劉夫人黃夫人神主／孝

　　　男松志植志棟志楷志嶽志杖期孫同慶等全奉祀

內函：

　　　A 一行：生於道光〇〇年〇月〇日〇時

　　　　二行：嫡妣黃氏閨名悶娘享壽〇歲

　　　　三行：卒於道光〇年九月十九日〇時

　　　B 一行：生於道光壬寅年（二十二年，1842年）十二

　　　　　　月十七日〇時

　　　　二行：清誥贈夫人盧門黃氏諱吻娘享壽八十四歲

　　　三　行：卒於民國乙丑年（十四年，1925年）三月二

　　　　　　十六日未時

　　　下行：葬在下後垵鄉北苔鳥山之陽坐甲向庚兼寅申

　　　　　　分金丙寅丙申

乙　盧氏家譜世系表

一　前八世

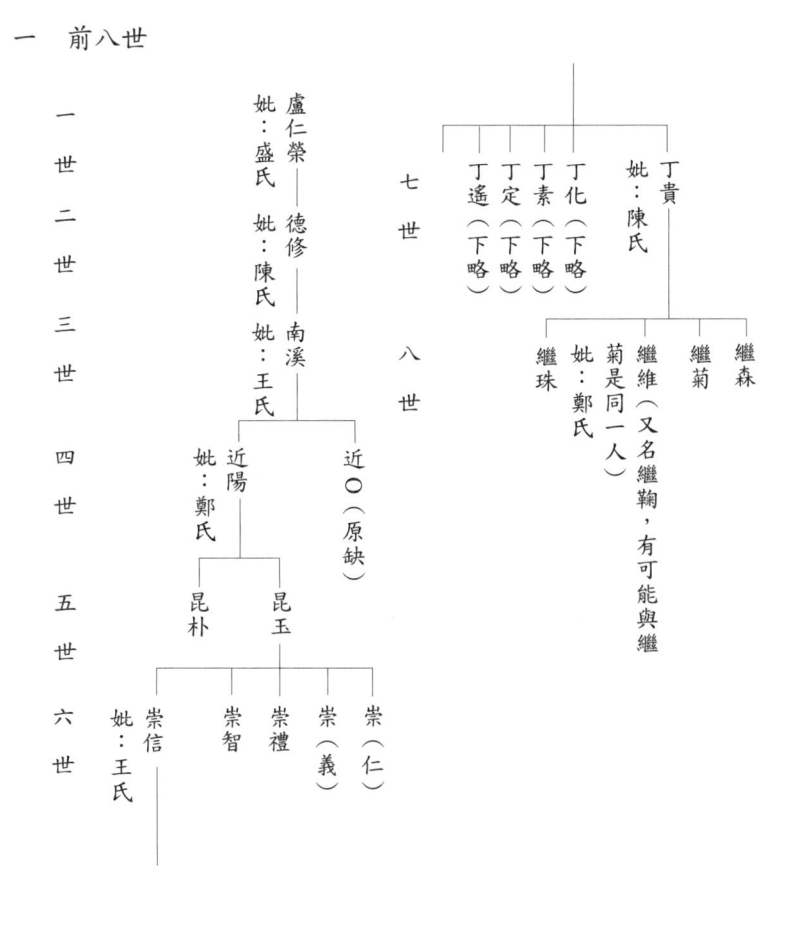

二　八世之後

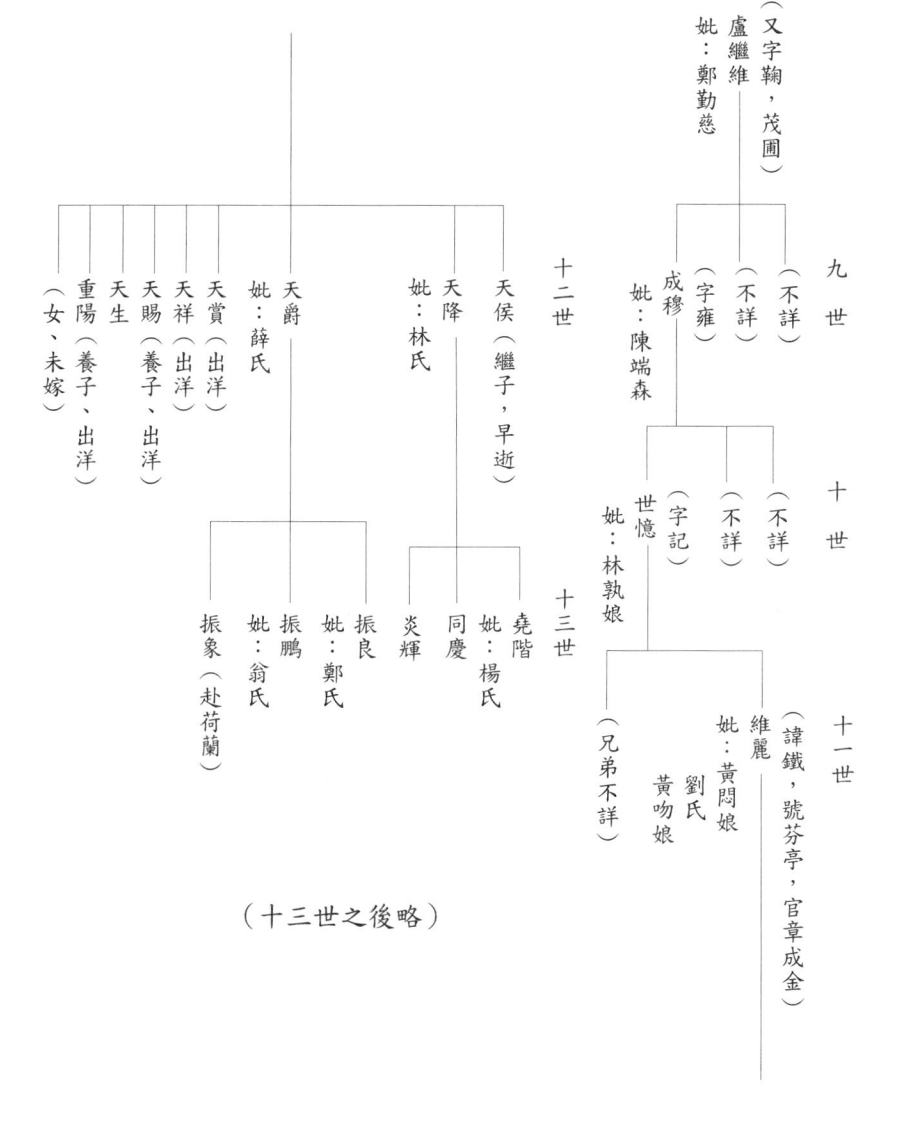

（十三世之後略）

第二節　幼時及遷浯傳說

　　盧成金後來貴為浙江溫州鎮總兵，自不免有若干神奇附會傳說，雖事涉無稽，不妨視之為茶餘飯後閒談。前述盧茂成復撰有《元帥傳說》，於盧成金出生預兆有一段傳聞，茲引錄如下：「盧成金。出生前夕，其父盧世憶到今大石村后深洋壩溝網漁時，深夜聽見有兩個鬼母，抱著兩個胎兒分別要到哈水頭（今李西）和霞美盧（李東）投生，相遇於路上，互不讓路。只好論投生後的官職大小讓路，抱到哈水頭投生的鬼母說：他抱的是『文魁』；抱到霞美盧厝投生的鬼母說：他抱的是『大人』，品辨之後，才相讓路而去。其父捕魚到深夜回家，其妻陳氏已生下個男孩了，暗地裡高興極了，估計就是昨夜在后深洋鬼母抱來投生的大人了。天亮之後，便跑遍霞美村整個角落，進行詢問，查明昨夜全盧厝並沒有婦女生孩子。這樣其妻生下的男孩子無疑地，就是鬼母抱來的投生的大人。心裡更加高興，也就不能自禁地把情況傳遍全村了。」

　　對於成金幼年家貧勤學苦練武功及隨父販售豬仔亦有一段傳說：「盧厝請來拳師，扎館在祖厝教學拳術，但盧維鐵家貧如洗，無法加入武術館為徒，只好旁觀自學自練。有一次，獨自一人習作練功，被拳師發現了。拳師詳細觀察，以為盧的武術功夫勝過在學的學徒。便追上去問其所以然。盧回答拳師說：我因家貧無法入館拜師求教，是旁觀自學自練的，沒有規範，沒有系統。就這樣深得拳師的同情和喜愛，拳師當面表示，要義務接受盧為武館學徒。於是，盧借機勤學苦練，終於成器。但由於家境所迫，十幾歲，就陪其父販賣豬苗（按即豬仔），所以人們都叫他為『豬

仔鐵』後來成名了，才稱他盧成金，叫做鐵練成金。」

　　之後父子遷居金門，也有一段「為民鎮邪」的故事：「盧父子販賣豬苗，往返石井、內河至大小嶝、金門等地。有一次，金門後浦民眾染疫症，拜問當地城隍，城隍公指點弟子，要請盧大人入境，才能平息災情。那末，那裡去請盧大人？簡直是，丈二和尚摸不著頭腦。猶豫之時，城隍再明確指點：盧大人就在某時某日，從石井開過來的客船上。於是，那一天清早，後浦眾弟子信心百倍地到碼頭等候迎接盧大人。當船未靠岸時，先派人搖著小船到這艘客船上，查看誰是盧大人？問來問去全船都沒有一個當官的盧大人，唯有兩個販賣豬苗的父子是姓盧的。城隍指點，正是這兩個姓盧的一個。因此，眾弟子就熱情把他父子倆人迎接入境。果然，他父子倆一步入後浦境里，妖魔鬼怪全退，疫症消除，民眾平安，就此，盧父子獲得當地民眾的愛護和關照。」

　　盧氏父子既遷居金門，後來置屋在後浦南門新街頭福德宮左後側，今屋貌尚存，租與莊元春擇日館，莊氏後人克紹箕裘，承習舊業，為人卜卦指點。而成金幼年時常在城隍廟偃臥，復有一段「冥役搧扇」傳聞：「成金幼年時，家居於城隍廟附近，暑夜睡於廟前石階，傳說與其鄰接偃者，每感睡夢中，清風徐來，心甚異之，一日某甲臥其側，迷矇中聞殿前范謝二將軍，催冥役速為盧大人搧扇，醒後告同儕，成金氣宇不凡，日後當顯貴，故城隍僚屬亦另眼看待云」[9]

　　弱冠之後，投伍軍旅，民間有一段拜神抽籤之說法：「成金

[9]　不著撰人《金門先賢錄》第二、三輯，（金門縣文獻委員會，民國61年6月），十一〈盧成金忠勤廉正〉頁140~142。

弱冠，以家貧輟學，感家計前程兩渺茫，意欲從戎，以展懷抱，尚猶豫難決，乃赴大街靈濟寺（俗稱觀音寺）禱神問卜，得第五十壬寅籤，籤文曰：『佛前發誓無異心，且看前途得好音，此物原來本是鐵，也能變化得成金』。是籤本解謂謀事不成，外出不利，然成金因原名鐵，忖籤文明示鐵亦能化金，男兒志在四方，更有何慮，乃改名成金投效金門鎮標麾下。」[10]

投軍之後，又有諸多「尋靴意外建功」之傳說，前述盧茂成《元帥傳說》記：「有一個時期，豬苗生意蕭條，盧成金便與盧大瓶（二房人）到浙江溫州地帶做別的生意。當地政府張榜招兵，圍勦寨賊的動亂。盧大瓶見榜後，自以為盧的武藝高強可以參戰，未經回客棧與盧商議，便擅自拆榜報名，迫使盧大人要承擔大瓶的作為。消息告之家中，家人為其擔心，驚慌萬狀，只好應從。因盧身高大，足趾寬大，沒有大號鞋穿，其姑母即為其繡製大號軍鞋一雙，送其出征。盧成金應征前，在選擇馬匹時，用拇指按在馬背測驗馬力，軍營幾十隻戰馬無可一可擇。無奈之時，養馬夫向頭人建議，把一隻從來沒人敢用的惡馬，讓盧一測，果然真正合盧之意，選上了。此馬一過盧手中，十分馴服，眾軍兵盡皆欽服；接著是選擇兵器了，盧選擇了一支從來無人用過的八十一公斤重關刀。馬匹、兵器都擇好之後，便帶領三佰名兵將，出征迎戰。首次，戰敗於寨賊，退兵時，跳過一條三丈二尺寬的崖溝，不謹慎將其姑母繡製的大號軍鞋掉了一隻，非撿回來不可，盧令大瓶回頭跨過深溝撿鞋。盧大瓶乘賊兵未追逐之時，扛著戰旗，跳回崖溝，借此機會，虛張聲勢，吶喊：救兵已到，衝

---

[10] 同上註。

呀！頓時，賊兵信以為真，陣腳一片混亂，紛紛回頭逃跑，這時，盧奮起大刀追擊，真正把敵兵頭領一刀殺下馬腳，大長士氣，乘勝再追擊賊軍，徹底平了賊窩，得勝凱旋回營。此事稟報朝廷，獲得皇上加封『元戎』，後提升閩浙『提督』，就此光明成器。」

　　而金門民間亦有類似傳說，只不過時代背景轉成明朝末年之「盧大人」了，傳說內容如下：「明朝末年，內地有賊亂，到處有人打家劫舍，盧大人去投軍當兵捉賊。盧大人很高大，是個七尺大漢，他負責舉領兵的軍旗。有一次，官兵去捉賊，官兵這邊打輸了，大家趕緊跑，盧大人也把軍旗扛在肩頭上跑。他的腳大，沒處買鞋，他姑姑幫他作了一雙鞋，他一直綁在身上。跑跑跑，跑到一半，才發現那雙鞋遺失了一隻，他想說：『糟了，一雙鞋不見了一隻，又沒處買，這怎麼行！』他趕緊回頭去找鞋，旗也扛著去，一團官兵跟著旗招回去。那賊兵在後面追，看見這官兵軍旗忽然打回轉，都說：『糟了，他們的援軍到了，那旗又招回來了！快跑快跑！』結果敗兵變勝兵，又追回去打贏了。也是這盧大人有福氣，他就因此建了功，連續十三升到總兵，會自己帶兵打仗。」[11]

　　按此一類型傳說，亦見於蔡攀龍，其內容如下：「蔡攀龍軀體魁偉，傳說其足比常人大逾一倍。初從軍時，其岳母為特製一靴，長二尺，所謂『將軍相貌何魁奇，靴囊貯得一小兒』是也，攀龍珍惜之，故罕穿也。某次與賊打仗，將靴佩帶腰間，赤足從行，嗣軍官被賊打敗，落慌而逃，奔十餘里，攀龍忽覺腰間所佩

[11] 見唐蕙韻《金門民間傳說》（金門縣政府，民國85年12月）〈盧大人舉軍旗〉，頁106~107。

雙靴失落一隻，思其靴巨大，乃岳母特製，他處無從購買，今失去一隻，則所剩一隻亦無所用，亟需從速找回，時攀龍為執旗士（俗稱旗牌官），乃獨自撐大旗徒步折回尋靴，賊眾正在追奔之際，忽遙見官軍大旗從間道衝來，疑為官兵援軍大至，急轉頭奔跑，前逃官軍回望賊眾崩潰，乃乘勢揮師逐之，遂獲大勝。主將論功行賞，以攀龍為首云。」[12]

　　盧蔡兩人傳說，誰先誰後，究竟何人是「母型」亦或「原型」說法，已難追究，姑誌此節，聊為掌故軼聞，以為談資。

第三節　盧成金生平史實

　　以上一節，純為採摭民間與族裔之傳聞，自不必認真探究，關於盧成金信實可靠之生平事蹟，幸有行狀可據，《金門縣志》有詳實節錄，茲轉引如下：

　　盧成金，字維麗，號芬亭，後浦人。幼有大志，家貧，稍長即棄學投金門鎮標充伍。旋戍臺灣，隨師船捕海盜，迭建首功，見知於金門鎮師林建猷，拔額外外委，管駕戰船，從巡南北洋，獲劇盜甚夥。咸豐三年（1853年），超擢右營經制外委，時小刀會匪竄陷廈門，忽以船七十餘艘攻撲金門，成金與鏖戰於中港及金龜尾，轟巨砲迎擊，值風逆，砲中熱砂反撲，成金立舵樓，面血涔涔下，不自知也，戰益奮，卒追奔至大擔洋，燬匪船殆盡，旋進勦廈門，登岸

[12] 參見唐蕙韻前引書，頁79與頁105的二則傳說。另前引《金門先賢錄》第二、三輯「蔡攀龍」則（頁65），亦有如此傳說，茲不重複贅引。

即燬賊炮，據要害，斷其糧道，遂同大兵克復廈寨。並攻
復鼓浪嶼要口，奪回軍械，搜捕逃逆餘黨。四年，以積功
補提標後營把總、七年總督王公檄赴順昌縣轄援勦髮逆，
至即駕駛砲船，沿河堵禦，殲賊無算。是時幫帶林榮邦，
分駐順屬洋口，餘氛未靖，為縣令所劾，成金力解於統帶，
代任其責，即星夜率所駕乘流迅駛，直抵洋口，未及曉，
以攻燬賊巢，俘其正犯以歸，榮邦因得免罪，八年，將樂
告急，成金又率所部赴援，甫達境，即收復南口等村，移
紮高灘，又攻復三澗渡、積善各村，遂約縣令馬某乘勝兜
勦，追至孔山，賊正渡河，出其不意襲擒偽軍師饒象晉，
餘眾驚潰。於時總督王公，以先後防勦順昌出力，檄以千
總儘先補用，並先換五品頂戴，既而石達開以大股悍隊逼
縣城，晝夜環攻，危如壘卵，且城中乏砲械，眾心惶惶，
成金顧謂馬大令曰：公第督木石應，某當力守無怖也。遂
登陴，百計堵禦，無間可承，忽中夜聞微震聲，知賊穿地
道為轟城計，亟下急令，括囊橐立築子城，城甫就而大聲
陡發，砂石飛揚，錙尺莫辨，圮城十餘丈，敵之大隊逼城
下，肉搏爭登，城上矢石雨注，當著輒斃。然敵勁甚，攻
益力，正危急間，彈藥又告匱，乃以倣製春秋砲石，藉資
射擊，勢稍懈，而圍仍不解。入夜，成金更募死士。縋入
賊營縱火，賊始驚潰，圍解，翌日分隊出城追擊，成金首
先陷陣，所向披靡，馳入煙火中，斬其驍將以徇，賊乃悉
竄。捷聞，總督王公以成金身歷五十餘戰，獲保危城，厥
功尤偉。據奏，得旨賞藍翎，以守備儘先補用。九年，檄
赴洋口、永安、安溪剿匪，事竣挈補福建水師提標左營守

備。十年，總督慶端以堪勝水師總兵入告，委護南澳鎮中軍遊擊，視事未旬日，即奉調馳往延建防剿，在沙溪口城門衕一帶，擒獲逆匪多名，焚毀賊巢數十，後調授浙江衢州，隨大軍克復江山二邑。十一年春，廷諭賞換花翎，以都司升用。三日，奉調授閩，馳至建郡，聞江常警報，即折回扼縈仙霞關擊退賊匪。境甫靖，復赴浙，是冬進縈溫州，勷辦平陽、瑞安金錢會匪，生擒股首潘宗英等數十人，同治改元（1611年），凱旋署理金門鎮右營游擊。二年陞南澳左營游擊，督帶水提師船商艇，緝捕洋盜。十一月，署銅山營參將，仍統水師。三年冬，髮逆竄陷漳郡，詔安相繼失守，縣令趙子美闔門殉難，銅山僅隔衣帶水，而兵糧積欠已四年，呼應不靈，舉島惶懼，成金至，集紳衿勸諭，殷商傾囊助餉，士氣頓振。用輕舸載砲迎擊，逆眾不敢進逼，卒保危疆。旋丁母憂，回籍守制。十年，總督英桂密保水師出色人員，以成金有專閫才，薦於朝，奉旨交軍機處存記。既而浙江黃巖改海門鎮署，總督文公，奏以成金護鎮篆，時移營伊始，成金蒞位，苦心經營，不逾月，凡百俱舉，台州府劉款見之，服其才。十二年（1873年），入都引見，召對稱旨，交軍機以總兵遇缺簡放，旋授浙江乍浦副將，乍浦當江浙兩省要衝，為海疆重地，兵燹甫經，營政紊亂，成金履任，悉心整頓，部署一新。時值海氛告警，浙撫楊昌濬，函召面決機宜，至則囑以修建保安城、陳山嘴各砲台，時成金方病瘧，力疾視事，與工役同作苦，行道者見之，不知其為協帥也。光緒六年（1880年），捕獲販私船數十艘，以鹽解局，估值分賞弁兵，以船變價，

製旂甲，建營房，涓滴歸公，不費庫帑，而軍容頓改，同城徐同知贈句云：「忠勤報國酬知己，廉正持躬到古人。」蓋紀實也。七年春，浙撫譚鍾麟巡閱海口，見戶浦部署謹嚴，軍容狀盛，荐於總督何璟，奏署溫州總鎮。下車，即破除情面，力矯積弊，嘗劾一屬員，浙撫某喻意溫處道緩頰，成金不為動，某撫銜之，而終無疵可摘。故溫處道溫忠翰，稱為直道而行、勁節君子，而總督何公亦以尚能任勞任怨聞於朝，九年回本任。又值海疆戒嚴，成金督飭兵勇，不十日築土壘百餘里，設備嚴密，又作假砲臺以疑敵，於是濱海儼同紫塞。越春，法艦攻鎮海關，砲聲相聞，民心動搖，成金激勵士卒，躬親巡邏，眾賴以安，及秋和局成，成金見時事日非，即引病歸，去官之日，軍民遮留，請立生祠，峻卻之曰：無陷余罪，厚我多矣。居鄉惟課耕課讀為事，暇則一卷自怡，鄉人有乞一言為左袒者，則曰：均鄉人也，獨厚汝，吾不敢。苟有裨於閭里者，又必竭力提倡之，生平廉潔處己，忠恕待人，而剛直不阿，遇事敢言，尤非權力所能奪。任水師營時，屬下把總宋飛熊，為閩撫所劾，成金以非其罪，封還其檄，為申辨至數十以上，僚寀皆咋舌代危，卒藉力爭得解。在官三十餘載，非宴會無盛饌，非禮服無華美，凡所執行，皆視職權所至，不僭不阿，遇公家事，則又無分畛域，赴之如不及，乍浦處浙東偏，與江南華亭縣接壤，華之柘林等鄉，嘗逼歲除，有盜擄人，鄉民奔告，成金即命師船扮商往，弁兵以越境有難色，成金立趣之行，翌晨獲盜十餘，並歸所擄者，華民德之。性至孝，常以丁父艱適在洋追賊，不得奉臨，引為

終身恨，每語輒泫然。覃恩誥授武顯將軍，卒年七十有四。
子長松志，次植志，均同安縣學附生，三棟志，外委把總。
[13]

　　綜觀上引，可知盧成金之歷任軍職從：金門鎮標兵→額外外
委（從九品）→咸豐三年（1853年）超擢右營經制外委→提標後
營把總（正九品）→（咸豐七年代任幫帶）→（咸豐八年儘先補
用千總、先換五品頂戴）→（咸豐八年儘先補用守備、賞戴藍翎）
→咸豐九年犐補福建水師提標左營守備（正五品）→咸豐十年委
護南澳鎮中軍遊擊（從三品）→咸豐十一年春正式任都司（正四
品）、賞換花翎→同治元年（1862年）八月署理金門右營遊擊→
同治二年陞南澳左營遊擊→同年十一月署銅山營參將（正三品）
→同治三年十月丁母憂回籍守制六年→同治十年護浙江海門、鎮
署→同治十二年入都引見，詔交軍機處以總兵遇缺簡放，旋授浙
江乍浦協副將（從二品）→光緒七年（1881年）浙撫、閩浙總督
奏署溫州總兵（正二品）→光緒十一年見時事日非，即引病歸。
無一不是身經百戰，從基層一步一步陞任至正二品之總兵官，絕
非僥倖躐等得到，前述民間傳說尋靴建功等等，恐有失實誣衊之
訛。而行狀稱彼「在官三十餘載，非宴會無盛饌，非禮服無華美，
凡所執行，皆視職權所至，不僭不阿，遇公家事則又無分畛域，
赴之如不及」，亦非溢美阿諛之虛詞，今盧家尚存二功德匾，一
為「恭頌／鎮定海邦／芬翁盧協台德政」，另一為「恭頌／師名
君○／芬亭恩憲盧老大人」，不僅可確證其為人治官與行事，而

[13] 郭堯齡等《金門縣志》（金門縣文獻委員會，民國68年6月初版），卷十二
〈人物志〉，頁676~678。

金門民間有二段傳聞，雖未必真實，亦可想見其為人風義，茲錄之如下，以供參考：[14]

（一）「幼人之幼」：成金性摯純，仁民愛物，某次漳泉地區之役，居民流離失所，成金率軍經某村，聞道旁嬰兒啼聲，甚憫之，令士卒覓拾得一幼嬰，乃懷之冑甲內，及事平，為其訪尋父母，嬰父大喜過望，謝曰：此兒受大人再生之恩，乃其洪福，倘不棄，願螟蛉膝下。成金以某意真誠，且已尚無子，乃收養之，並名曰天賜，天賜及長，常隨營馳驅於閩贛，頗有膽識，惜年十九即夭折。以成金蔭授武信騎尉。

（二）「告病成真」：成金因見時局日非，且已年高，堅欲退休，乃藉口痔瘡告假，實無此疾，及旨下准其退休，竟痔發。家居時，成金以衣不淨，不欲家人代勞，率皆親自洗滌。

而成金身教影響，其女更以貞孝壺範名世，《金門先賢錄》紀其事：成金女韻秋，少師事兄松志，湛經學、諳史事，事母劉以孝稱，內外無閒言。嘗因劉病劇，禱天願以身代，剜心頭肉和藥以進，孝感動天，母病竟癒。事為萬縣丞（鵬、江西人）所聞，以將門有孝女，大加褒獎。未幾，父歿，諸兄旋外出，惓念母衰病，未忍遽離膝下，遂矢志不字，終其身。尋母終，哀毀逾恆，轉疾數載，卒年四十有五。

尤其眷念元配黃氏閩娘，更可想見其人深情念舊之一面，金門民間傳說一則「再世姻緣」故事：成金母曾為成金育一童養媳黃氏名閩娘，不幸九齡就夭殤，成金極為傷心，終身哀念不已，及長娶劉氏，無出，在廈得悉一黃家，有女亦名閩娘，成金以為

[14] 同註 9 前引書，頁 141~142。

幼侶轉世，納為側室，育子五女二。及誥封三代，元配報黃氏，劉氏不快，大恚，成金解釋，黃氏係已故之閩娘，劉氏乃語塞，實成金齊家之對策，究為舊情，或為兒息，終非局外所能悉也。[15]此則傳說，參酌前引神主牌位，不僅可信其事，而盧家今存「盧氏歷代祖先祀辰表」末附「惠邑劉氏外祖祀辰」，劉氏夫人因臉上有七顆痣，家人尊稱彼為「七星夫人」，凡此種種傳聞及現存文物，均可佐證盧成金之篤厚溫良，至情至性，百年之後，猶風範其人。

第四節　建屋析產蔭庇家族

同治十二年（1873 年）盧成金以正二品總兵銜實任浙江乍浦協從二品的副將，在清代，凡九品以上文武官員，都可以得到相應的封贈，封贈目的是為了「遂臣子顯揚之願，勵移孝作忠之風」，所以除顯榮本身之外，還可以推逮父母妻室。盧成金此時實缺雖是從二品的副將，清代官吏任用類例有「除、補、轉、改、調、陞、遷、降、署」等不同，[16]一般高階代低階事稱「攝理」，低階代高階稱「護理」，盧成金

盧成金宅第

[15] 同上註。
[16] 詳見：(1)郭松義等《清朝典制》（吉林文史出版社，1993 年 5 月一版）第四章第一節〈官員的選拔與任用〉，頁 258~272。(2)許雪姬《北京的辮子》（自立晚報社文化出版部，1993 年 3 月一版），第二章〈文官的調補與銓選〉，頁 23~33。

早在同治十年即「護理」浙江海門總兵，同治十二年入都引見，確定以「總兵」遇缺簡放，可能一時無適當地方的總兵缺，不得不授任浙江乍浦的副將缺，因此盧成金實際上是正二品的武職，得以封贈為「正二品武顯將軍」，其黃、劉二妻室也得以封贈為「夫人」（再高則為一品夫人）。對於父母先祖的封贈，按制，官居二品、三品給誥命三軸，追贈兩代。官居四品、五品給誥命兩軸，逮及父母及其妻。不過，有時官員為表示孝心，可請准將本身封贈加到父母、祖父母和曾祖父母身上，但要辭掉本身封贈。[17]因此咸豐九年（1859 年）盧成金任福建水師提標左營正五品的守備時，可能辭掉本身封贈，推恩封贈父母為正五品「武德騎尉」與「宜人」；祖父母也是虒贈為正五品的「武德騎尉」與「宜人」，有誥封二幅。到了同治十一年因進級加官，不僅本身為正二品的「武顯將軍」，劉、黃二氏也封贈為「夫人」；父母、祖父母也再誥封為「武顯將軍」與「夫人」，計有三幅，合計共五幅誥封，今皆保存於「皇恩誥命」匣木中，懸於正廳堂樑頂，承蒙盧家後人慨允請下拆視，略有破損，若干字跡也漫漶不清，有待重新裝裱。茲暫先錄成金任浙江乍浦協副將時其本身誥封，內文如下，以供示例：

> 「奉天承運　皇帝制曰：簡蒐軍旅，運籌參坐鎮之權；管握兵機，決策贊元戎之任。克宣勇力，宜錫崇褒。爾堪勝總兵浙江乍浦協副將盧成金，禦侮長才，折衝壯略。虎符分統，作上將之股肱；鶴列森陳，樹偏師之羽翼。奏膚功於保障，展茂烈於干城。慶典欣逢，殊榮用沛。茲以覃恩，

---

[17] 郭松義前引書，〈官員的品級與俸祿〉，頁 272~282。

授爾為武顯將軍，錫以誥命。於戲！聲威有赫，良由將帥同心；綸誥生輝，祗受國家上賞。益勤武備，允荷恩光。

制曰：策府疏勳，甄武臣之懋績；寢門治業，闡賢助之徽音。爾堪勝總兵浙江乍浦協副將盧成金之妻黃氏，毓質名門，作嬪右族。擷蘋采藻，凤彰宜室之風；說禮敦詩，具見同心之雅。茲以覃恩，贈爾為夫人。於戲！錫寵章於閨閫，惠門常流；荷嘉獎於絲綸，良型允播。

制曰：澤沛丹宸，式獎起桓之績；恩流彤管，載揚淑慎之風。爾堪勝總兵浙江乍浦協副將盧成金之繼妻劉氏，姆教素嫻，婦功克備。婦言雍肅，能庇內外以同心；閫範修明，庶絜後光而媲美。茲以覃恩，封爾為夫人。於戲！表宜家之有則，寵命均頒；嘉繼室之能賢，休光允荷。

同治拾壹年拾月初玖日」

同理依世爵制，成金之子，盧松志蔭封為正七品的「武信騎尉」、盧植志為正六品的「武略騎尉」，茲不贅。

盧成金發達之後，不僅蔭庇三代及子孫，復於北門大井腳購地營建新居，宅為三進，門前鋪石板，整體形貌樸實無華，正反映居亭之風格。此宅之建，金門民間也有一段傳說：「成金於光緒九年回乍浦協副將任，有意退隱，乃函囑在金摯友楊媽愛，代為鳩建三進新居，楊某因所購地不甚廣，詢之梓人可否蓋三進，梓人謂僅容兩進，及屋將成，成金返里，以兩進不敷兒孫住用，召工磋商，能否擴為三進，梓人不敢忤其意，答曰可，乃重新拆建，故是屋前二進，地上尚存磚二層。楊某以梓人前後異言，恐

成金怪其謀事不力，竟氣憤成疾。」[18]傳說中之楊媽愛確有其人乃楊都試，為盧家姻親，金門後浦人，字篤藩，媽愛其俗名，光緒三十一年乙巳科貢生。關於購地建屋之傳聞，經查詢盧家後人有二點需要補充與糾正：一是屋前之地原為某蔡姓所有，邱良功原欲購下，蔡姓始終不肯。後來盧家意欲商購建屋，蔡姓初允且不在乎價錢，等到鋪好地基，卻又反悔不肯出售，因此，一開始蔡姓允賣面積原足蓋三進，蔡姓不賣，打亂計畫，只得建成兩進，成金返里知曉此事，召工磋商，再改建成三進，造成屋宅縮小規制，楊都試即因此事內疚於心而生病，並非匠師前後反覆異言。另一是「將軍第」落成之確實年代，盧家後人曾提供一條重要線索，略謂此宅之建，除為成金暨子孫居住外，也兼為其子娶媳，喬居新屋之用，是以第一進牆壁為兩「囍」字之磚雕紋飾，正是慶賀新婚之意。然而新屋落成，大喜娶妻之時，卻逢太后駕崩，因此其祖姒楊仙鶴娶進門時不能熱熱鬧鬧，大事鋪張，成為一輩子心頭遺憾。按此太后應是慈安太后，慈安之暴崩，事在光緒七年（1881年）三月，此時盧成金方從浙江乍浦協副將升調溫州總兵之時，正是雙喜臨門，卻不料慈安暴崩，只得低調娶媳，此說若確實，則將軍第之落成年代不出光緒六年底或七年初，決非光緒九年；而且此時正是盧成金宦途高升得意之時，建屋安置家人，乃常情之舉，尚談不上有意退隱而建屋之說。

不過，再根據盧家所提供的光緒十七年（1891年）八月析產鬮書，內文卻有進一步的資料可供檢索，如鬮書前言中曾提及「即將買過邱家之住屋壹座參進、護厝壹列，買地並起蓋，計共英銀

---

[18] 同註 9。

貳仟捌佰元。今本生子天降等四人，憑鬮分居，以便永遠奉祀祖先」，其中嫡長子天降應分產業有「一、買過邱男爵炳忠，起蓋厝壹座參進，及護厝壹列，內應得前進廳壹半、前進西房壹間、中進西前房壹間、中進西櫸頭壹間、護厝東房壹間、中進深井壹半。並與天爵、天賞、天祥全管中進大廳壹間、中進巷頭小樓貳丁、東面小厝壹間、護厝過水亭壹間、東面水井壹口、及護厝之深井、門口之石埕、西面之通巷」，其他諸子天爵、天賞、天祥所分大同小異，只是廳房之不同而已。此鬮書之可貴在於不僅明確指出今將軍第宅土地是向邱良功之孫邱炳忠買來，起蓋住屋一座三進、及護厝一列，買地連同起蓋，共花費英銀（鷹銀）二千八百元，並詳述了將軍第初建時形制、規模與大小。

除購地建屋外，成金亦曾返鄉謁祖修墳建祠，返鄉之年據《元帥傳說》為光緒九年（1883年），時成金年六十二歲，回署浙江乍浦協，且正值中法有事，海疆戒嚴之際，恐怕時機有些不對，再加上原鄉今存盧成金與同宗盧長吉於光緒十六年庚寅冬重修一世祖盧仁榮與姒盛氏之墓碑，依理推斷筆者較相信是光緒十六年（1890年）該年才返鄉謁祖修墳，並懸掛一「元戎」匾額於盧氏祖祠堂神主龕上右側，「元戎」猶云總戎，主軍事者之稱，與元帥同，此匾原鄉族人誤會為其軍銜，乃後來稱盧成金為「元帥」之由來。祠堂又懸掛一對聯：「文至翰林太史第、武陞提督元戎銜」，大顯盧厝威風。除建祠修一世祖墳外，成金尚重修其祖母陳氏墳墓，墓在蔡林嶺（昔南華織造廠西北側，今改美林消防水帶廠）。此次返鄉，族人方知其顯祖耀宗、高居要位，遂有「仗勢欺人」及「攀親扯戚」之二段逸聞出現，《元帥傳說》記其事，茲轉錄如下。

其一：「李東幾個愚民想借其勢，胡作非為，曾於光緒二十八年（1902 年）間，幾個肩挑貨販，路過八尺嶺，與原南安縣爺座轎往溪美視察相遇。有意橫穿其道，并毆打官役，觸犯官法，惹來官禍。李東受官方圍剿，全村村民搬遷到村后小溪岸上，搭蓋草棚，以避官法。長期下去，不得安寧。後才派村民盧茂地前往金門尋找盧大人，求他解危。盧一面指責愚昧的村民的不法行為，另一方面立刻下函給南安縣令，不許株連無辜，為顧及官威，維護官法。即收買乞丐為凶手投案，焚燒三門塘。凶手已辦，鄉里已廢，既給官方面子又保護村民免受其害，了結這場官禍，村民才從小溪岸搬回村中，拯救李東免廢。」

其二：「盧光榮之後，回家修理其祖母陳氏墳墓。其墳葬在蔡林嶺，蔡林鄔氏得知之後，以為盧是他們的外甥孫，熱情借此機會宴請，但盧認為蔡林龍脈小，支撐不了元帥、提督官威，一味謝絕宴請，而鄔厝一直以為盧是他們姓鄔的外甥孫，要跪拜鄔厝桌腳，豈有支撐不了之理。一定要宴請盧，多次虔誠邀請。盧確實也感到不好再辭，便定日赴宴。不過要有個條件，即要搭布幕在外，不得請入屋裡。鄔不理解其含意，不聽勸說，一味以外祖自居，偏偏設宴在大厝內中堂，敞開大門迎接。盧一到了鄔厝，看到如此熱情場面，便暗自嘆氣！恐會誤了鄔厝。無奈之際，叫他們立即封閉大門，打開兩邊小門，然後，盧才往右邊小門，倒退入鄔厝大廳赴宴。宴請後，鄔厝便惹來人畜不安之大禍，敗的很慘。盧即採用法術，解除鄔厝的禍害。」

除返鄉修墳坊外，成金對自身父母墳墓尤為重視。成金之父盧記（世憶）生於乾隆五十年（1785 年），卒於咸豐二年（1852 年），享年六十有八。父卒之時，成金官居外委，職階低微，又

因戎事，在洋追賊，不得奉臨，草葬在西門外義塚，引為終身之
憾，每語泫然。及成金晉階武顯將軍，為父母請得誥封，乃擇吉
遷葬於下後垵之北、苔鳥山之陽，頗稱廣袤，不料民國五十年代
因軍事構工，墓碑、墓桌及石柱等物均被移用，今也不知去向。
成金母林氏孰娘、諡貞懿，生於乾隆五十七年（1792年），卒於
同治三年（1864年），享壽七十有三，葬於後浦鄉南面娘仔宮吳
厝路邊，此一帶原為賢聚鄉盧氏墳地，以同宗之誼獻給成金為母
營葬壽域。

到了光緒十七年，時成金已七十高壽，不能不為身後之事作
一籌謀預算，於是立下鬮書。所謂鬮書就是分家文書，可分為「父
在分業鬮書」與父亡「兄弟分業鬮書」兩種[19]，此時成金年事已
高，且子女皆已成人，授室訂婚，自覺來日不多，一方面想早日
息肩，一方面使子女力圖立業，自應分業析產，以維家道不墜，
此種作法類似今之所謂生前贈與性質。成金在鬮書前言中詳述了
家族現況與經濟財富：

「主立鬮書人，父芬亭。蓋聞江流以衍派而愈長，木本以分
支而益茂，欲使克昌厥後，何妨各異其居。予緣嫡妻黃氏無出先
逝，繼室劉氏亦無出，奉　慈命為嗣續計，復娶副室黃氏，迺生
四子一女。子即天降、天爵、天賞、天祥，女即重陽是也。而先
經予妹翁盧氏，以一子名天侯者入繼，並抱養兩子，曰天賜、天
生，蓋生、繼、養共有七子。謹按立嫡子之律，有曰：嫡妻五十

---

[19] 有關鬮書內容與研究可參見(1)周翔鶴〈清代臺灣鬮書研究〉《清代臺灣史研
究》（廈門大學出版社，1986年4月一版），頁300~312。(2)朱鋒〈臺灣的
鬮書〉《臺灣文物論集》（中華大典編印會，臺灣省文獻會，民國73年6月
再版），頁239~255。

以上無子者，得立庶長子。予嫡妻、繼室、既皆無出，而天侯又未娶，故自當遵律，即立庶長子天降為嫡長子，以承宗祧。茲因諸子均已授室訂婚，予老矣，亟宜為兒輩分析計，免致後來有生養之分，爭較是非。第念予由行伍歷官專閫，素以廉潔自持，未嘗妄取非義之財，所置之業，實屬無多。若欲別其生養，照例辦理，恐或有不足之憂，今特為變通，庶法與情得以兩全而無弊。爰就予所有財產物業，除撥充祀業，追薦祖先功德，風水養贍，及子女婚嫁等費外，盡數秉公分析。即將買過邱家之住屋壹座參進，護厝壹列，買地並起蓋，計共英銀貳仟捌佰元，今本生子天降等四人憑鬮分居，以便永遠奉祀祖先。又將典來黃姓住屋兩座、契面錢伍佰柒拾捌仟文，先行修理錢項不算，再貼英銀捌佰元，勻作兩份，令養子天賜等二人憑鬮分居。其餘財產物業、統令諸子憑鬮均分。而繼男天侯，隨任多年，盡子職，雖未娶，故係侍親積勞所致，實與尋常夭亡者有間。著破格與應份園業，供其祭祀，將來各房必須以本生子承繼，乃準其以入嗣先後之序，輪流收息。仍將此業，同大公祀業，並載鬮書，請官蓋印給示，勒石存案。至予之衣冠服用等物，本屬無幾，現在皆已凋敝，他日如尚有餘賸，著一律給嫡長子天降收用，諸子概不得爭較。其現存之家器什物，除祭祀應用者，點交嫡長子天降收存，毋庸分給外，餘已由予儘數均分，或有不足者，亦已另給銀項，聽自補置。所有大公祀業、及天侯應分契據，俱交嫡長子天降執掌。大公祀業、每年收息以充祭費、應由本生子天降等四人，輪流承祭。而天賜、天生以抱養故，自難使其共承祭祀，今亦破格准其附末輪流，異日如敢有佔越等情，即由各房公革，不許與輪。此係予及族親中見，從公辦理，諸子宜憑鬮書承管，日後如有不肖者，

或執長幼之序、或拘酌給之律，更圖爭較者，罔遵父命，是謂不孝。許諸子就鬮書呈官究辦，但願既分之後，各具天良、無失和氣。今欲永遠遵行，合立鬮書，一樣六本，及應份契據，交諸子各執存照。祀業追薦、祖先功德、風水、養贍、婚嫁等費，及各房應份之業，開列於左。」

緊接之後，即是盧家家產（如土地、房屋、器物等）之紀錄與分業，由於事涉盧家財產之隱私，此處不便引錄詳述，茲僅作一大概之分析。鬮書內容大體包括祭祀公業、共業、贍養費、鬮分等項，茲逐項簡述如后：

祭祀公業：將家產撥出部份作「大公祀業」的基金，並將其租息充作祖先祭辰、年節、祭掃墳墓及各房子孫應試等費用，自光緒十八年壬辰起，按房次序，以年為度，輪流值公，收取租息，辦理祭祀，若不足時各房均攤，剩餘時各房男一人女一人「飲祭餘」。

共業：以現住宅第充為各房共同居住之用，「其餘別房概不得以私主進，亦不得藉端居住，並儲積物件。」

贍養費：以現款或房地產，分別供「予及爾諸母劉氏黃氏」、「生作養贍死作葬費」，若有剩餘可按房份均分。反之「倘或不足，各房均當勻攤，不得推諉」。

鬮分：將全部淨實家產，扣除前三項外，按房份均分，抽籤鬮分。

鬮書之末列有諸人名諱「主立鬮書人父芬亭、族親盧金榜、作中人楊振圭、許甘侯、知見母劉氏、黃氏、本生嫡長子天降、本生次男天爵、本生三男天賞、本生四男天祥、養子天賜、代書人楊都試」。

綜觀此一鬮書，有如下幾項特色：

1. 兼顧了往者（祖先）永遠香煙與祭祀，老者的贍養與未來身故。
2. 提早分業析產，避去日後兄弟爭執，促使各房力圖立業，以維子孫生計，以繫家道不墜。
3. 透過祭祀公業與共業，以維繫家族，並辨別譜系支派。
4. 家長、諸母退居「知見人」身份，不干分產之事，家財悉數交委族親、作中人主持分配與抽鬮，且呈官蓋印、勒石存案，公正無私，子孫自能和睦翕從。
5. 設想周到，諸子女之婚嫁費、子孫之應試費、已故繼子天侯身後諸事、二養子天賜、天生亦「破格准其附末輪流」，可見成金處事公平、謀事長遠之考慮，尤其女兒「重陽嫁費銀肆佰元」特多，「各房男一人、女一人」，「及外甥」皆可同飲祭餘，皆顯示出成金尊重女性之胸懷。

第五節　化身成神及身後文物

　　盧成金生於道光二年壬午（1822年）正月二十九日午時，卒於光緒二十一年乙未（1895年）六月二十九日午時，享壽七十有四，葬於古坑鄉大社左，風水方位為坐子向午兼壬丙，分金丙丁丙午。墓地之由來尚有一傳聞，據說成金在世曾調停古坑與珠山一帶的械鬥，因此古坑人便送一塊地給成金作壽域佳城，但成金深知彼官威熾盛，墓地位置對沖古坑，於古坑一地不利，故墳墓遂偏幾度不正對古坑。後來古坑人在墓龜披晒漁網，以「天羅地網」方式罩住墳墓，破掉此一風水。嗣後至民國五十年，因金門

軍方構建古崗樓，闢路犯墓址，乃不得不遷葬娘仔宮其母墓之右
側，碑及墓台仍用原物，惟石獅望柱等無法移豎均不立，深為可
惜，望柱兩根今尚存置將軍第屋前左側。

　　成金遺物除墳墓外，尚有：鑭袍甲武器，惜金門於日寇佔據
期間，盧家子孫為避惹禍，丟棄井中，今僅存大刀、佩劍、短刀
等。另有袍甲一套、鞋屐乙雙、及去官時僚屬購繡字錦幛乙幅，
原陳列於金門文物館，再轉金門社教館，幾經轉手已不知去向。
賓五幅誥封。舻成金及劉夫人半身畫像。烈兩方功德牌，一方被
釘成柴門，幸筆者發現，搶救回來；一方則被拆卸成兩塊，釘成
水缸蓋。跡一塊大烏磚。另傳尚有若干瓷器，如巨型花瓶、果盤
等，又九龍紋銅碗、令箭乙支、玉如意乙把，及其他瑣碎物件如
板指、玉珮、掛珠、水煙槍等等，惟此次探訪未得親見。

　　成金任官三十載，身經百戰，捍衛鄉梓家國，晚年也能析產
分業，蔭庇子孫，澤及先人。死後復能庇佑原鄉族人，顯靈驅散
鬼魂，後世宗親感念，建「元戎殿」供奉，此中經過，《元帥傳
說》記載：「李村于一九八〇年，以金圭山遷回舊址時，是按當
時十二個生產隊劃塊分配建厝地皮的。盧培強厝建在原姓莊地
帶。厝建成遷入居住，邪氣十足，難以安居，至一九八一年間，
其妻陳要染病，險些喪命，請來泉州的南海觀音查根由，發現盧
培強的厝宅是建築在莊姓地基，莊氏鬼魂在興風作弄。有一天，
南海觀音主持，進行陰陽調解時，盧成金靈魂突然出現在陰壇
中，一時香灼熄滅，嚇的莊氏鬼魂逃散。盧魂闡述：我是元帥，
居住者是我的四代孫兒，不許任何鬼魂來作弄。並表明，他要回
李東庇護村民，要求村民要為他塑『佛像』、建廟宇。同時，擇
定每年的五月十三日是他的生日，九月初三日是夫人的生日，盧

厝眾民要為他奉祀。此消息一傳開來，轟動全村，盧厝民眾照其要求辦理，先雕塑『佛像』。一九八四年八月，旅星僑胞盧冰坤先生暨夫人黃玉瑛女士，回來探親，聽其傳說，便熱心獨資人民幣伍仟元，建築『元戎殿』于尾寮埔水尾，當年的農曆十二月二十八日，盧厝村民為『元戎殿』的竣工喝采。自此，盧元帥靈魂座鎮『元戎殿』庇佑村民，有求必應，非常靈驗。盧大人的芳名和生前事蹟，在李東重揚，流芳萬年。」

此事真假姑不置喙，但立廟塑像供奉是真，綜觀盧成金一生，傳奇無數，不愧是大將軍、奇男子，聲威有赫，澤蔭裔孫！

第六節　小結

盧成金生前身後史實已如前文探討，茲於本節將其生平事跡簡化成大事年表，列表於後，一則清眉目，再則作為殿尾，結束本文：

- 道光二年（1822 年）：生於該年正月二十九日午時。
- 道光年間（1822 年～）：幼貧，隨父販豬仔，綽號「豬仔鐵」，通曉武術。後隨父遷居金門，在後浦南門新街頭福德宮左後側置屋而居。
- 咸豐初年（1851 年）：弱冠因家貧意欲從戎，赴大街靈濟寺（觀音寺）抽籤問卜，改名「成金」，投效金門鎮標充伍。旋戍台灣，迭建功勞，拔額外外委（從九品），管駕戰船，從巡南、北洋。
- 咸豐二年（1852 年）：八月十一日丁父艱，適在洋追賊，不得奔臨，引為終身恨，時三十一歲。

- 咸豐三年（1853年）：超拔右營經制外委，與小刀會匪鏖戰，積功補提標後營把總（正九品），時三十二歲。
- 咸豐七年（1857年）：屢屢攻剿順昌縣太平軍，殲敵無算。時三十六歲。
- 咸豐八年（1858年）：因防剿太平軍及收復諸多失地，閩浙總督檄以千總盡先補用，並先換五品頂戴。九月再敗石達開大軍，確保贛南縣城，得旨賞戴藍翎，以守備儘先補用。時三十七歲。
- 咸豐九年（1859年）：檄赴洋口、永安、安溪剿匪，事竣，掣補福建水師提標左營守備（正五品）。時三十八歲。
- 咸豐十年（1860年）：委護南澳中軍遊擊（從三品），視事未旬日，即奉調多處地方防剿太平軍，焚毀敵巢，收復失地，迭建功績。時年三十九歲。
- 咸豐十一年（1861年）：春，廷諭賞換花翎，以都司（正四品）升用。三月，奉調援閩，境甫靖，復赴浙剿辦會匪，生擒股首。時四十歲。
- 同治元年（1862年）：八月，署理金門右營遊擊。時四十一歲。
- 同治二年（1863年）：升南澳左營遊擊，督帶水提師船商艇，緝捕洋盜。十一月，署銅山營參將（正三品），仍統水師。時四十二歲。
- 同治三年（1864年）：力抗李世賢太平軍，卒保銅山危疆。十月二十一日丁母憂，回籍守制六年。時四十三歲。
- 同治十年（1871）：漕運總督文彬奏以成金護理浙江海門鎮署。時五十歲。
- 同治十二年（1873年）：入都引見，召對稱旨，授浙江乍浦協

副將（從二品）。成金履任，修建砲台，悉心整頓，部署
一新，軍民獻匾恭頌。時年五十二歲。

- 光緒六年（1880年）：捕獲販鹽私船，船鹽變價，分賞弁兵，
  製旗甲、建營房，涓滴歸公，廉正持躬。時五十九歲。
- 光緒七年（1881年）：閩浙總督何璟奏署溫州總鎮（正二品），
  另向邱良功之孫炳忠買地起蓋屋宇，即今之將軍第。時六
  十歲。
- 光緒九年（1883年）：回乍浦協副將本任，值清法戰爭起，法
  艦入侵，督飭兵勇，設備嚴密。時年六十五歲。
- 光緒十一年（1885年）：及秋和局成，成金見時事日非，即引
  病歸。居鄉以課耕讀為事。時六十四歲。
- 光緒十六年（1890年）：返南安縣溪仔尾霞洞原鄉謁祖、修墳、
  建祠。
- 光緒十七年（1891年）：八月抽鬮析產於諸子女，書中詳列祀
  業，追薦祖先功德、風水、養贍、婚嫁等費，及各房應分
  之業，計一式六本。七十歲。
- 光緒二十一年（1895年）：卒於該年六月二十九日午時，享壽
  七十有四。

黃氏西堂

——一位黃姓郊商的故事

第一節　黃氏源流及遷浯事蹟

　　黃氏姓源有三：一、出自金天氏：宋《學士集》載，少昊裔孫台駘封於汾州，其後為沈、姒、蓐、黃諸國，為晉所滅，後亦以黃為氏。二、出自陸終：《姓纂》載，陸終之後，受封於黃（在今河南潢川縣西），後為楚所滅，其後以國為氏。三、出自嬴姓：《姓氏解紛》載：伯益之後，以黃為氏。案：陸終、伯益皆顓頊之後，黃氏之興，甚始皆一也。

　　嗣後，據「金水黃氏族譜」載：其先世居河南省光州府固始縣，至晉，中原板蕩始南遷。開閩始祖為黃道隆，初公為東郡會稽市令，漢東（按為隋末劉黑闥稱王之國號）建康諸郡盡亂，家園不寧，晚歲棄官避地入閩，初居仙遊大尖山小尖山之陽。後以里匪所逐，遂遷居盤龍山東、靈秀山之左，名其地曰黃田。黃道隆生四子：守寬、守恭、守昭、守謙，時兄弟走散。黃守恭任官

　　泉州，因而籍泉（按：或云改遷於桐城之西關，泉州城外原多植
刺桐，故又名桐城，後黃守恭捨宅為開元寺，寺在泉州城內西街
紫雲舖，兩相對勘，正好符合）。唐垂拱二年（686 年），黃守
恭因桑樹生蓮之奇蹟，遂捨宅為寺，號曰蓮花寺，後易其名，有
興教寺、龍興寺、開元寺、大開元萬壽禪寺、紫雲寺等異名。守
恭之後，由於子孫發達，傳下燈號，由江夏改寫紫雲堂號。黃守
恭生四子：經、紀、綱、綸。黃綱居南安之蘆洋；黃紀居惠安之
錦田；黃經居安溪南門外參山嶺下長泰里；黃綸居同安之金柄，
名為「四安」。[1]厥後子孫多登科第，世世安樂，閱唐宋元明，
垂及千年，裔孫散佈，金門乃其一。

　　黃氏在金門為五大姓之一，據志書載：唐德宗貞元十九年
（803 年），閩觀察使柳冕奏設萬安監，以蕃養馬匹，時泉州有
五個牧馬區，浯州（今金門）為其中之一，於是牧馬監陳淵奉派
入浯州，開墾畜牧，隨行者有：蔡、許、翁、李、張、黃、王、
呂、劉、洪、林、蕭等十二姓，黃為其中之一，被視為金門黃氏
之源起，因失記載，譜牒不存，致今千餘年，無從查考。今但知
金門黃氏分立五股：一西園、二汶水、三金水後浦沙仔頭、四後
浦頭、五英坑、東店、官澳，於清宣統元年（1909 年）成立黃氏
宗盟，塑黃守恭神像，每年正月初十前迎請輪值，二月十八冥誕
之日，舉行祭典，初定每股長老四人參加，祭後宴會設二席。至
民國六十年（1971 年）改組成金門縣黃氏宗親會，因人口遷徙變

---

[1]　參見(1)楊緒賢《台灣區姓氏堂號考》（台灣新生報印行，民 68 年出版）肆、
　　台灣一百大姓考略「黃」姓，頁 188~190。(2)黃成匣、黃啟政等編修《金水
　　黃氏族譜》（金門縣金水黃氏大宗編印，民國 72 年 9 月出版），〈紫雲公譜〉，
　　頁 201~205，頁 209~212。

更，經決定將沙仔頭及後隴合併英坑等成一股，此後與祭人數增多，現祭後宴會增至六席以上。[2]

　　金門黃氏五股，其中金水（前水頭）始祖為黃仲卿，乃同安房綸公派下。其祖父黃十郎，由金柄遷往南安白石村，後仲卿避胡元之亂，來浯執教而定居。黃仲卿，諱輔，元延祐二年（1315年）乙卯科進士，遯世不仕，始遷於浯州之前水頭，娶姚蔡氏，生三子：長景懋、次景昌、三景盛。惜康熙癸卯年（二年，1663年）清兵佔據金廈，焚屋毀城，徙民於界內，金門遂墟，宗族逃散，牒譜糜爛失詳，是以黃十郎與黃仲卿行實皆不可考，僅知黃仲卿忌辰六月二十五日，姚蔡氏忌辰十二月二十八日，合葬于前山深垵頂香爐山西小石山，碑題曰：江夏祖塋，墓形號「貓兒洗面」。要之，由黃綸至黃仲卿，中間傳世幾何，族譜失闕，無可詳考。

　　由黃仲卿至創建西堂之黃俊，其譜系如下：[3]

黃俊塑像

---

[2]　《金水黃氏族譜》收錄之〈金門黃氏考〉，頁 218，及〈金門黃氏宗盟紀〉，頁 219~220。

[3]　《金水黃氏族譜》，頁 306、307、309、502、503、504。

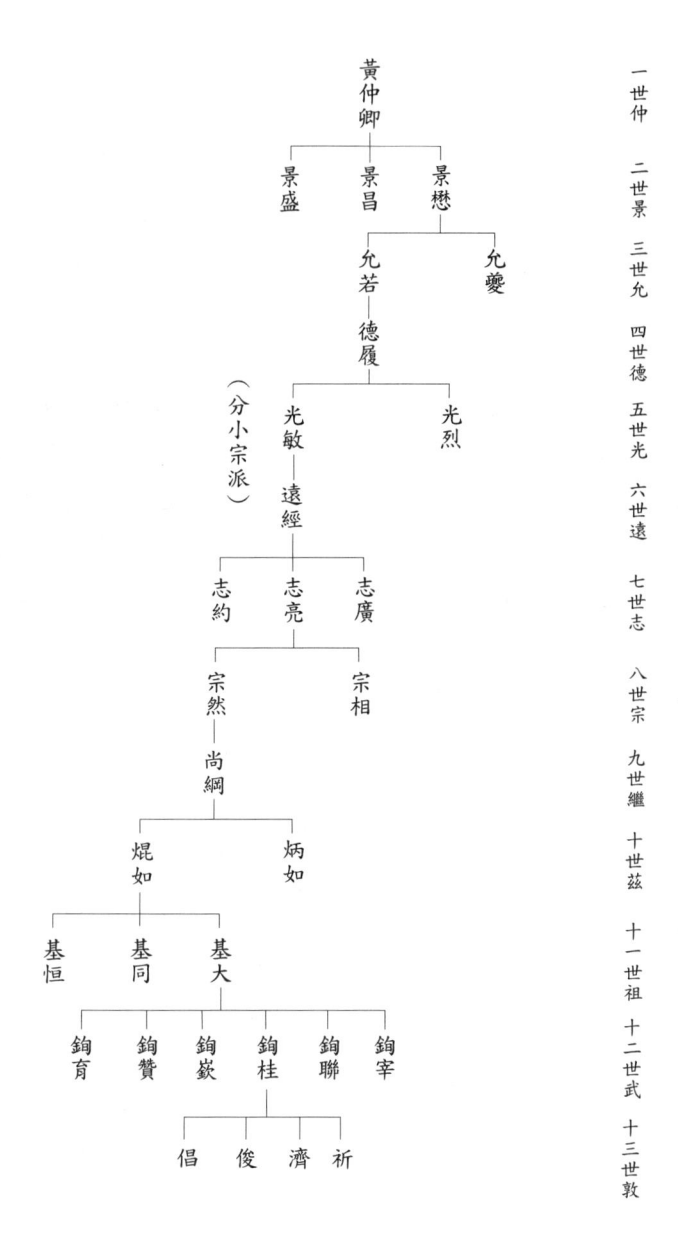

一世 仲

二世 景

三世 允

四世 德

五世 光

六世 遠

七世 志

八世 宗

九世 繼

十世 茲

十一世 祖

十二世 武

十三世 敦

　　據上表可知，自黃仲卿遯世不仕，遷居金門前水頭，為金門黃氏肇基始祖，歷十世，至十一世黃基大，其事蹟才較詳確。

　　黃基大在黃氏族譜記載：祐上祖，誥贈中憲大夫，乃長房（黃嗆宰）孫靜軒公（黃函）貤贈者。生于明天啟乙丑年（五年，1625年）十月初三，卒康熙亥巳年（四十年，1701年）三月二十五日。妣李氏慈惠，生於崇禎丙子年（九年，1636年）九月十五日，卒康熙甲申年（四十三年，1714年）九月初八日。葬古坑獻台山，號「五虎朝金獅」，又號「金交椅」，碑題曰：「處士祐上黃公墓」；妣葬滬仔頭牛大石前。後遭癸卯之亂，海氛未靖，逃離家鄉，未幾平定，使返梓里。因長子嗆宰、四子嗆嶔、六子嗆育均遷居漳州，五子嗆贊失傳未詳。僅次子嗆聯分居下界（又名下井仔腳）；三子嗆桂則居於頂界（又稱黃厝頂，因地為大宗祠故址，又為黃氏族人所居）。[4]

　　時遭海氛，宗黨廢墜，屋宇無存，黃基大又年邁，不免概嘆宗祠廢墜，先靈無以妥安為懷。唯力未逮，爰構畫圖型，以示後之繼成。蓋雖有是心，然事非一日可成也，故預定其規模體制以示後代努力。至乾隆初年，長房孫黃函（汝標），經商北地而致富，家資百萬富甲於浯。秉祖父遺志，捐私囊建構大宗祠後進。旋又建小宗祠全座於中界，號曰世澤堂，以奉先祖父之靈。時建材擇用上等，有福州杉、泉州白，均為閩之名產，顯見其工整精緻，美侖美奐。越三十餘載，三房孫黃俊（汝試），復自資添建大宗祠前進，傳為里閭佳話。

[4] 《金水黃氏族譜》之「祐上祖派下軼記」，頁502、506、507。

第二節 酉堂始祖黃俊其人其事

壹、黃俊之生卒年月

黃汝試即創建酉堂之黃俊。其祖黃基大，父黃嗡桂。黃嗡桂，黃氏族人稱其為葫蘆墓祖，據黃氏族譜記其生平：

> 丹一，諱必科，諡質義，鄉飲大賓，誥封奉直大夫。生順治丁酉年（十四年，1657年）二月，卒雍正甲寅年（十二年，1734年）十一月初二，葬龜山下葫蘆墓。姚吳氏恪順，誥封五品宜人，生康熙己酉年（八年，1669年）九月初五，卒康熙壬辰年（五十一年，1712年）八月二十二日，葬謝厝後坪頂。庶姚李氏淑順，與沾桂合葬。沾桂生子四：長祈、次濟、三俊、末倡。

黃俊字伯癸，諱汝試，諡懋齋，誥贈奉直大夫。生於康熙壬午年（四十一年，1702年）三月二十六日戊時，卒乾隆癸卯年（四十八年，1783年）七月十八日未時。姚蔡氏慈敏，生於康熙甲申年（四十三年，1704年）八月二十一日未時，卒於乾隆乙酉年（三十年，1765年）閏二月二十二日辰時。于嘉慶六年（1801年）九月二十三日丁酉午時，公姚合葬，由六房孫奉祀。族譜中並記黃俊生子六：長兩、二四、三六、四八、五十、六格。一、長房黃兩，子二：竹、樹。二、二房黃四，字位震，諱如榴，國學生，生子二：長註（承，字廷獻，失記），次斌（字廷謨，歲進士）。三、三房黃六，字如榮，號愘盧，捐河東豐濟廳，勅授修職郎，諱拱台，姚郭氏、魏氏，生子五：樹（出承兩后）、任（庠生，

失記）、偏（捐監生）、泮、仰（字廷佐）。四、四房黃八，生
子二：顏（承，失記）、天杭（承）。五、五房黃十，號誠圃，
子女多人：顏（出承八后）、柳（庠生，失記）、梅（字雪三）、
檜、棣、天杭（出承八后）、榆、聰明（失記）、明珠、芙蓉（失
記）。六、六房黃格，生子四：長大廷、次大丕（子時雍，俱失
記）、三、四俱失記。[5]

　　以上所據為民國七十二年金門縣金水黃氏大宗編印之《金水
黃氏族譜》。另民國四年黃宣樑手抄之《私祖派黃氏族譜》卷五
上編〈譜錄〉（許維民老師所提供，謹此致謝）所記與之略有出
入，茲抄錄於下：

　　（一）俊字伯癸，大諱汝試，諡懋齋，誥贈奉直大夫，鈞桂公三
子也。姒蔡氏五品宜人，生六子：長名兩，次名四，三名六，四名八，
五名十，六名格。公生於康熙四十一年壬午（缺）月二十六戌時，卒于
乾隆四十八年癸卯七月十六日未時，享八十二壽。蔡氏名滿，諱慈敏，
生于康熙四十三年甲申八月二十一日未時，卒于乾隆三年乙酉閏二月二
十二日辰時，享六十二壽。嘉慶六年辛酉九月二十三日丁酉午時，公合
姒葬在兩水會坐巳揖亥兼巽乾、丁巳、丁亥分金，庶姒由六房孫奉祀。
神主題曰：誥封奉直大夫懋齋，黃府君之神主，父諱汝試，字伯癸，號
懋齋行三，享壽八十二歲。誥封五品宜人慈敏，蔡太君之神主，母名滿，
諱慈敏，享壽六十二歲。另如杜、如棟，長孫廷苞、次孫廷獻、三孫廷
猷、四孫廷瑋，全奉祀。

　　關於其第二代，續抄如下：

　　（二）兩字（缺），俊公長子也，姒（缺）氏，養長子竹北仔，

[5]　《金水黃氏族譜》，頁504、505。

次承繼子樹。

（三）四字位震，諱如榴，國學生，俊公次子也。妣（缺）氏，撫長子註生，次子斌。

（四）六字如菜，號榕廬，捐現任河東豐濟廳，勅授修職郎。俊公三子也。妣郭氏，生五子，長樹出承兩后，次任，三庶出偏，四泮，五庶出仰。公生于雍正八年庚戌臘月初三日辰時，卒于乾隆（缺）年辛卯七月十二日午時。乾隆（缺）年癸卯十一月初四日辛卯日卯時葬在本鄉鏊山東南方始祖墓邊，坐亥揖巳兼乾巽丁巳、丁亥分金，以（缺）為案牌題曰：勅授杭州鹽縣正堂，愭廬黃府君之神主，父諱菜，字拱台，號愭廬，行三，享壽四十二歲，男廷猷、廷簡、廷璧、廷佐。郭氏生于雍正十二年八月二十八日子時，卒于嘉慶十八年八月二十七日午時，葬在本鄉牛嶺山尾，坐亥向巳兼壬丙，分金辛亥、辛巳，追針丁亥、丁巳。勅授杭州鹽縣正堂，黃門郭老孺人之神主，母諱謙娘，行一，享八十壽，孝男三房廷璧，四房廷佐，長房孫奉階，次房孫席豐，全祀。魏氏副妣，生于乾隆七年八月二十九日巳時，卒于道光三年二月初五日戌時，享八十二壽。道光三年二月初九日丑時葬在本鄉牛嶺山尾，坐亥向巳兼壬丙，分金辛亥、辛巳，逢針丁亥、丁巳，以（缺）為案牌題曰：副妣慈勤，黃門魏氏老孺人之神主，母諱新官，享八十二壽，孝男廷佐，承重孫席豐，全奉祀。郭氏、魏氏合葬。

（五）八字（缺），俊公四子也。妣（缺）氏，撫長子顏，次子天杭。

（六）十號誠圃，字（缺），俊公五子也。妣（缺）氏，生十子：長顏，出承八后；次柳、三梅、四檜、五棣、六杭，承八后；七榆、八庶出聰明、九庶明珠、十庶芙蓉。

（七）格字（缺），俊公六子也。妣（缺）氏，生四子：長大廷，

次大丕，三三、四四。

　　族譜記載缺略零亂如此，幸蒙酉堂裔孫黃承德先生之協助，尋得黃俊墳墓及長兄黃祈之墓。黃俊墓碑題款如下：

　　　　奉直大夫懋齋黃先生

　　誥封　　　　　　　　　　佳城

　　　　五品宜人慈敏蔡太君

　　可怪者，黃俊夫婦之墓碑未題有後世裔孫之奉祀，且稱之為「黃先生」，口氣極淡極薄，不似裔孫之所為，仔細觀查墳墓、墓碑、墓台三者質料不同，顯然有所重修，而蔡氏慈敏卒於乾隆乙酉三十年（1765 年），黃俊則死於乾隆癸卯四十八年（1783年）。死後二十八年才於嘉慶六年（1801 年）再合葬，這其中種種疑點，經詢問黃承德先生，一概不知，僅回答黃俊另有細姨之墓在海邊，今已不知位置矣。

　　按清代封蔭之制，生存曰封，歿後曰贈。五品以上為大夫，曰誥封誥贈；六品以下為郎，曰勅封勅贈。一品官得封贈曾祖父母、祖父母、父母，并本身妻室，誥命四軸。二、三品官得封贈祖父母、父母、并本身妻室，誥命三軸。四品至七品官得封贈父母及本身妻室，勅命二軸。八品以下，止封本身妻室，誥命一軸。其願以本身應得封典貤封者，俱准其貤封。據此，則黃俊之得以誥封奉直大夫，其妻蔡慈敏之得以誥封五品宜人，必其諸子中在黃俊生前有官至五品者，經查「金水黃氏捐納職員」名冊，中有「長房十四世六公，字如菜，號愘廬，清河東豐濟廳現任」，「長房小宗派派譜」中記黃如菜，亦有「捐河東豐濟廳，勅授修職郎」之記載，直隸州、廳等級同府，皆正五品，正相符合。清制規定

京官自郎中、員外郎以下，外官自道員，知府以下；武職自參將
以下，直至從九品和未入流官，都可捐買。在諸多捐納項目中，
價格最高的就是「捐實官」，以定額最低的乾隆初年為例，報捐
道員需銀一萬三千一百二十兩。知府一萬零六百四十兩，知州四
千八百二十兩，知縣三千七百兩，連最低的從九品和未入流職，
也得一百六十兩。[6]據上引族譜記黃如棻為「河東豐濟廳現任」，
可知為捐實官，則至少報捐一萬餘兩，黃家在清初之富饒可推想
得知了。然而據林焜熿《金門志》卷七選舉表之〈國朝選舉〉記：
「黃汝試，如棻父，封中憲大夫」[7]「中憲大夫」為正四品之封
贈，與族譜、墓碑所題不同，頗啟人疑竇？原先認為可能是黃如
棻其後官愈做愈高，或是他子作官封蔭，經查族譜他子並無是項
紀錄，而黃如棻生於雍正八年（1730 年），卒於乾隆三十六年（1771
年），改葬於乾隆四十八年十一月（按，此年七月正是黃俊卒時），
黃如棻比其父黃俊早卒，自是也不可能；而族譜、墓碑、神主牌
比較不可能錯誤，則或是金門志書採錄失實誤記，這其中疑點，
只有敬待高明教之解之了。嗣又經燒香擲筊，蒙黃氏諸祖默許，
檢視黃氏歷代祖先牌位，竟發現若干神主碑記載與族譜有所出
入，且足以補正族譜者。茲先記黃俊之牌位。

　　甲、黃俊牌位之陽面記：

　　　一行：誥封奉直大夫懋齋黃府君之神王（按黃俊夫婦牌位

---

[6] 參見許大齡「清代捐納制度」，轉引自郭松義等人著《清朝典制》（吉林文
　　史出版社，1993 年 5 月第一版），第四章職官管理制度，頁 259~260。

[7] 林焜熿《金門志》（中華叢書委員會，民國 45 年 7 月印行），卷七〈選舉表〉
　　「六、國朝選舉」，頁 178。

之神「主」之主字均未點主字，成一「王」字，頗可怪，
可想見當年逝世、入斂、埋葬等等頗為倉促，殆有曲折隱
情！）

　　　　　　三　　　廷猷
二行：男如杜長　　　廷苞仝敬祀
　　　　　　　房孫
　　如棟次　　廷獻
　　　　　四　　　廷瑋

內函記：

一行：生於康熙壬午十月廿六戌時
二行：父諱汝試字伯癸號懋齋行三享八十二壽
三行：卒於乾隆癸卯七月十八未時

下記：

嘉慶六年辛酉九月廿三日丁酉午時合姚葬在兩水會坐巳
揖亥兼巽乾丁巳丁亥分金。

乙、蔡氏牌位之陽面記：

一行：誥封五品宜人慈敏蔡太君之神主
　　　　　　三　　　廷猷
二行：男如杜長　　　廷苞
　　　　　　房孫　　仝敬祀
　　如棟次　　廷獻
　　　　　四　　　廷瑋

內函下記：

嘉慶六年辛酉九月廿三日丁酉午時合考葬在兩水會坐巳
揖亥兼丙壬亥巳辛亥分金。（其風水方位與黃俊不同，亦
是一怪！）

丙、黃位震牌位之陽面：

一行：皇清顯考國學生效愨黃府君神王
二行：　廷獻
　　　男廷謨　奉祀

內函記：

一行：生雍正戊申年十月十一卯時
二行：父諱如樠字位震謚愨行二享壽五十三
三行：卒乾隆己亥年十月初九戌時

下記：

葬在下徐社西山頭仔坐庚向甲兼申寅丙寅丙申分金。

丁、黃彬牌位之陽面因水浥，模糊難以辨讀，內函記：

一行：生乾隆己丑九月廿五日戌時
二行：父諱彬字廷謨行二年二十二
三行：卒乾隆庚戌八月初七己時

戊、黃文杭牌位模糊不清，辨讀如下：

一行：皇清顯考國學生謚和愛黃府君之神主

二行：…………（不清）奉祀

內函記：

一行：生乾隆丁酉年一十月初九日寅時
二行：考諱文杭字韋芝行二享年三十三歲
三行：卒於嘉慶己巳年二月十六日寅時

下記：

葬在赤坎坐庚向甲兼酉卯分金庚申庚寅

除以上諸牌位外，尚有黃懷爵、柯康、黃國華（即媽襃）、黃宣穆（即左昭）、林媚娘……等人之牌位，因與本文無涉，茲不抄錄於后。另西堂黃氏神主牌位尚有一些置於內堂神龕，經擲筊請示，結果擲無筊，不允檢視，遂未能進一步抄錄，以供參證，徒呼奈何。不過，能找到黃俊夫婦墳墓及牌位，是絕大收獲，在內堂桌上另有黃俊塑像，題「西堂始祖」、「民國七十二年桂月重新塑像、裔孫振源、振南、振新、黃雄叩奉」。其旁又置有一神龕，內奉有多尊媽祖神像，據黃承德先生告知，皆是黃俊當年經營貿易之船隻上所供奉之媽祖遺物，尤彌覺珍貴。[8]

綜合上引族譜、墳墓、牌位等文物參照，值得吾人注意者有三：

一、族譜記黃俊生於康熙壬午三月廿六日戌時，牌位記十月廿六日，應以牌位為準。

二、族譜中黃俊諸子弟名為「兩、四、六、八、十、格」恐

[8] 以上資料皆是筆者於民國83年8月11日、12日至金門實地採訪所得。

有誤，殆為同輩份之排行，觀其譜中述黃俊由「六房孫奉祀」可以想見。可怪者，神主牌位記載諸子僅四房，其中長子如杜、次子如棟，餘不詳。若謂僅此四子，焉有不填上其他二子之名號，若謂僅此二子，則譜中三子如菜，及抄錄所得之二子如檑（族譜誤記為如榴）牌位又確有其人，較可能之原因是黃如菜與黃如檑均比黃俊早卒，故不列名牌位。另外再仔細翻查手抄本族譜（卷五下篇），發覺在四子八下註有一「承」字，極有可能出繼他房，故不列名。而六子格下註有「此條可能有誤」，則證諸牌位，可以反證族譜有誤，換句話說，正因黃格不是黃俊之子（是族譜誤記），所以牌位理所當然不會列名。

三、黃十之子「天杭」應為「文杭」之誤。黃四之子「斌」應是「彬」字之誤。

至於黃俊墓碑題衍口氣冷漠之原因，承許維民、葉鈞培兩位老師提示，謂可能是黃俊生前自題，故自稱「奉直大夫懋齋黃先生」，此條提示極有價值，若果真能成立，不僅解決了墓碑問題，更解決了「西堂」名稱之問題，簡單地說，黃俊在外奔波半世，能夠經商致富，積貲百萬，其中有賴蔡氏在家克勤克儉，操勞持家，或則在旁襄助，或則任勞任怨。蔡氏於乾隆乙酉年死，黃俊感傷極深，對於生理貿易頓覺倦怠，有感於風波險惡，人生無常，萌生退休之意，遂於是年開始興建「西堂」，於翌年完成，作為退養天年之所，兼為課讀子弟仕進之處。除此之外，我們從黃俊自題墓碑之淡雅稱呼，亦可想見黃俊人品之高俊清雅，也難怪其後熱心於添建宗祠，捐建書院與魁星樓（未成）之義行了。

黃氏西堂族人拉雜稽考如上，以下則針對黃俊其人作一考述。黃俊一生行實，值得一探者有四：一、營商致富，二、創建

西堂，三、添建宗祠，四、捐建書院。除創建西堂一項留待下節探討外，本節先對其他三項作一探述。

貳、營商致富

按族譜記：黃俊當時擁有財產百萬，後人稱公謂西堂百萬祖，其發財亦傳奇之事也。黃俊自幼家貧，販漁為生。某日擔魚至後山販賣，突聞有人呼喊其名，回頭視之，但見芒草搖曳低頭，似在竊笑，如是者三，後不禁感慨人窮亦被芒草欺，遂決意轉行從商，另謀生路，遂先至廈門某飯店打雜。一日，一老人食畢，方才發覺身上無錢，俊以十數銅錢，慷慨解囊，予以解危，老人詢其名。俊以小事一件，為善不欲人知而不言，老人默識其面而辭。時飯店之旁為一貿易商行，黃俊日日過之，一日發覺行東多算錢予人，遂正告行東，經派人索回銀錢，欲以金錢酬謝，俊拒之，行東見其誠信篤實，遂挽留商行任職。俊粗通文墨，有云「手能執筆，腳能執算盤」，旋重用，派任廈滬津航運押貨之職。是時適遇海盜蔡牽掠奪商船，俊押載之船亦被擄。賊首見俊之臉甚面善，詢問之下，正是當年義助解危之飯店伙計，而此老人也正是蔡牽本人，遂將俊之貨船全載放回。從此之後，凡俊押船通行無阻，因之自營致富，往來北洋營運，積貲百萬，擁船十數艘。[9]

關於黃俊義助蔡牽而發跡之傳說，與艋舺張德寶（張百萬）發跡故事頗為相同。張德寶在艋舺廣有貲財，號稱百萬富翁，其

---

[9] 參見《金水黃氏族譜》，頁507；及筆者於民國83年8月12日、13日訪問黃啟政先生、黃承德先生紀錄所得。

貲產來源來自其父張秉鵬從事航海貿易的利潤。據說張秉鵬原籍泉州晉江，起初在艋舺一家商行做小夥計，薪水微薄，由於勤奮努力而稍有積蓄，遂改行從事航海貿易。有一次，他與同行商船多艘由北方辦貨回台，不意在途中遭遇蔡牽一幫的攔截，而蔡牽本人登船所搶的正是張秉鵬之船。張氏一見海賊上船，駭得跪在神案前連連磕頭。蔡牽誤以為張氏擺香案是在歡迎他，傳令勿加殺害，只將人貨搶奪至牽船，並詳細詢問諸人來歷身世，以便通知其家人備款前來贖取。牽之妻子姓張，亦是泉州人，聽見張秉鵬自報籍貫，又見其忠厚老實，不免起了同情心，遂騙蔡牽說張秉鵬為其堂兄之子，彼此以姑姪相認，要求蔡牽釋放人員與船貨，蔡牽果然信以為真，不但釋放張秉鵬，並給了他一面黃旗，以為通行證，以免將來再遭盜劫。當時東南沿海海盜幫，以蔡牽勢力最強，有他的旗幟保護，可免盜劫之患。從此張秉鵬不但自己商船航行貿易不怕盜患，並且可用來庇護同行商船。因此之故，張秉鵬所經營的船頭行生意日盛一日，終於積貲百萬，成為艋舺一帶首富，有了「第一好張德寶」之稱。[10] 類似的傳說還頗多，從各地所流傳的這些故事，自可發現反映了當時人的心態。當時從事航海貿易，固然利潤可觀，但風險極大，成功者千不及一。對於這些少數成功的百萬富翁，時人不免聯想牽扯上與海盜有曖昧關係，才能順利躲過盜劫，可惜以黃俊為例，正是大錯特錯，絕對不可能，蓋黃俊生於康熙，卒於乾隆，而蔡牽之劫掠沿海乃嘉慶年間事，試問何來義助蔡牽之可能。然而黃俊營商致富

---

[10] 曾文欣「張德寶與漳泉拼」，《台北文物》第二卷一期（台北市文獻委員會，民國 42 年 4 月出版），頁 69~71。

之事，自然是不假，觀其族兄黃汝標「公有經天緯地之才，而致富於北地，家資百萬。」之族譜記載，[11]及其族侄黃楚（如樑）之記載，亦是如此，黃震群撰「毅齋公行述」敘其曾祖黃楚事蹟如下：[12]

公自少小有大志，見其叔父（指黃俊）居奇致富，則有乘風破浪之志。十五歲便喟然曰：人生富貴，何必于章句之末以求利達。因投筆謀之叔父，而上北行商一年，而得倍利。後則自管，駕商船貿易津錦之間，家遂苟美。年三十則曰：有財而不貴，何以榮親，因納粟奏名，捐職州同知，封贈儒林郎於雙親，母猶及身受榮封。既而曰：重洋風波，南北馳逐，辛苦萬狀，且貽親憂，不若在廈以居奇。乃於廈之寮仔後街賃棧，採買北洋之貨而發配商船，貿易南北，多獲厚利。及年五十餘則曰：人貴知足，知足不辱，遂賦歸來，在家課督兒孫攻書，冀其成名。持籌勝算，必周親朋友之信朴者，或須資本貿易於台、廣、浙、江、津、錦之處，而一年一計之。其兄弟克諧以孝，猶子比兒。其教子侄，惟期其讀書，不能，方任之商賈。

而黃震群本人「及震群之長也，從經商於北地」，他如黃秦（如燦）「乃父秦公，商賈杭州……置田產又置有行店……現惟在街一店及船仔頭兩間行屋，亦多傾壞」等等，均可見黃氏貿遷

[11] 《金水黃氏族譜》，頁501。
[12] 《金水黃氏族譜》收「附毅齋公行述——道光八年二房孫震群手撰」，頁508~509。

之族風，故「祐上祖派下軼記」云：[13]

> 當時宗人大多營南北貿易，頗得厚利，所蓋房屋，皆是石
> 基磚牆之兩進大瓦屋，整齊排列，鼎盛一時。故有「洋船
> 十八艘，錢銀折樓椽」、「擇一日良辰，上樑十八支」、
> 「有水頭富，無水頭厝」之美稱。

當黃氏族人如此之裔盛及擁貲，自必為鄉人所豔羨。然而「其
貿易獲利歸者千無二、三焉，即間而有之，往往無端被案而傾其
囊，可慨也已。」[14]黃俊既然是極少數成功者之一，鄉人羨慕之
餘，自不免茶餘飯後，多所揣測，遂誤以為彼與蔡牽有如是之關
係。甚至筆者懷疑，鄉人之此種捏造附會之瞎說，往壞的方面推
敲，恐怕或是胥吏企圖羅織黃氏之罪，以其與蔡牽有所交結而得
以致富，來大敲其竹槓，「無端被案」，正是此意，而黃俊與蔡
牽之傳聞，或是在此背景之下傳開，其後之書院官司與西堂之突
然沒落無聞，殆與此有關！

參、添建宗祠

前述黃俊自資添建大宗祠前進，爰成乃祖之志，傳為里閭佳
話。考金門金水大宗祖祠，始建年代因明萬曆年間所修族譜已失
無存，未能確定，但參閱十一世黃基大遺誌之記載，又可推敲一
二，原文如下：[15]

---

[13] 同註4。

[14] 林焜熿《金門志》，卷十四，〈七、商賈〉，頁354。

[15] 《金水黃氏族譜》收「清康熙丙子年基大公字祐上貤贈中憲大夫之誌」，頁
705。

大宗原六鼕祖厝一座，後廳堂一。廳東西分配八房：其東
后房二間，係本房伯字子啟應分。其東前房帶過路共三
間，係小功伯字子雲應分。其西后房共四間，及落鼕二間，
係本房象田曾叔祖之遺業，歸在子啟伯應得，厝祖相承。
又東廳一間，係子雲伯應分。西廳一間並連房一間共二
間，係我祖錦軒分與長男胞伯子光應分。又門樓外西序頭
二間並未蓋，南邊地基一間，及祖厝門樓外庭一所，分與
次男子秦即吾父也。又東廳連房一間，係下店廣平兄之三
男鴻萊應分。又東序頭一間，係廣翰七兄應分。此二間相
連，兄與姪嫌零居之屋。于壬辰年將此二間，同賣與基大。
附近合一娶媳婦居住，賣出銀肆兩存契。而大宗僅有後廳
一堂，現有石柱盤，東西二箇，廳墻外柱為據。承祖傳述，
其廳堂正塑，定約五日清廳掃堂。與族叔兄弟侄及新婦謁
廟，又祖忌二日清堂祭祀，其餘暇日付住房屋之人女工貯
器。因前甲寅年被風雨倒墬，以後族眾屢欲興建，礙各房
間之人，未能一齊附起蓋，而眾等欲議，求東西房間各開
闊一尺之地則築墻蓋廳一座，而伯等住房應分之人不願，
如開闊一尺，其房無地，房位難以附蓋。致此建立弗成，
至于癸卯遭變，破其巢穴之後，流離逃避各方，幸今挽回
得復故里。正始興建立乾坤宇宙之時。當時族人敬愛和順
為貴，亦不如先前之固執，姑勸諭招侄等應分之房共三
間，並予啟伯二間，共五間，付大宗。埃過地中建一宗祠
堂，不必附其房，而祖廳三分之一，分配西房之應分。埃
過西面蓋成一屋，免其廳當混雜不成宗祠。此基大之愚
見，存意欲舉行也。倘若族中叔侄，有賢愚不一而妒成，

規矩方員有固執從祖者，則無以從議，即東西房間各付一房，作四鑿起蓋，而西面餘地蓋成一帶護厝住居，切不可照舊附至八房，吾地乃倚土之龍脈，力少而築，蓋大廈如前代先人難以興起，然地居雖扁小，而厝和則人和，而和氣致祥，理勢自然，則瑞氣將興發至焉。

此文寫於康熙丙子年（三十五年，1696 年），黃基大生于明天啟五年（1625 年），卒於康熙四十年（1701 年），寫此文時黃基大已七十二歲。文中提及「壬辰年將此二間賣於基大」，壬辰應即是順治九年（明永曆六年，1652 年），又記「前甲寅年被風雨倒墜」，甲寅應即是康熙十三年（1674 年）或明萬曆四十二年（1614 年）之一，在觀其後文「于癸卯遭變，破其巢穴之後，流離逃避各方」，此癸卯為康熙二年（1662 年），則甲寅年以明萬曆四十二年較合理，若然，黃氏金水宗祠至遲在明代萬曆年間已有，至於其初建年代已難究詳。

黃氏宗祠自明代萬曆年間已風雨倒墜，康熙初年又遭兵燹，屋宇無存，成為黃基大晚年耿耿於懷的一件大事。至乾隆六年（1714 年），遂由黃汝標捐私囊四百兩有奇以襄其事，經兩載落成，黃汝標並留下前堂供族人興建，以防閒言閒語，謂上人貪功也。今宗祠猶有「重建大宗祖祠紀略」碑，碑文如下：[16]

建祀以妥先靈，厥典鉅焉。吾族自毀於兵燹，久廢未舉。祖考祐上公嘗議舉其事，且欲裁己地以綴於公。弘開舊址，俾山川秀氣攸鍾，然當陽九之後，力不從心，爰書其

---

[16] 《金水黃氏族譜》收「重建大宗祖祠紀錄」，頁 701。

經畫，遺我後人。迄於今四十餘載，族人始謀重構，嘖有
煩言，道旁又將興歌功。弟汝標，祐上公長孫也，憫祖志
久而不繼，願捐私囊之資，以襄鉅典。惟前一堂留與眾共
立，匪有吝也，不欲專以上人也。於是鳩工庀材，經兩載
而落成，總其費凡四百兩有奇。規模緣人口而壯麗，氣荊
地靈以輝煌，則先靈妥而振振之，公族得以長發其祥矣。
父兄長老高前人之有志，豔後昆之克繼，欲傳其事，以為
後之好義者勸勗。汝榜修文以紀之，榜素無文辭，不獲命，
姑敘其略，俾久而不忘爾云。

乾隆八年癸亥仲夏穀旦勒石

乾隆四十年（1775年），黃俊（汝試，時七十三歲）又獨捐
銀捌佰兩，親自監工，續成前進，閱九個月而後告成，與黃汝標
兩個堂兄弟「兄作於前，弟成於後」成一佳話，並撰「續建祖祠
記」以誌其盛事：[17]

凡事有祖宗貽其休，而子孫享其利者，是為族事。族事非
一人之所得專也，有前人開其局，而後人贊其成者，是為
述事。述事非一人之所得諉也，吾族自遭海氛，屋宇蕩然
無餘，開復以來，諸事草創，雖能奠厥攸居，未聞寢成孔
安。先王父祐上公，每念及此；心甚痛焉。爰倡議建祠以
妥祖妣，合族人力未能舉，而規模體制預畫成憲。其所以
責望我後人者深矣！乾隆癸亥，功兄汝標慨然繼志，自傾
私囊之金，搆成一本之廟，門堂戶寢整然可觀。於是祖宗

有所憑依，子孫有所瞻仰，而祐上公之孝思亦因之而一
慰。乃其制猶未全也，汝標兄蓋曰：吾成後進以妥先靈，
非不能再成前進以壯廟貌。第不欲專其美於己，姑留此以
待後之能成先志者。噫！吾兄之所待，待眾人乎？待一人
呼？試於是時聞之，竊有志焉而未遑也。邇來年老無事奔
波，乃乘其餘閒，鳩工庀材，日親董正，以續成前進。高
大寬廣一依祐上公規畫，左右廂廊、內外庭宇，咸飭焉。
其後廟共嫌太高，亦折卸而更張之，凡攻石之工若干、攻
木之工若干、塼埴設色之工若干、皆所不計，總期于壯麗，
而止費銀捌佰兩，閱九個月而後告峻。落成之日，大宴族
人，族人相與嘉嘆云：以一人獨肩一族事，兄作於前，弟
成於後，甚盛事也。自今以往，堂構常新，先祖是皇，凡
幼子童孫，小大稽首，諸父兄弟，合族以食，綽綽有餘地
者。皆吾子兄弟兩人賜也。嗟呼！吾祖四十餘年之志，吾
兄弟早已酬之，吾兄三十餘年事，今日始克竟之，予滋愧
焉，凡我族人不責試以疏，亦已幸矣，豈曰能賢。或曰吾
族之賢而有力者，不乏矣，彼皆能自成美事，子奈何專之？
夫試以盡己職已耳，族人之賢且有力者，又豈無他事之
美，可以自盡其職乎。不揣固陋，撮數語以勒真岷，亦望
我族人諒試之無可誄云爾。

乾隆歲乙未年（缺）月（缺）日裔孫汝試立

自乾隆四十年續建，歷經九十餘年，宗祠破舊，遂在同治七
年（1868年）由黃肇亨、黃夢庚倡修，經兩載而成，宗堂護厝為

之一新，黃夢庚並撰文誌事，文章如下：[18]

> 我大宗之建由來久矣，憶自乾隆乙未續建至今，廟貌已
> 舊，不能不為之更新。況頂護厝已壞，下護厝未建，尤為
> 吾輩所當致意也。庚於是與肇亨弟，坐議重修，欲鼓舞族
> 人進主以成其事。幸肇亨弟亦重水源而好義舉，不顧進主
> 之人尚多未定，肯取私囊之資先為費用，即日鳩工庀材。
> 自己至庚，經兩載而宗堂之修，與護厝之建，始一齊告竣。
> 落成之日，族人咸曰：大宗之得一新，護厝之得完竣者，
> 皆肇亨弟之力。庚亦謂肇亨弟之不吝，又兼以勞力勞心，
> 親董正而始終而異。其敬祖如此必有厚報，果是年得占震
> 卦，一索之慶矣！謹傳其事以為後之好義者勸，是為誌。
> 同治九年庚午小春月穀旦裔孫夢庚序

庚午之修，宗祠頗壯，歷時不久，不意光緒十二年（1886
年），後進東北角忽傾頹，遂又重修，翌年蕆事，黃斗星（字堯
臣，號台三）撰文以誌其事：[19]

> 憶大宗自庚午續修以來，廟貌頗壯，不意於去年，後進東
> 北角忽傾頹。於是我族長再為鼓舞進主，以成其事，重整
> 一新。蕆事之日，大振音樂以妥先靈，甚盛事也，爰述以
> 誌不忘。（當大宗奠安之日，適余入泮回家之時）
> 光緒十三年強圉大淵獻，涂月，律中大呂用事婺女上八日
> 躔元枵之次，斗星序於題塔書齋。

---

[18] 《金水黃氏族譜》收「大宗重修並建護厝紀錄」，頁702~703。
[19] 《金水黃氏族譜》收「大宗再修序」，頁703。

黃氏宗祠于同治庚午創修添建下護厝，至光緒十三年族人復舉續修，時至民國，百年來，風雨侵襲，東西廂房先後傾頹，前進腐蝕虫蛀，後進東北角及護厝相繼倒塌，遂於民國六十七年函告海外諸宗親捐款，六十八年歲首興工，十月告竣，耗資新台幣一百餘萬，祖祠奐然壯麗，黃成匣（字乃劍）誌其事，文曰：[20]

> 我大宗祠始建年代，昔毀於兵燹，致無可考。迄清乾隆年，汝標公重建後進，汝試公續建前進，竟先祖之遺志，表棠棣之孝行，祠內碑誌甚詳。後肇亨公于同治庚午年創建，添建下護厝，至光緒丁亥年，族人復舉續修，慶瓜瓞之綿延，喜後昆之克紹。唯近百年來，風雨侵襲，東西廂先後傾頹，前進腐蝕不堪，後進東北角及護厝相繼倒塌，先靈難安，宗人焉忍，奈工程需費浩大，非少數人力能所及。迨去夏選定執事人，並函知各宗僑，幸吾全體宗裔，素懷孝思，恒念木本，出錢出力，任勞任怨。歲首興工，孟冬告竣，計耗資新臺幣壹佰柒拾餘萬元，廟宇奐新，壯麗輝煌，祖德宗功，光前裕後，匣幼失學，非文所長，爰自不揣固陋，謹撮以記云爾。
>
> 民國六十八年己未陽月仲卿公十八世裔孫、成匣字乃劍敬撰

要之，黃氏宗祠自創建以來，歷經乾隆、同治、光緒、民國之重修添建，其中最稱壯舉者，乃乾隆年間黃汝標、黃汝試兩堂兄弟之義行，兄作於前，弟成於後，二人獨力捐資以襄其事，以

---

[20] 《金水黃氏族譜》收「重修祖祠記」，頁703。

孝其思。而二人之能獨力任事，捐其私囊，蓋皆經商致富，挾其鉅資以成。

肆、捐建書院

金門之有書院，宋有燕南，元有浯洲，明則無考。迨至清代，先是金門總兵陳龍於康熙二十六年（1687年），「立書院，延里中士黃君顯為諸生師，安攘並施，教養兼事。」[21]，乾隆三十一年（1766年），金門通判王忻新蒞茲土，「尊崇道學則書院祀紫陽，振起文風而生徒增月課。」[22]，至乾隆三十五年（1770年）金門通判程煜，因為「邇以書院舊規狹隘，不足廣培多士，復捐清奉，倡建堂廡，費靡千餘金，置膏火，延名師，為多士式，海濱鄒魯，於焉不替。」[23]然而林焜熿《金門志》所記頗有出入：[24]

> 浯江書院，在後浦丞署西。初為義學，猶卑狹。……前通判程某，規創基址未成。乾隆四十年，通判移駐馬家巷，議將署料拆卸運往水頭。職員黃汝試以拆卸可惜，請變價建為書院，繳銀一千五百元，塑像朱文公及先賢像於中。

既云「倡建堂廡，費靡千餘金」，林氏志書又言「規創基址未成」，豈不矛盾。經查《馬巷廳志》方得一索引，廳志卷之九

---

[21] 見《金門縣志》（民國81年，初版），卷二土地志第二章古蹟第四節石碑之「清總兵陳龍功德碑紀」，頁292。

[22] 同上註所收之「清金門通判王忻去思碑」，頁292。

[23] 同註21所收之「清金門通判程煜德政碑」，頁292。

[24] 林焜熿前引書，卷三規制志「九、書院」，頁63。

「官署」記：[25]

> 舊通判署在府署右，……乾隆三十一年移駐金門浯洲嶼，
> 就縣丞署棲止。……其金門縣丞署，雍正十三年建。乾隆
> 三十五年，署通判程煜重脩。三十九年……改駐海疆要
> 地……於馬家巷孔溝建治。前任胡邦翰詳變價給金門士庶
> 為書院，前為公館。價銀一千五百元。

同書卷之六「學校」又記：[26]

> 金沙書院，即金門舊署，變價建馬巷署。金門士民共捐二
> 千餘員。以后進五間，書房兩間，又三間，弁兩廂，給士
> 子肄業，其二堂、花廳、大堂以外，仍為往來聽治之所。

　　按金門舊縣丞署在後浦西門，民間俗呼「文衙門」。清雍正
十二年（1734 年）移同安縣丞駐金門，十三年建署。乾隆三十一
年（1766 年）縣丞移駐灌口，而以原駐晉江安海之泉州府通判移
駐金門，且就縣丞署棲止。乾隆三十五年，署通判程煜重修。四
十五年，縣丞復自灌口移駐金門，判署仍為丞署。綜合上引史料，
明顯地可看出程煜假公濟私，借口倡建書院，以倡捐所得改為修
建衙署。如今要將判署拆卸運走，黃汝試自是不甘又捨不得，因
當初興建時「費糜千餘金」，是以黃汝試也「繳銀一千五百員」
予以買下充作書院，並名為「金沙書院」，金沙即金水，也即是
黃姓族人所居之水頭，則「金沙書院」豈不就等同「黃氏書院」，

[25] 見《泉州府馬巷廳志》（光緒癸巳年木刻版，民國 75 年 10 月 10 日台北市福
建省同安縣同鄉會重印），頁 78。
[26] 同上註前引書，頁 57。

以衙門充為黃家書院，自會引人抨擊，認為黃俊託大猖狂，極有可能此一書院名稱替黃家引來後來之禍患。

林氏《金門志》又續記其後之衍變：[27]

> 四十六年仍設縣丞。新丞歐陽懋德至，無樓所，商諸紳士，即義學地建為書院。汝試復捐銀四百七十六員，合監生徐行健一千員，及鄉之好義者闢之。……諸神像自署中遷入，而判署仍為丞署。

照此記載，則當初黃汝試所繳銀一千五百員，買下判署充為書院，如今又恢復為縣丞署，豈不白白損失，等同捐建一座衙門給官府。嗣後之情狀，林志續記：[28]

> 汝試復議捐膏火銀二千員，置田產以充學租，且欲於隙地建魁星樓。未幾歿，歐亦陞去。汝試子監生如杜，置海澄尾鄉曲田種五石五斗，契銀二千零四十四員，年可得租粟一百零九石八斗。後訟被官侵沒。

田地、銀兩被侵沒之事，興泉永道倪琇有「浯江書院碑記」載：[29]

> 乾隆四十五年，始建浯江書院。監生徐行健董其成，復有職員黃汝試捐膏伙二千金，惜沒於晉江令，是以堂構雖新，膏伙缺如。

---

[27] 同註 24，頁 63~64。
[28] 同上註。
[29] 同上註，頁 68~69。

周凱「浯江書院碑記」亦詳記其事：[30]

> 金門書院，宋有燕南，元有浯洲，明無考。今日浯江，因
> 國朝乾隆四十六年前，移通判駐馬家巷，虛其署，島中士
> 黃汝試購為書院，祀朱子先儒。後設縣丞，縣丞歐陽懋德
> 至，謀於眾，仍前署。就署西義學改建焉。徐行健董其成，
> 汝試願捐銀二千為膏伙，尋卒。其子如杜，以海澄田充之，
> 訟於府，斷如數輸銀存晉江庫，久之被沒，田亦失。

　　黃汝試死於乾隆四十八年（1783 年），浯江書院則新建於乾
隆四十六年，其先他曾「願捐二千為膏伙」給新建之浯江書院，
「未幾歿，歐亦陞去」，可能是他的長子黃如杜想要賴，「死不
認賬」，反正父親已過逝，縣丞歐陽懋德也調走了，那知新任縣
丞（或是歐陽懋德本人，因彼於乾隆五十年又回任），追繳捐銀，
被迫以契銀二千零四十四員，購海澄縣尾鄉上等苗田抵充，如杜
不服，上訟官府，結果敗訴，「斷如數輸銀存晉江庫」，久之被
沒於晉江縣令，田亦失。這一貪墨之晉江縣令是誰？倪琇與周凱
二人必知其事其人，惜於碑文含糊其事，官官相護，不肯指名道
姓。倪琇於嘉慶二十四年任興泉永道，黃汝試死於乾隆四十八
年，則貪污金錢與田土必是任職其間之晉江縣令，經查《福建通
志》，其間之晉江縣令有：一、劉詩（乾隆四十九年任）、二、
徐夢麟（五十年任）、三、史必大（五十三年任，有宦績）、四、
長瞻（五十六年任）、五、張炳（五十七年任）、六、吳大勳（六
十年任）、七、袁廷鼇（嘉慶元年任）、八、薩恆安（四年任），

九、徐汝瀾（六年任），十、趙同岐（十三年任，有宦績），十一、魏學山（二十四年任），[31]但不知是以上誰人了？而族譜記黃如杜無後，由黃如荼長子樹出繼，並有一養子竹，但不知是否有被官府迫害慘死，或心情鬱悶而早卒之事，志書、族譜、碑文、後裔皆無資料可供探究，史料有缺，無法詳探究竟，實為莫大遺憾！

第三節　酉堂之創建與得名

　　既已大略明白黃氏播遷蕃衍及黃俊其人其事，本節將分成三項探究：一、酉堂名稱。二、創建年代與得名原故。三、創建因由。

壹、酉堂名稱

　　黃氏酉堂之正式名稱宜先作一辨明。一般坊間書籍均稱之為「水頭黃氏酉堂別業」，以楊仁江先生所著之《金門縣的古蹟》為例，手冊內文介紹如下：[32]

> 水頭黃氏酉堂別業位於金城鎮西邊，金水村北側濱海的前水頭，是一座別具園林池沼之勝的建築。所謂別業就是在正屋以外，選擇傍山依水，具幽居之美的地方所建造的第宅園林，一般也稱做別莊。水頭黃氏酉堂別業，便是歷代

---

[31] 詳見陳壽祺等撰《福建通志》（清同治十年重刊本，華文書局，民國57年10月初版），卷百一十國朝職官「晉江縣知縣」，頁2084。

[32] 楊仁江《金門縣的古蹟》（金門縣政府，民國80年8月出版），頁16~17。

寓居水頭的富商黃俊，在清嘉慶年間所建造的別莊，由於門樓前有橫額題「酉堂」，所以稱為酉堂別業。

「酉堂別業」此種稱呼，蓋率抄自或出自林焜熿《金門志》，該志卷一分域略、九第宅載：「黃氏酉堂別業，在前水頭鄉，有園林池沼之勝，舊址猶存。」[33]《金門志》修於道光同治年間，細思文義，值得注意事項有二：

一、稱為「黃氏酉堂別業」，蓋因彼有「園林池沼之勝」，並不知道其始是作為黃俊居家及課讀子弟「私學」之用。何況僅有池沼之勝，何來園林之跡。

二、紀載水頭黃氏酉堂別業「舊址猶存」，此一「舊址」字句頗堪玩味，豈不說明道光年間黃氏酉堂已頗為傾頹荒廢。果真如此，也說明了黃氏子孫在嘉道年間已經沒落。無力修復先人之祖業。

以上二點推論若能成立，則「黃氏酉堂別業」之稱呼恐為當時鄉人之俗稱，抑或林焜熿之率爾稱呼，在在說明了其時黃氏之沒落與私學之荒廢，使得時人不知其原始用途。

從《金門志》之名為「黃氏酉堂別業」，其後續修之志書皆輾轉抄襲，一字不改，如民國十年修，四十七年才印行之《金門縣志》；民國四十七年增修之《新金門志》皆是如此，直至民國五十六年續修之《新金門縣志》才有改變，增添數句：[34]

---

[33] 林焜熿《金門志》卷一分域略、九第宅，頁 21。

[34] 《金門縣志》（金門縣文獻委員會，民國 51 年 2 月出版），卷二土地志第四篇勝蹟，頁 206。按，文中之「社學」一詞有疑義，「社學」與「私學」不同，應是私學才對，詳見下文考證。

> 黃氏酉堂別業，在前水頭村，清嘉慶間富商黃俊建，為課
> 子弟之社學，有園林池沼之勝，舊址猶存。（舊志）

　　既然有所增添補修，下又說明據「舊志」，實在矛盾，此為
有關黃氏酉堂紀載之一大突破，了了數句，貢獻不小，使後人有
一線索，據之深入採訪調查。惜志書既已說明了酉堂是「課讀子
弟」所在，卻又稱為「社學」，顯然修志者不明白清代學制，將
「社學」與「私學」混淆了。其後續修之縣志，依然故我，又抄
襲此《新金門縣志》，一字不改，如民國六十六年增修之《金門
縣志》，暨近年新修之《增修金門縣志》（民國七十七修），皆
是如此。

　　綜合上述，考「黃氏酉堂別業」之稱呼襲自林焜熿之《金門
志》，林氏已有所誤解，今人不宜一誤再誤，以訛傳訛，其先用
途為黃俊退休貽養之所，兼為課讀子弟之私學所在，宜正名為「黃
氏酉堂」，不必贅添「別業」二字，反滋誤會。

貳、創建年代與得名原故

　　「黃氏酉堂」之創建年代與得名由來，據族譜稱：乃黃俊於
乾隆丁酉（四十二年）年建書齋於中界，以是年興建，故號曰：
「酉堂」，設有池台亭樹，規模雄偉。[35]民國五十六年續修之《新
金門縣志》則記載：「清嘉慶間富商黃俊建」，筆者倒以為乾隆
「丁」酉年，恐為「乙」酉年之筆誤今酉堂門楣之銘刻匾額可提
供一有力之證據。

---

[35] 同註4。

此橫額乃陳秉衡於「丙戌荔月」所題，上下落款印章已難辨讀，右上落款似為「什麓」，左下落款，圓形者為「陳秉衡」，方形者似為「竹軒」。陳秉衡何許人也？他是斷定西堂創建年代之一極重要線索，但經詢問西堂子孫，一概不知，但猜測為其時之教書先生或文人雅士，再遍查成文出版社之八閩諸多志書，及黃氏族譜，陳氏族譜，古今人名詞典，清室別號名錄、清代人名錄，均未載有陳秉衡其人資料，有之，則是陳希濂此人恰好別字秉衡，但經查其履歷行實及時代，均不可能，陳秉衡究是何人則姑闕之，待他日得若干線索再續查[36]。

陳秉衡題「西堂」二字，落款年代是「丙戌荔月」，查清代干支丙戌年者有：1.順治三年（1646年）2.康熙四十五年（1706年）3.乾隆三十一年（1766年）4.道光六年（1826年）5.光緒十二年（1886年）等五個年代，其中以乾隆年道光年較有可能。以下先將西堂各種創建年代可能之說法，臚列於后，再一一探討考辨：

(一) 乾隆乙酉（三十、1765）年建，乾隆丙戌（三十一年）年完成。

(二) 乾隆乙酉年建，道光丙戌（六年，1826年）年重修。

(三) 乾隆丁酉（四十二，1777年）年建，道光丙戌年重修。

(四) 嘉慶辛酉（六年，1801年）年建，道光丙戌年重修。

筆者原先懷疑西堂或是因黃俊夫婦於嘉慶辛酉年九月二十三日丁酉午時合葬，黃氏子孫為紀念先祖姒，於是年興建，故名「西堂」，但

[36] 按陳希濂字瀲水，又字稟衡。舉孝廉，工隸書，善畫花卉。傳見「清畫家詩史」已上及「國朝詩人徵略」二編四十九，文長，茲不引錄。

前已考證酉堂於道光年間荒廢，以一已荒廢屋宇，再請陳秉衡題字紀念，似無此必要，除非於道光丙戌有再修復之舉，才較有可能。而且族譜、裔孫、志書均說明是黃俊生前所建，黃俊卒於乾隆四十八年，因此嘉慶辛酉年興建之說自是難以成立。

　　乾隆丁酉四十二年之說自無不可能，但其前添建宗祠後進已撰文提到「邇來年老無事奔波，乃乘其餘閒，鳩工庀材，日親董正，以續成前進。」此事是乾隆乙未四十年之事，既已是退休狀態，自應會有一貽養天年住所，且前述其妻蔡氏恰於乾隆乙酉三十年二月過逝，時黃俊已高齡六十四歲，半世奔波，人事無常，頓覺倦怠，遂在乙酉年興建一宅第供己退休貽養，並為督促課讀子弟仕進之所，取名「酉堂」，一則彰明是於「酉」年所建，二則紀念老妻蔡氏之逝。實在不必再等十二年，高齡七十六歲再建一宅第供己貽養退休之理。因此於情於理，不必硬是指明丁酉年所建，何況「丁」酉、「乙」酉字形極像，因此筆者懷疑「丁」酉為「乙」之筆誤，即是此理。

　　若是酉堂興建於乾隆乙酉三十年之說可成立，剩下的就是「丙戌」年問題，「丙戌」年若真的是指道光丙戌六年，當然不是不可能，但前述林焜熿《金門志》提及酉堂「舊址猶存」，《金門志》主要成於林焜熿之手，於道光五年著手探訪筆錄，至道光十五年告一段落，則試問以一剛新修之酉堂，稱其「舊址猶存」豈非不通。若說此句是林焜熿之子林豪於同治末年續修金門志時所添補，雖可通，但不免頗覺牽強，何況酉堂子孫於嘉道年間也已經沒落（見後），恐難有大手筆修復之舉，因此筆者以為乾隆三十一年之說較為順暢，較為合情理，即是：黃俊之妻蔡氏慈敏於乾隆乙酉三十年二月過逝，黃俊為紀念其妻，並退休貽養計，

遂於是年動工興建「酉堂」宅第，可能翌年完竣，請陳秉衡題字落款，時丙戌年（1766年）荔月（六月、夏季），　年代正相銜接、順暢。

參、創建因由

酉堂之名稱、得名、興建年代既已解決，以下略述酉堂創建因由。黃啟政「祐上祖派下軼記」載：[37]

> 我黃氏以孝傳家，重視教育。二房祐聯公有書齋一間，在下界下井仔所在地。三房祐桂公有書齋一間，址在頂界王公宮，東鄰植有龍眼樹者。在乾隆末年祐桂公派下，先後又增建書齋四間，計伯合公有四維室，楚公有怡齋（即下學仔與四維堂毗連）。冀公有懋齋（即頂六柱書房）。衣言公有卓齋（即頂書房仔），均延聘塾師，私家教導子姪，島上盛傳為文里鄉，莫非因此而馳名耶！……至於頂下六柱之分，今人誤指住下界即下六柱，住頂界即頂六柱，其實不然。緣三房祐桂公之第四子倡公之長孫名翰，生六子，傳二十三孫，俱甚發達，即稱謂六柱也。二房祐聯公之長孫名輝之，庶妣亦生六子，傳三十孫，稱之謂下六柱。又該六子均冠一孫字，外人又叫稱孫厝。

可見黃氏「商讀」之家風，前引「毅齋公行述」亦記黃楚「及年五十餘……遂賦歸來，在家課督兒孫攻書。冀其成名。」，「其

教子姪，惟期讀書，不能，方任商賈。」[38]而乾隆乙酉年，時黃俊已六十四歲，雖云中年轉業，屈指算來，應該也有奔波海濤三十載歲月之久，半生奔波，老妻溘爾遽逝，此時黃俊之心態，可以以十年後修黃氏祖祠自述：「邇來年老，無事奔波，乃乘其餘閒，鳩工庀材，日親董正，以續成前進。」[39]想像其欲退休憩養之心理，故為己身計，為子孫之前途教育著想，興建西堂，禮聘教席，設帳講課。

不僅如此，黃俊之設想極為周到，為恐族人執教，囿於親情，有所不便，教席均從外地請來，尤以同安地區為主[40]，且善加禮遇，西堂內設有一花廳，專供教師住宿，以便長期教導子弟。另外，西堂外置有一大一小、一圓一弦之日月池，蓋取「泮水」之意，兼有園林之景，固期望子弟能怡情養性，專心攻讀之意。要之，西堂之設，乃黃氏之私學也，乃黃俊私人獨力支持，其長遠目的有二：一則培養子弟有讀書識字能力，二則預備子弟他日進學而應考，退而從商之籌謀。

私學之教，例以一人負擔之教學，即所謂單級編制，概以讀書為主，習字作文為副，而無一定課程。至於其教科書，自以經學、藝文為主，就學長短，固無確定之學年級，亦無一定之修業年限，悉聽尊便。惜教師身份資格亦無限制，是以程度參差不齊，西堂之終究沒落，殆與此有關乎？而西堂昔年教科書、學制、教師等等有關情形經詢問黃啟政、黃承德兩位先生，均已不知曉，

---

[38] 同註 12。

[39] 同註 17。

[40] 據黃啟政、黃承德兩先生告知，並且均強調此事，表示當年請教書先生之慎重。

黃承德先生補充言道：民國二十六年，日本攻陷金門，族人四散，本有若干書籍，被劫掠一空，早已不存。

黃俊自乾隆三十年（乙酉、1765年）創建西堂，越十年，又於乾隆四十年（乙未、1775年）續成宗祠前進及捐置書院，至乾隆四十八年（癸卯、1783年）辭世，晚年雖所費不貲，也是了卻一椿心事。

西堂之設，用意固然是延聘塾師，私家教導子侄，但其成效如何頗令人懷疑？富家子弟，或因家中雄貲鉅財，以為先人賺錢既易且鉅，不免生活講求享受，易流於靡爛，而身為家長一放縱子弟，不加管束，不忍夏楚，更會敗壞一家風氣。妒忌者，飛黃流白妄捏污垢；巴結者，逢迎諂媚，幾有吮痔捧臀之醜態；覬覦者，伺機無端羅織，掠劫侵吞。黃承德先生曾講述一故事，堪為例證，略謂：西堂建好之後，至第二代，有一友人居住西堂，每日清晨洗完臉後，必會故意將銅盆拋棄堂前日月池，觀察居停主人之反應，以試其待客誠意與胸懷氣度。此事若果，只因西堂有錢，以扔銅盆方式來考驗主人胸襟，此種方式實在無聊，但此一故事也突顯一般人對西堂黃氏之覬覦與妒忌之心理。

往來之友人、鄉人如是心態，而西堂子孫恐有愧先祖之用心，查覽族譜中之「金水黃氏捐納職員」及筆者抄錄所得神主牌位資料，黃俊之子孫二代，頗多功名是捐納買來，其中最多者是「國學生」。按國學生即監生，亦稱太學生，雅稱上舍，乃在國子監肄業諸生之名。清制，監生有四：一優監，即附生文行兼優，於學政三年任滿，選拔入監者。二恩監，聖賢後裔及八旗漢文官學生考取入監者。三廕監，上品文武官或殉難大小文武官廕一子入監者。四例監，納貲捐監，不入監肄業者。例監又有二種，一

者為納貲求官者，另一為納銀一百八十兩捐監，即取得鄉試資格，可應鄉試。[41]可知酉堂子孫難能以正常管道，參加童試、鄉試等歲科考，進學中式，求取功名，僅能捐納買得，如「衣言公行述」記黃紹光之母：「當未入學時，其母教具兼金為先生之饌。蓋清朝時，可以賂當道而便進身，故其母欲速其成。」[42]據此可窺知酉堂子孫之讀書風氣，欲求其志實有學，學優則仕，難矣！

第四節　黃氏酉堂尾聲

　　創建於乾隆三十年（1765年）之酉堂，之後即寂然無聞，有之，乃道光十五年（1835年）林焜熿纂修之《金門志》記載：「黃氏酉堂別業，在前水頭鄉，有園林池沼之勝，舊址猶存。」，簡陋數語，實在難以窺知酉堂詳情，之所以致此，乃因酉堂為黃氏之私業及私學，外人不易探知。而從「舊址猶存」一語，亦可了解其時酉堂已頗為荒廢。

　　酉堂何以荒廢沒落如此，據黃啟政、黃承德兩位老先生推

測：黃俊晚年「收山」，賣掉所有船隻，回家養老不再營生，資產自然不會倍增添加，加上興建酉堂、宗祠、書院、十八棟大厝，耗貲不少，家道遂因此中衰。除此外，筆

黃氏酉堂

[41] 黃淑清〈清代台灣文科考試序略－歲科考篇〉，《台北文獻》直字第九十二期（台北市文獻委員會，民國79年6月出版），頁134。
[42] 《金水黃氏族譜》收「附依言公行述──民國4年季冬之月曾孫宣樑修識」，頁509。

者根據族譜推測，恐怕與子孫不壽有關，蓋以道光年代估計，其時應是黃俊算來第三代子孫時，觀看族譜，第三代子孫之後記載不是出繼他房，便是「失記」例如一、黃俊長子黃兩之兩子：黃竹、黃樹，其中黃樹「承名起」，其三子：宗彝、宗器、宗畿皆「失記」；二、黃俊二子黃四之兩子：黃註「承字廷獻，失記」，黃斌之兩子，長子媽懷之子紀南「失記」，次子皇光「名白狗，失記」，三、黃俊三子黃六之子：黃樹「出承兩后」，黃任「庠生，失記」，黃偏之曾孫：黃鼎「失記」、黃念「出承鍛后失記」，黃迎祥、迎禧「少亡」，嘉宗、嘉瑞「失記」，四、黃俊五子黃十之子：黃顏「出承八后」、黃柳「庠生，失記」、黃天杭「出承八后」、黃聰明「失記」、黃芙蓉「失記」；五、黃俊六子黃格之子：黃大丕「子時雍俱失記」，黃三「子侯禮敦失記」，黃四「失記」……不勝枚舉，這說明了黃俊之後兩代三代頗多無後，或因散處各地而「失記」。再參佐筆者所抄錄之神主牌位，如一、黃彬（即黃斌）享壽二十二歲，二、黃文杭（即黃天杭）享壽三十三歲，雖資料不完全，但似可以說明二、三代頗多是英年早逝，短命無後，須由他房承繼香火。

　　若此推論得以成立，似可說明了西堂何以沒落荒廢原因。筆者進一步查閱林焜熿《金門志》卷十五舊事志「二祥異」，記道光年間：「道光元年秋疫。二年旱，大疫。三年疫。十二年八月大潮，時幼孩多痘殤。二十六年大疫。」等等[43]，證實了道光年間流行疫

西堂

---

[43]　黃焜熿《金門志》，卷十五舊事志、二祥異，頁 367~369。

癘，但不知酉堂子孫是否在這些時疫中不幸染病身亡。

　　道光之後的酉堂又無與聞焉，至光緒末年，據黃啟政先生言：黃氏子孫（包括酉堂派下）均已散至金門各個鄉里就讀，如奎閣、金水寺[44]等。又，黃承德先生證實：光緒年間酉堂已純為住家，不再設學。則酉堂私學早已隨風散矣！

　　民國以來，又有幾許變化。先是民國四年（1915年）金門設立縣治，新制學校之創立，如雨後春筍。初時制不一，就立案性質分，有縣立、公立、私立三種；就學校性質分，有高等小學、國民學校、商業小學、幼稚園四種。高等小學二年制，如今國民小學第五、六年級，國民學校四年制，即今國民小學一至四年級。時在前水頭鄉今酉堂現址，於民國八年籌備，民國十年二月正式成立「第二區第四國民學校」，即金水小學，經費就地籌捐，聘古寧頭李觀蘭先生任校長。由於學生人數日增，酉堂場地有限，不堪容納，興修新址，視為要圖，適荷屬峇里吧板開鑿油井，金門旅外鄉僑有所斬獲，遂在民國十六年間由南洋僑胞發動募捐，興建新校舍，公舉鄉僑黃嘉平先生為主席，並委在鄉鄉老黃金專先生尋找地點，辦理興建。經尋得今址，向黃氏三房派所購買，旋於民國十八年底又派鄉僑黃獻量先生返鄉購料，至十九年興工，二十年底完成，二十一年遷入新校舍。而黃氏三房派也將賣

---

[44] 金水寺位於該村之西端靠海處，址屬後界，明代為金門城之外武廟，明末燬於兵燹，重建於清康熙二十八年（1689年），前殿祀關聖帝君，又曰關帝宮，後殿祀觀音佛祖，為全村所公有，設醮開費由全村各姓男口共同分擔，現每月初一及十五兩日有善男信女朝拜，道姑備午餐款待，平日香火亦甚鼎盛。見《金水黃氏族譜》，「鄉土雜錄」，頁714。

土地所得款，興建世懋堂宗祠，於民國二十三年完成並奠定。[45]

　　金水小學遷址後，酉堂轉為黃氏家族所居，時六房子孫黃相好因為人誠信，熱心公益，有長者風範，被推舉為房長，負責酉堂，住居其地，後又分四戶，四戶為黃嘉齊、黃仲衷、黃仲林、黃嘉長所居，據聞此時酉堂左廂房部份（即黃仲衷所居）有所添修。民國二十六年十月，日軍攻佔金門，除黃仲衷家留居外，餘均逃難。黃嘉齊前往印尼發展，未再回來；其他則逃至大陸避居，酉堂文物為之一空。三十四年抗戰勝利，黃仲林一家等時局較安定才回來，時黃仲衷一家人仍住左廂房，並添建一房。黃嘉齊所有之正廳及後落一角轉交給黃嘉長家管理，黃嘉長家擁有正廳、花廳、後落一角。而仲林家則擁有後落。

　　民國三十九年，國軍退守金門，時在金水小學校址設怒潮士校，酉堂則被佔用為「正氣中華日報」之排版房、印刷房，該報為第十二兵團之軍報，每日出四開一張，鉛印，由軍方管理，以刊載中央社軍聞社及軍中地方新聞，每日發行六千份，免費供應軍民閱讀。就在當時，酉堂駐守軍隊，大門口站有衛兵，此時期並有若干改建，如大門口，日月池中之小石板橋及其旁之矮欄干。正氣中華日報後轉轄於金門政委會，社址設在後浦北門街，報社遷離酉堂，時民國四十五年。之前，民國四十三年「九三」砲戰，共軍瘋狂砲擊金門，民間遭受重大損害，酉堂正廳前之軒亭中砲焚燬。之後，仍由黃家居住其間，黃雄一家在左側新建一樓房，黃有碧一家搬出。直至今日，酉堂僅剩黃承德先生（黃仲

---

[45] 據金門社教館黃國泰組長所提供之「塔峰」雜誌影本，第四卷三期，頁 20；及「私立金水小學創辦前後」影本（出處不詳）。

林子）此一對老夫妻住居後落，晚景寂寞。[46]

第五節　小結

　　金水位在金門島之西南隅，古名水頭，因島之北亦有村莊名水頭，故分別曰前後水頭，前水頭亦名金水，後水頭名汶水。金門黃氏係同安縣金柄鄉四房黃綸派下，又分有六系，前水頭黃為黃輔中之後，輔中字仲卿，元初隱居於此，由黃綸至黃仲卿，中間傳世幾代，黃氏族譜失闕，無可稽考。由黃仲卿至創建酉堂之黃俊，中又經十二世。

　　黃俊字伯葵，諱汝試，諡懋齋，誥贈奉直大夫。生於康熙四十一年（1702 年），卒於乾隆四十八年（1783 年），享壽八十有二。姒蔡氏，生於康熙四十三年（1704 年），卒於乾隆三十年（1765 年），享壽六十二。夫妻兩人又於嘉慶六年（1801 年）合葬，由六房孫世代奉祀。俊少也貧，販漁網罟為生。屢屢感慨時運不濟，終歲勤勞，所獲猶難足以溫飽。迨至中年離鄉，至廈門另謀生路。初在飯店僕役，嗣又時運亨通，得以在船頭行任職。行東見渠誠信篤實，識文執筆，不次拔擢重用，遂鴻圖得展，附舶出海。略有積蓄，即經商自營，往來北洋，轉販易貨，歷數十年之奮鬥，積貲百萬，擁船十數艘。半生辛苦，幸而行囊綽有餘裕，適乾隆乙酉三十年，老妻忽逝，遂萌退休之意，構築酉堂，至此葉落歸根，優游晚景，安老於梓里矣！

　　黃氏以孝傳家，頗講禮節，家道殷實，尤重子弟教育，島上

---

[46] 以上據黃承德、黃啟政兩先生告知，並參考《金門縣志》（金門縣政府，民國 80 年增修），卷五文教志第四章第四節報社，頁 848。

盛傳為文里鄉。故設有頗多書齋，延聘西席，教導子孫，舉其犖犖，有四維堂、怡齋、禦齋、卓齋。而黃俊既賦歸來，在家課督兒孫攻讀，冀其中舉成名，遂在乾隆乙酉年（三十年，1765年）創建「酉堂」，一則紀念其妻，二則作為貽養之處，三則供子孫課讀有所。而金門前清屋宇形式，大率一堂兩房四廂，中室為堂，旁室為房，堂前為階，東西為廂房，俗稱「櫸頭」，在前為圍牆大門。舊仕宦之家，於門上懸匾，書某某第，鄉舉者書文魁明經，百姓之家，則多書郡望堂名。俊既非仕宦鄉舉，遂於翌年請陳秉衡者，題名「酉堂」，以資紀念，世代銘紀。堂外浚池，取泮水佳兆，期望子孫凜然求進，雁塔題名，時俊已六十四歲。越十年，俊又獨力續成黃氏宗祠前進，乘其餘閒，鳩工庀材，日親董理，了卻一椿大事，並於是年購置金沙書院。四十六年捐建浯江書院，且欲建魁星樓，惜未成，又二年，乾隆四十八年（1783年）辭世。

酉堂之設，乃黃氏私學，故其學制、教席、書本等等，外人均不得其詳，惜其子孫未能志實有學，學優而仕，多以捐納買得官學、職官，有愧黃俊之深意。而酉堂裔孫復遭時劫，或染疫早夭，或丁單裔孤，家道因而中衰，至道光初葉，酉堂已寂然荒廢，鄉人不察，以為酉堂乃黃氏別業，不復知其為黃氏私學。道光之後，又無與聞焉，成為子孫住宅，裔孫散聚奎閣、金水寺課讀。

民國以來，又有幾許滄桑，先是民國十年於酉堂設金水小學，後因學生增多，無法容納，遷建他地。時酉堂交由黃相好管理，其後代遂住居其地。民國二十六年，抗日戰起，金門地當閩海要衝，首遭日寇蹂躪，淪陷八年，倍極慘痛，酉堂子孫，相率逃難，或輾轉至南洋，或渡海往同安、南安，文物不及攜帶，慘

遭洗劫一空。三十四年，抗戰勝利，黃氏族人絡續返回，不旋踵，國共內戰，三十九年，國軍退守金門，酉堂被軍方佔用，設正氣中華日報社址，並有若干改建補修。四十三年爆發九三砲戰，酉堂再遭一劫，軒亭被擊焚毀。近年日久時移，屋宇破舊傾圮，幾成危屋，僅剩黃承德老夫妻居住，人與屋，屋與人，景況淒涼，不堪目睹！

「漢影雲根」摩崖石刻新解
——一代末路王孫的悲情

第一節　魯王歷史研究之回顧

　　西元 1644 年，明崇禎十七年三月，清順治元年，流寇李自成攻陷明朝的首都——北京，思宗登煤山自縊身死，后妃亦皆自盡，結束了歷史上的明朝。後山海關總兵吳三桂衝冠一怒為紅顏，乞救於清，約以合兵滅賊，於是多爾袞把握千載難逢機會，率清兵急馳大舉入關，於崇禎十七年五月佔領北京，六月清世祖入關，遂定鼎於北京，宣稱代明朝而有天下，這一年即是歷史上清朝的開始。

　　滿清入關，一時尚不能全面統治；而明朝北都既陷，南方爭事擁立，福王在南京，唐王在福州，桂王在肇慶，中間穿插著在紹興監國的魯王與在廣州的紹武帝，形成北清與南明對抗之局勢，不到二十年，相繼破滅。

　　這一年——西元 1644 年，是明清政權轉移之際，中國出現短

暫分裂局面，一方面是滿人征服漢人，而漢人抗爭的時代，一方面是明朝正統覆亡而宗室紛立，眾臣爭擁互為水火的時代，因此這一時代的社會、經濟、學術、文化雖有若干的發展，卻不是後代學者研究重點，相對的，南明諸王內爭的政治問題與抗清的軍事活動卻是時代大事，更為後代研究的重點所在，而鄭成功在東南沿海的抗清活動，尤其是焦點熱潮，延續多年。相反的，對南明浙東義軍擁戴魯王抗清復明之事功，則多所忽略。

對於這一段時期史書記事，雖多是執筆者親身經歷或訪求傳聞之作，屬於一手史料，卻因政治立場的不同，摻雜過多的個人感情，很少能保持客觀的態度。「多所缺失，幾等無史」。[1]入清之後，在康雍乾時期因遺老凋零殆盡，文網愈趨嚴密，有關南明史之著述幾呈停滯狀態。少數相關著述，如全祖望《鮚埼亭集》、李天根《爝火錄》、趙義明《江上孤忠錄》等，因宣揚忠義人物與朝廷之忠君禮教尚可配合，得以免遭文字獄迫害而流傳下來。乾隆至道光時期，因前期大量焚毀明季書刊，造成史料殘缺零散，雖有官方之開禁研究，卻是在官方之觀點建構下成為主流方向。自道光中期以迄清末，在重重內憂外患下，史學經世功能再次復甦，希望透過南明抗清志士事蹟，能勸千秋忠義，汲汲正人心，以維世運，遂先後有夏燮《明通鑑》、徐鼒《小腆紀年附考》、《小腆紀傳》、倪在田《續明史紀事末末》等書出現。民國初年，雖然改朝換代，研究工作毫無禁忌，留存史籍多達三

[1] 詳見(1)莊金德〈明監國魯王以海紀事年表〉，《台灣文獻》第十一卷第一期（民國49年3月，台灣省文獻委員會），頁1。(2)葉高樹〈南明史研究的回顧〉，《中華民國史專題第四屆討論——民國以來的史料與史學》（民國86年12月，國史館主辦），頁8。

百餘種，但因歷經三百年之禁毀傳抄，使資料殘缺紛亂，產生「積
之愈多，讀之愈艱，考訂編纂，更難為力」之痛苦，所以這一時
期南明史的研究偏重於史書的整理、注釋、編纂，其中大家有朱
希祖，柳亞子，孟森，尤其謝國楨在 1932 年刊印的《晚明史籍
考》（1964 年增補更名為《增訂晚明史籍考》）更是了解清代南
明史料與研究成果，是研究南明史者不可或缺的入門工具書。[2]

　　在台灣，民國三十八年國民政府撤退來台，在生聚教養、反
共抗俄的時代氛圍下，一時學界頗傾向於明史之研究，尤其熱衷
於南明史之撰述。其中關於浙東魯王之事蹟，多附於唐、桂二王
或鄭成功等人之末。至民國四十八年八月二十二日十六時，當時
金門駐軍劉占炎中校奉命率部負責在舊金城東炸山採石，發現魯
王古墓，鑿開一洞，入內檢視，獲「皇明監國魯王壙誌」古碑一
座，當時待命處理，未向外吐露，不意為中華日報記者探悉，撰
稿登於十月二十九日第三版，引起中外學者廣大興趣與注意。[3]
一時引發對魯王事蹟的熱烈討論，胡適博士首開起端，寫下〈跋
金門新發現《皇明監國魯王壙誌》〉[4]，繼起撰文探討者竟達十
餘篇之多。於是乎台灣風物雜誌社遂於民國四十九年一月之《台
灣風物》第十卷一期彙刊〈明監國魯王文獻彙輯〉[5]；台灣省文

---

[2]　葉高樹前引文，頁 8~13。
[3]　發現始末，見當事人劉占炎〈發現皇明監國魯王墓記〉，《台灣風物》第十
　　卷一期，（民國 49 年 1 月，台灣風物雜誌社），頁 31~33。
[4]　詳見胡適〈跋金門新發現《皇明監國魯王壙誌》〉，《台灣風物》第十卷一
　　期，頁 38~41。
[5]　該輯目錄如下：
　　劉占炎〈明監國魯王墓發現經過〉，頁 31~33 頁。
　　許如中〈魯王墓記〉，頁 34。

獻委員會復於同年三月之《臺灣文獻》第十一卷第一期刊登〈明
監國魯王特輯〉[6]，嗣後續有若干鴻文大作。要之，綜合上述諸
文，問題不外乎集中在：(1)魯王世系、生平(2)唐、魯王交惡往
事(3)鄭成功與魯王關係(4)魯王之死因、卒時與卒地(5)魯邸侍
從浙東義旅抗清活動(6)對清代官私載籍之考釋辨證。

　　總的來說，明清鼎革時期為近二十年來國際漢學界研究焦點
之一，而在台灣南明史之研究亦是豐碩，以《台灣文獻》為發表
中心，在 1950 年至 70 年代間，成為一門顯學。但時至今日，著
作不但減少，甚至可說是瀕臨絕跡，主要原因在於尋找新問題之
不易，與挖掘新史料之困難，在在突顯了南明史研究之瓶頸。因
此如何在既有的研究成果上，一方面兼容並蓄，一方面力求突
破，成為本調查報告撰述之努力方向。而論文之撰述本有「描述
性」與「問題性」之著眼點與切入法，所以本調查報告在魯王部

絜生〈魯王真塚的發現〉，頁 35。

陳漢光〈「皇明監國魯王壙誌」〉，頁 36~37。

胡適〈跋金門新發現《皇明監國魯王壙誌》〉，頁 38~41。

毛一波〈讀魯王壙誌〉，頁 42~46。

毛一波〈鄭成功與魯王之死〉，頁 47~49。

台南市文獻會〈魯王壙誌發現後台南市文獻會意見七點〉，頁 50~54。

[6] 該輯目錄如下：

莊金德〈明監國魯王以海紀事年表〉，頁 1~59。

毛一波〈魯王抗清與明鄭之關係〉，頁 60~74。

毛一波〈浙閩公案與南澳公案〉，頁 75~80。

廖漢臣〈魯王抗清與二張之武功〉，頁 81~105。

陳漢光〈魯唐交惡與魯王之死〉，頁 106~114。

陳漢光、廖漢臣〈魯王事蹟考察〉，頁 115~125。

黃一齋〈明監國魯王與諸鄭及台澎的關係〉，頁 126~165。

黃一齋〈明監國魯王與隆武帝及鄭成功〉，頁 166~216。

份打算以排比經緯，鋪陳史實為主，以「漢影雲根」及附近周遭之摩崖石刻文字為探討重點，以求首尾貫通，各體兼備。

第二節　魯王世系

明監國魯王世系，依據壙誌與明史，大致可考如下。[7]

---

[7]　本節主要依據毛一波〈魯王抗清與明鄭之關係——附魯府世系考〉（頁 71~74）及新刊史料《惠安王忠孝公全集》改寫而成。按，有關魯王世系、生平、論著稽考已詳，幾無置喙之餘地。近年台灣省文獻會刊行有《惠安王忠孝公全集》（民國 82 年 12 月出版）可補正一二。王忠孝，字長孺，號愧兩，崇禎元年登進士第。其後福王主事，歷官紹興知府，副都御史、兵部左侍郎總督軍務。福京破，杜門不出，成功在廈，待以賓禮，永曆十八年入台，肆意詩酒，居四年卒。遺稿為十二卷，未刊。昔年治明鄭史者，無從取資，今得廈門大學人文學院院長陳支平教授費心點校勘誤，台灣文獻委員會付梓刊行。書中卷四〈疏奏類〉有「附載大明魯王履歷」（頁 77~80）。由於為新刊史料，為前人所未見，今附載於后，以供參考：

監國魯王，諱以海，字巨川，號恆山，別號常石。太祖高皇帝第九子，分封魯王諱檀第十代子孫也。世封山東兗州府。王係魯肅王庶第六子，萬曆戊午四十七年（按戊午年應是四十六年，不知是原稿誤，或新刊誤）五月十五日辰時，母妾王氏生。本月十七日奏報，天啟六年七月二十三日具奏賜名。崇禎六年七月十七日受封為鎮國將軍。

崇禎十五年十二月初八日，虜攻陷兗州府，兄魯王諱以派被虜難，第四兄鎮國將軍以衍，第五兄鎮國將軍以江，暨魯王嫡第一子，俱同日死難。山東撫臣奏請下部覆議，於崇禎十七年四月初四日冊封庶第六子鎮國將軍為魯王。北都告陷，山東騷動，王送南邊。弘光登極，移封浙江台州，給以全祿。弘光二年金陵不守，東浙士民，於閏六月十一日，扶王起義，翼載監國，則閏六月十五日也。駐蹕紹興。

王力疾視師，親臨錢江載戰，躬懷甲冑。是時勳臣元老，及者舊軍民，交章勸進，王謙讓再四，止允監國。丙戌仲夏上游告潰，王乃浮瀚至舟山。十一月勝虜伯後封建國公鄭彩北上迎王，來至泉州中左所，與諸紳復謀起義，仍尊王監國。首攻海澄及漳州，嗣出師攻福州，諸附縣俱下，獨會城未開。適虜援騎至，一撤圍而諸縣俱失。

　　其始王檀，為郭寧妃所出。洪武三年（1370 年）與秦、晉、
周、燕、齊、潭、趙等九王同時受封，封予魯，諡荒王，十八年
就藩兗州府。他好文禮士，善詩歌，喜餌金石藥，後毒發傷目，
太祖惡之。妻為信國公湯和之女，王薨於洪武二十二年。

　　子靖王肇輝，荒庶一子，時甫彌月，母妃出自名門，撫育教
誨有度，于永樂元年（1403 年）三月，始得嗣。成祖愛重之，過

　　王又北底（抵）舟山。辛卯九月虜合蘇松寧波台溫舟師會犯舟山，王親督定
西侯張名振，直往姑蘇洋截擊，已獲大勝。初，留蕩胡侯阮進守舟山，詎意
寧波之虜乘虛來襲，蕩胡侯戰衄，遂陷舟山。王率勝師言旋，虜已據舟山不
可救矣。

　　王復南來，遂謝監國，尊永曆年號，避跡金門，永曆丙申十年，移駐南澳。
永曆己亥十三年五月復來金門，於永曆壬寅十六年十一月十三日丑時，忽中
痰蘦逝。

　　元妃張氏，崇禎七年十月初八日，選到兗州府濟寧州民籍張有光第一女，原
係浙江寧波府人氏。崇禎十一年六月二十四日封鎮國夫人，崇禎十二年三月
初九日入府成婚，崇禎十五年十二月初八日虜破袞州，夫人碎磁器以銳觸喉
死節，崇禎十七年四月初四日奉敕追封為魯王妃。

　　繼妃張氏，亦寧波人。辛卯九月初二，虜破舟山，投井死節。夫人陳氏，乙
未年晉為次妃。

　　王庶第一子，庶第三子，壬午年陷入虜中，存亡未卜。庶第二子，甲申年在
南京卒。庶第四子弘㮮，丙戌二月被虜難。庶第五子弘朴、庶第六子弘棅俱
至北蒙難。今存第三女係嫡出，繼妃張氏選閩安侯周瑞之子周衍昌為儀賓。
尚未配第五女、第六女，俱陳氏生，茲遺腹在身。

　　始祖魯王檀，係太祖高皇帝第九子，諡曰荒。
　　二世祖魯靖王肇輝（煇）
　　三世祖魯惠王泰堪
　　四世祖魯莊王陽鑄
　　五世祖魯懷王當漎
　　六世祖魯悼王健杙
　　七世祖魯端王觀定（帒）
　　八世祖魯恭王頤坦

兗時，賜以詩幣。靖王亦禮賢敬士，宣宗稱之。至成化二年（1466年）薨。

子惠王泰堪，靖嫡一子嗣位，成化九年薨。

孫莊王陽鑄，惠嫡一子，成化十二年襲封。莊王在位久，嘉靖二年（1523年）始薨。

世子當溯，莊嫡一子，成化十九年封世子，弘治十八年（1505年）薨，以孫觀懷襲封，追封王諡曰懷。

世孫健杙，懷嫡一子，弘治十六年封世孫，正德十五年（1520年）薨，以子觀熰襲封，追封王諡曰悼。

孫端王觀熰，悼嫡一子，嘉靖七年襲封。游戲無度，挾娼樂裸，左右有忤者錐斧立薨，或加以炮烙。世宗念其年幼無知，革其祿三之二，誅其典膳秦信等人。于嘉靖二十八年（1549年）薨。

觀熰子恭王頤坦，嘉靖三十年嗣封，有孝行，捐王邸田湖，贍給貧民。又常辭祿，以給貧苦宗室，前後七賜璽書嘉勞之。萬曆二十二年（1594年）薨。

世子先卒，敬王壽鏳，恭庶六子，初封富平王，萬曆二十四年襲封，二十八年薨，無子。

憲王壽鋐，恭庶七子，初封常德王，萬曆二十九年進封，崇禎九年（1636年）薨，無子。

蕭王壽鏞，恭庶九子，初封泰興王，崇禎九年進封，十二年薨。十三年子以派襲封。十五年，兗州被圍，知府鄧藩錫，力勸以派散積儲以鼓舞士氣，以派不從，城破被清兵所殺。

清兵退後，十七年，以派弟魯王以海嗣位。然襲封僅四日，京師失陷，魯王以海南奔，福王命暫駐台州。及南都陷，杭州降，鄭遵謙、張國維等迎其監國于紹興，以明年為監國魯元年

（1646），不奉唐朔。進黃宗羲造監國魯元年丙戌大統曆頒行民間，命鼓鑄大明通寶錢。

監國魯王諱以海，字巨川，號恒山，別號常石，生於萬曆四十六年（1618年）五月十五日。王素有哮疾，壬寅年（清康熙元年，明永曆十六年，西元1662年）十一月十三日，中痰而薨，年才四十有五，以海有子六，皆庶出。第一子、三子在兗州陷清人之手，存亡未卜；次子卒於南京。第四子弘㮶，五子弘樸、六子弘棅，俱在北蒙難。王薨時僅存次妃陳氏，遺腹八閱月，明年生遺腹子弘甲，由長陽王術桂（即寧靖王）收寄，棲於東寧（今臺灣）。女子三，長為繼妃張氏所生，選閩安侯周瑞長男衍昌為儀賓（按明制親王、郡主之婿，謂之儀賓）。餘二女俱陳氏出，次女後適鄭聰，為成功次子。三女後適南安儒士鄭哲飛。

以上敘述，頗覺瑣碎，為清眉目，利於閱覽，茲列魯王世系表如次：

魯府世系表

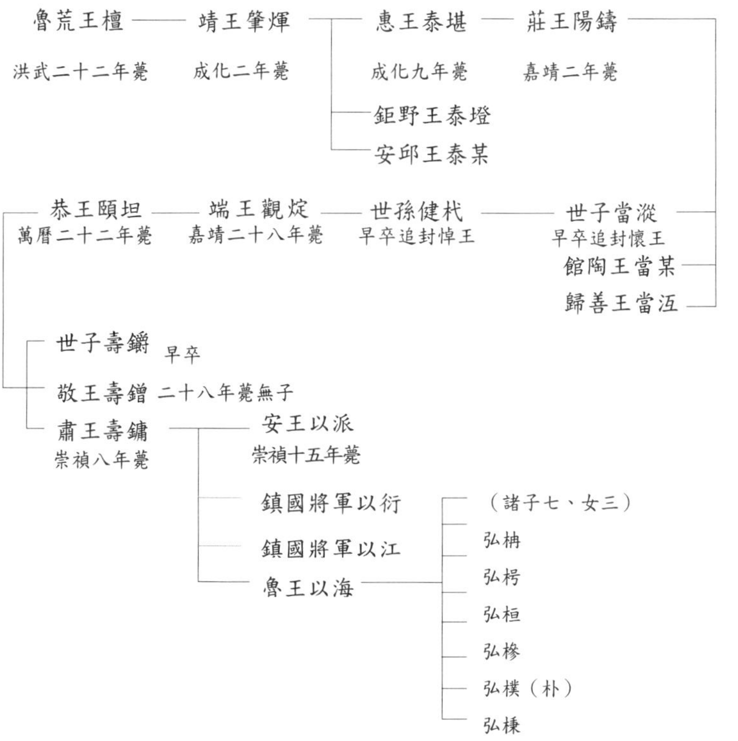
魯荒王檀
洪武二十二年薨
靖王肇輝
成化二年薨
惠王泰堪
成化九年薨
莊王陽鑄
嘉靖二年薨
鉅野王泰墱
安邱王泰某
恭王頤坦
萬曆二十二年薨
端王觀烷
嘉靖二十八年薨
世孫健杕
早卒追封悼王
世子當漩
早卒追封懷王
館陶王當某
歸善王當沍
世子壽鏳
早卒
敬王壽鏳 二十八年薨無子
肅王壽鏞
崇禎八年薨
安王以派
崇禎十五年薨
鎮國將軍以衍
鎮國將軍以江
魯王以海
（諸子七、女三）
弘桷
弘楞
弘桓
弘橼
弘樸（朴）
弘榛

第三節　魯王生平大事紀

魯王以海生平，可大略分為三期，（一）一歲至二十八歲（明萬曆四十六年——弘光元年、清順治二年），（二）前後監國八年之二十九歲至三十六歲（魯監國元年、唐王隆武二年、順治三年——監國八年、永曆七年、順治十年），（三）駐蹕金門八年，三十七歲至四十五歲（永曆八年，順治十一年——永曆十六年、

清康熙元年）。其事蹟，近人莊金德綜合各家之紀錄、筆記、碑銘、年譜、傳記、實錄以及各種史乘、志書等史料數十種、加以綜合研考，寫成《明監國魯王以海紀事年表》[8]信實賅備。茲據該表，再簡化成魯王大事年表，以西元紀年為主，下附干支與明清年朔，起自甲申，迄於王薨之壬寅，以略明其事蹟。

(1) 1644 年、甲申、王二十七歲（明崇禎十七年、清順治元年）

　△二月十五日、崇禎皇帝冊封王為魯王。

　△四月初四，王在山東兗州，正式受命即魯王位。

　△同月初八，王甫封四日，而清師入兗州，王南奔。

　△十一月，福王由崧命王移居浙江台州。

(2) 1645 年、乙酉、王二十八歲（明弘光元年、清順治二年）

　△四月，王暫住台州。

　△五月十四日，南都淪陷。

　△六月十三日，清兵至杭州，潞王常淓出降。

　△閏六月初七，張肯堂、吳春枝、黃道周、鄭芝龍等奉唐王聿鍵監國於福州。

　△同月十四日，王在台州，與台紳陳函輝、吳凱等，殺清使，征兵措餉，共謀大舉，窮鄉僻壤，無不騷動。

　△同月十八日，錢肅樂遣舉人張煌言奉箋赴台州迎請王監國。

　△同月二十一日，兵部尚書張國維至台州，與陳函輝等共請王出監國。

　△同月二十七日，唐王即皇帝位於福州，號稱隆武。

　△七月十七日，王即監國位於台州。

---

[8]　本節主要依據莊金德前引文改寫而成，茲為省篇幅，不再一一分註。

△同月二十五日，王發台州，赴越。

△八月初三，王抵紹興，以分守衙署為行營。

△同月，王行祭告禮，監國於紹興，明年為監國魯元年，不奉唐朔。同月王分封起義諸臣，並視師江干，賞賚有差。時王正病脾痛。同月廷臣請上尊號，王不之許。

△九月，閩隆武皇帝遣劉中藻頒詔浙東，議不奉詔，王不受，自是閩浙若水火矣。

△十一月，王勞軍於江上，駐蹕西興，進封諸臣。

△十二月，王回越城。同月，王令鑄大明通寶錢。同月，王正中進黃宗羲所造監國魯元年大統曆，詔優答之，宣付史館。

△同月十五日，王復至蕭山，二十四日浙東諸義旅會師圍攻杭州失敗，江上軍聲為之大沮。

(3) 1646 年、丙戌、王二十九歲（魯監國元年、隆武二年、順治三年）

△正月元旦，王在紹興，改元頒歷，稱監國魯元年。江上諸藩鎮次第來朝。同月遣曹維才、柯夏卿為使，奉書閩中。

△三月初一，閩中遣陸清源犒師浙東，被方國安所殺。

△五月，閩中殺魯使陳謙。

△同月二十九日，王作親征六詔，飛遞江干，無奈士無鬥志，江上師潰。三十日，卯刻。王發宮眷，命保定伯毛有倫扈宮眷、王子由定海而出。方國安率殘卒挾王擬奔台州。

△六月初一，紹興棄守，大勢既去，浙之東西先後淪陷。

△同月十八日，王奔台州不得，次黃巖，幾為方國安、馬士英所挾出獻清軍。幸王由海門脫，登海舟，張名振來扈，航海至舟山，守將黃斌卿不納。

△同月，王之嬪妃宮眷及王子，被叛將張國柱所邀劫，北去投
　清，嬪妃王子終被殺。

△八月二十一日，隆武帝聞仙霞嶺不守，乃自延平出奔汀州。
　二十八日，清兵入汀州，隆武帝及后妃蒙難於汀州之府堂。

△九月初九，鄭彩、周瑞自閩迎王於舟山。黃斌卿素畏鄭氏，
　閉門不出，乃與王洽議入閩。

△十月十四日，丁魁楚、瞿氏耜奉桂王由榔監國於廣東肇慶。
　二十五日，鄭彩扈魯王發舟山。

△十一月十八日，桂王即皇帝位於肇慶，仍稱隆武二年，以明
　年為永曆元年。二十四日，鄭彩奉王次中左所（今廈門），
　尋次長垣。

△十二月鄭成功舉義旗於海上，奉隆武舊朔，招兵南澳，以圖
　恢復。

(4) 1647 年、丁亥、王三十歲（魯監國二年、永曆元年、順治四
　年）

△正月初一，王次中左所，晉封諸臣，禡牙出師，往來諸島，
　後雖連復諸地，終以兵餉不繼，將帥失和，清兵援至，復者
　旋失。

△七月，王親征，次長垣，會鄭彩、周瑞、周鶴芝、阮進之師
　攻福州，敗績。

△十月，鄭成功頒隆武四年戊子大統曆於海上，王則頒魯監國
　三年戊子大統曆於海上。時鄭成功對王修寓公之禮，而不稱
　臣。於是海上遂有二朝。

(5) 1648 年、戊子、王三十一歲。

△正月初一，王在閩安鎮。未幾，鄭彩殺大學士熊汝霖，閣臣

請罷朝諭祭。王畏彩，不果行。後再殺鄭遵謙，王聞之，為泣下，輟朝五日，不敢問。

(6) 1649 年，己丑、王三十二歲。

△正月初一，王次福寧之沙埕。議蹕福寧州，有不合者，遂不復及遷事。

△四月，清兵陷福安。鄭彩還三沙，王間走壺江、崳崎山等處。

△七月，時閩地盡失，鄭彩棄王他去。六月，張名振收復健跳所，表迎王來蹕，七月初五，王次之健跳所。清兵來圍，阮進救之，清師解之。

△八月初五，世子生，母李氏。

△十月十二日，張名振、阮進、王朝先合兵討黃斌卿，誅之。二十日，王駐蹕舟山，擢封諸臣。

△十一月，王遣阮美為使，乞師日本，未果而返。同月冬至日，王頒監國五年曆於廷臣，行朝賀禮。

(7) 1650 年、庚寅、王三十三歲。

△正月初一，王在舟山。

△八月，鄭成功襲取鄭彩、鄭聯據地，自是成功擁有金、廈二島，威震海上。

△十一月，冬至日，王頒監國六年曆，一如五年例，廷臣朝賀。

(8) 1651 年、辛卯、王三十四歲。

△正月初一，王在舟山。諜報誤傳清帝死，群臣入賀。

△二月王設醮於舟山。

△六月，舟山大旱，王布袍步禱，群臣咸草具以從。

△七月，清兵分道進犯舟山，張名振奉王攻吳淞，以牽制之。

△九月初二，舟山星隕如雨，是日城陷。王繼妃張氏，及諸臣

皆死之。張名振遂奉王航於海，次三沙。張名振致書勸鄭成功會師迎勸，王亦與之書，盼其拯此同患。成功命兵科給事中徐孚遠前至王之行宮，面啟宜去監國號。王復書說明勉從監國意。乃使人迎王居金門。

△十二月二十九日，張名振、沈宸荃等奉王次中左。

(9) 1652 年、壬辰、王三十五歲。

△正月，王在中左所，尋蹕金門。鄭成功贄千金，紬緞百匹，以宗人府府正之禮見之，並安插諸宗室從官，月給餼焉。尋奉王居金門，如寓公焉。

(10) 1653 年、癸巳、王三十六歲（魯監國八年、永曆七年、順治十年）

△三月，王在金門，時有搆王於鄭成功者，成功禮儀漸疏。王乃自削其號，疏謝監國號，漂泊島嶼，賴舊臣王忠孝、郭員一、盧若騰、沈佺期、徐孚遠、紀石青、林復齊等調護之。

(11) 1655 年、乙未、王三十八歲。

△正月，王在金門，同居者有盧溪王、寧靖王術桂，及避地遺臣王忠孝、盧若騰、沈佺期、辜朝薦、徐孚遠、紀許國等。鄭成功皆待以上賓，軍國大事悉以諮之。同月，永曆帝遣使持敕來自龍安，命王監國。

△十一月二十七日，張名振病卒於舟山。時王在金門，獲訃聞，極震悼，贈賻特厚。

(12) 1656 年、丙申、王三十九歲。

△正月，王在金門。

△三月，王徙居南澳。

(13) 1657 年、丁酉、王四十歲。

△正月，王在南澳。

(14) 1658 年、戊戌、王四十一歲。

　△正月，王在南澳。時張煌言遙奉桂朔，凡有大舉，必與延平
　　合議，不敢顯通監國，用絕嫌疑，以固同愾。

　△五月十五日，行營恭祝監國魯王千秋，張煌言賦詩感懷。

(15) 1659 年、己亥、王四十二歲。

　△夏，王以盜警由南澳奔還金門所。

　△五月，鄭成功率軍北伐，八月敗退。

(16) 1660 年、庚子、王四十三歲。

　△正月，王在金門。春，張煌言獲悉魯王移蹕金門，乃上疏報
　　告北伐軍失敗情況。

(17) 1661 年、辛丑、王四十四歲。

　△正月，王在金門。

　△同年初七，清世祖崩。初九，清聖祖即帝位，以明年為康熙
　　元年。

　△三月二十四日，鄭成功東征伐舟師抵澎湖。

　△四月初一，鄭成功率軍東征，舟師登陸安平港。

　△十二月，荷蘭台灣總督揆一向鄭成功投降，台灣收復。同月
　　初三，緬酋執帝后及皇太子以獻清師，永曆帝蒙塵於緬甸。
　　翌年四月二十五日，俱被害於雲南。

(18) 1662 年、壬寅、王四十五歲。（永曆十六年，清康熙元年）

　△正月，王在金門。

　△五月初八，鄭成功薨於東寧，享年三十有九。

　△六月，閩南遺老以成功既卒，無人供奉魯王，貽書相商張煌
　　言，煌言答書中有曰：「今不幸延平王薨逝，大喪未畢，費

繁難支，即軍儲尚恐不給，何暇言及宗祿。……南北相距，
動輒數千里，近來賊哨出沒，孤艇難行，安得時時供億。再
四躊躇，倘國主能韜光斂跡，移寓海上或沙關之間，則不肖
尚可稍將芹曝，而浯島亦免窺伺之虞。……然我輩所為何
事，而至親藩流離瑣尾，飢餓於我土地，非特諸勳公之責，
亦諸老先生之羞也。若新府肯敬承先志，敦厚天潢，哀王孫
而進食，又何煩不肖之片芹寸曝哉！」之語。

△七月，張煌言上書魯王，勸其爭取閩海勳鎮，速正大號，以
　求正統。

△九月，張煌言在浙久候閩音，消息既杳，知鄭氏無擁立之意，
　甚憤慨，乃又上疏於王，並進膳銀。

△十一月十三日，王素有哮疾，是日中痰而薨。

△十二月二十二日，時島上風鶴，不敢停櫬，乃卜地於金城東
　門外之青山，穴坐酉向卯，其地前有巨湖（今古崗湖），右
　有石峰（即大帽山）。

　王生前屢遊其地，曾題勒「漢影雲根」四字於石，因而卜葬
　斯土。十二月辛酉安厝，按會典親藩禮營葬。寧靖王術桂率
　同島上文武親臨致祭，並撰壙誌，敘王本末及生薨年月，勒
　石藏諸壙中。

(19) 1663 年，癸卯（康熙二年）。

△正月，張煌言遣使祭告於王。

△二月，王之次妃陳氏生遺腹子，名弘甲，為寧靖王所收養。
　金廈陷清後，隨王樓於東寧。

△翌年七月，張煌言被執，不屈而死。至是南明抗清復國之業
　告終。

第四節　魯王在金門生活與眞墓之發現

　　如上節所述，隆武二年（1646 年，魯監國元年、清順治三年）五月，清兵入浙東，紹興師潰敗，魯王浮海入舟山，而守將黃斌卿居然不納，幸有鄭彩、周瑞自閩來迎，奉王居中左所（今廈門）。嗣後往來諸島，克

金門魯王墓

復福州、興化等二十七州縣，聲威大震，終以兵餉不繼，將帥失和，不久清軍援至，所復州縣旋失。而閩地盡失的同時，「鄭彩棄王他去」、「乞師日本，未果而返」、「時鄭成功對王修寓公之禮，而不稱臣。」諸事不遂心願，魯王心情之鬱卒悲沈可想可知。永曆五年（1651 年，順治八年）清兵分道進犯舟山，九月初二城陷，魯王只得投靠鄭成功，而成功命徐孚遠「前至王之行宮、面啟宜去監國號」，在如此脅迫之下「乃使人迎王居金門」，鄭成功見面「以宗人府府正之禮見之」、「尋奉王居金門，如寓公焉。」如寓公者，蓋無所事事，既不得行其志，屈居人下，不免有所牢騷，是以翌年有人搆陷打小報告給成功，「王乃自削其號，疏謝監國號，漂泊島嶼」，而張煌言等舊臣「凡有大舉，必與延平合議，不敢顯通監國，用絕嫌疑」，處境真是窘迫困頓之極，幸有一班忠貞舊臣如王忠孝、沈佺期、盧若騰等人安慰調護。

　　永曆十年（1656 年，順治十四年），魯王正月還在金門，到了三月徙居南澳（今廣東汕頭外海島嶼），原因不詳，往不好方面去猜想，恐怕是受不了島居之窩囊氣，或與鄭成功又有牴牾衝

突[9]。居南澳三年，因「盜警由南澳『奔還』金門所」，「奔還」
兩字顯其狼狽狀，至此不能不徹底隱忍苟命於金門了。永曆十六
年（1662年，康熙元年）鄭成功不幸薨於台灣，成功既卒，竟然
「無人供奉魯王」，諸遺老貽書相商於張煌言求助，張復書相拒，
在信中不客氣盼望魯王「倘國主能韜光斂跡，移寓海上或沙關之
間，則不肖尚可稍將芹曝」，並指責遺老「然我輩所為何事，而
致親藩疏離瑣尾，飢餓於我土地」，對鄭經也隱喻諷刺「若新府
肯敬承先志，敦厚天潢，哀王孫而進食，又何煩不肖之片芹寸曝
哉」。而成功既卒，海上諸臣又有議復奉王監國之舉，而張煌言
在浙久候閩音，消息既杳，知鄭經無擁立之意，不僅憤慨，乃又
上疏魯王，並進膳銀。凡此皆可見魯王顛沛落魄之困局，至十一
月十三日，中痰而薨，享年四十有五，或許這是魯王最好的解脫！
同年十二月二十二日，寧靖王朱術桂率同「島上」文武治喪，並
撰壙志，安葬魯王於古崗畔之陽。[10]

---

[9] 盧若騰「魯王將入粵賜詩留別次韻奉和」詩中記「恥作池中物……身原關治
　　亂，跡不礙行藏」。或可得大概，而「恥作池中物」一句，自可想見魯王當
　　時的處境。

[10] 關於魯王壙誌全文，茲附錄於后：
　　監國魯王，諱以海，別號常石子，始封先王諱檀，為高皇帝第九子，分藩山
　　東克州府，王其十世孫也。世系詳玉牒。王之祖恭王，諱坦頤（按應是頤坦），
　　父肅王，諱壽鏞。傳位第三庶子安王，諱以派，王兄也。崇禎十五年冬，虜
　　陷克州，安王及第一子、第四弟以衍，第五弟以江，俱同日殉難。山東撫臣
　　奏聞。王以第六庶子，母王氏。始生時，授鎮國將軍，部覆應繼王位，于崇
　　禎十七年四月初四日，冊封魯王。方三月初旨，使臣持節甫出都，而京都
　　旋告失陷矣。東省驛騷，王遂南邊。弘光帝登極南都，移封王于浙台州府。
　　南中不守，虜騎薄錢塘，浙東諸臣豎義旗，扶王監國，都紹興，則弘光乙酉
　　閏六月間事也。次年仲夏，浙事中潰，王浮澥入舟山，會閩中諸臣在北，迎
　　王至中左所，覆移師琅琦。附省諸邑，屢有克復，虜援大至，復者盡失，王

　　總之，魯王以明朝宗室，間關海上十八年，其中居金門達八年之久，而惟鄭氏是依，又不以禮待，卒至埋骨浯島，榛莽為墟，黍飯無聞，實亦可憫。而魯王在金門八年，樓居金門城，平日喜遊古崗湖，在湖南巨石手書鐫刻「漢影雲根」四字，並與從亡諸臣有酬唱題咏之作，如金門人盧若騰有詩「即韻奉和魯王初伏喜雨詩四首誌后」、「魯王入粵賜詩留別次韻奉呈」與幾首賀壽詩；皆是明證，可惜魯王詩作未見流傳，否則於其時的際遇與心境之了解有更大之幫助。除此外，金門民間有稱魯王為「蕃薯王」或「地瓜王」者，謂魯王喜食蕃薯，常以此果腹充飢。又相傳魯王

又再抵舟山，躬率水師入姑蘇洋迎截虜舟，而浙虜乘機搗登舟山，竟不可援矣。王集餘眾南來，聞永曆皇上正位粵西，喜甚，遂疏謝監國，栖蹤浯島金門城。至丙申徒南澳，居三年。己亥夏復至金門。計至魯而浙而閩而粵，首尾凡十八年，王間關瀚上，力圖光復，雖末路養晦，而志未嘗一日稍懈也。王素有哮疾，壬寅十一月十三日中痰而薨。距生萬曆戊午五月十五日，年纔四十有五，痛哉！元妃張氏，兗濟寧州張有光長女，原浙之寧波人，兗陷殉節。繼妃張氏，亦寧波人，舟山破日投井而死，有子六皆庶出，第一子、第三子在兗陷虜，存亡未卜。次子卒於南中。第四子弘桵、第五子弘樸、第六子弘棟，俱在北蒙難。僅存夫人，今晉封。次妃陳氏，遺腹八閱月。女子三，長為繼妃張氏所生，選閩安侯周瑞男衍昌為儀賓，未嬪。尚二女俱氏出，未字。島上風鶴，不敢停櫬，卜地于金門城東門外之青山，穴坐酉向卯。其地前有巨湖，又有石峰，王屢遊其地，題「漢影雲根」四字于石，卜葬茲地，王顧而樂可知也。以是月念二日辛酉安厝。謹按會典親藩營葬，
　奉
　旨翰林官撰壙誌，禮部議諡。今
　聖天子遠在滇雲，道路阻梗，未緣上請，姑同島上諸文武敘王本
　末及生薨年月勒石藏諸壙中。指日中興，
　特旨賜諡改葬，此亦足備考訂云。
　永曆十六年十二月念二日，遼藩寧靖王宗臣術桂同文武百官謹誌。

次妃陳氏是金門下市村人。[11]此皆無可究實，姑誌之，作為閒話談片。

　　魯王既薨，因鄭氏不以禮待，至受沈王於海之誣。而魯王墓塚，歲久湮失，榛莽成墟。道光十一年（1833年）金門人林樹梅，在金門城城東發現一古墳，鄉人稱其為「王墓」。林氏參稽古書，判定其為魯王墓，乃報知福建興泉永巡道周凱，周凱乃檄命金門縣丞清界址，加封植，禁樵蘇，樹碑以表之。碑題「明監國魯王墓」，左上鐫「大清道光十六年歲次丙申四月建」，右下鐫「福建興泉永道富陽周凱書」；碑陰刻有「明監國魯王墓碑陰記」、[12]碑文記魯王自舟山兵敗來金，及病歿事，並由金門西村舉人呂世宜書寫，相得益彰。後於民國二十四年（1935年）夏，由金門人許維舟於塚墓右側倡建「魯亭」，翌年春完成。亭中央立碑乙座，正面由當時軍事委員長蔣中正先生頒題「民族英範」四字，碑陰有許維舟之「募建魯亭記」，亭中另有其時黨政要員諸多題聯，茲不贅述。及民國四十三年「九三」砲戰時，亭右上角被亂砲擊毀，旋予修復。但至民國四十七年「八二三」砲戰時，於八月廿四日下午，該碑「王」字右上方，被敵炮擊缺約一尺。九月八日下午，又被敵砲擊中，斷而倒塌。翌年一月七日下午，墓頂再被俄製一二二加農砲彈命中，雖未全毀，已飽受摧殘。後經砲兵六〇〇群劉祥齋上尉，將墓碑扶正修復，雖迄立如初，惟碑文

[11] 詳見郭堯齡〈魯王與金門之史蹟調查研究〉，《海山行客－金門國家公園八十六年度人文史蹟調查研究》（許維民計畫主持，金門國公園管理處，民國87年3月出版），頁18~19。

[12] 該事件與碑文，詳見周凱〈明監國魯王墓考〉、〈明監國魯王墓碑〉，收《內自訟齋文選》（台銀文叢第82種），頁15~17，頁43~44。

部份已破壞。[13]

　　從道光十一年（1833 年）至民國四十八年（1959 年）八月
二十二日，一百二十餘年來，眾人均認為此墓為魯王墓，不料魯
王真塚，於民國四十八年八月二十二日下午四時發現。發現人乃
金門構工部隊劉占炎中校，八月二十日時國軍在舊金城東炸山採
石，意外發現深埋土下之石碑，繼向下掘挖。壙蓋畢露，其壙四
周及蓋，係用三合土灰砌成，堅固異常。八月二十二日，劉中校
慎重其事，為保持原狀，僅在碑後一公尺處鑿開一洞，命謝文瀾
中尉派士官入內檢視，獲石碑一具，經清洗後，始發現「皇明監
國魯王壙誌」八字及全文。[14]劉中校以事體重大，乃報上級處理。
後奉司令官劉安祺上將之命令，由金防部、政委會、金門縣政府
等組成監掘小組，並由金防部政治部副主任劉本欽上校主持其
事，而郭堯齡先生以正氣中華報副總編輯身份參與其會。同月二
十六日上午九時，經焚香祭拜後，派人開鑿壙蓋，發現壙底為火
燒紅色方磚所鋪，縫隙灌有水銀，壙中尚存腐剩之棺材木三塊，
餘已變成黑色渣滓。隨即派士官伍志強、郭世賢入內取出魯王骸
骨，殘棺中另有永曆通寶銅錢三枚。總之，此次挖掘所得，有無
字墓碑、墓案、壙誌、遺骸、瓷碗、紅方磚、銅錢、殘棺木等等。

---

[13] 詳見周之道《金門峰火》（台北，新高地文化公司，民國 87 年 8 月初版），
頁 248~249。

[14] 關於魯王壙誌之發現，據金門舊金城人邵來猛先生言，是他於該年八月二十
日上午九時許在附近撿拾枯草木時，碰巧以鋤頭入壙內隨意勾梳取出，最先
發現。唯此事經過未載於正式文字記錄，而當事人劉占炎中校如今也不易尋
得查訪對質，不過，另經實地向郭堯齡先生請益，郭先生之說與當時文字報
導相符，有關細節與事實只有等訪查到劉占炎中校才能瞭解，姑誌於此，待
後來者留意。

當時監掘完畢，劉上校囑郭堯齡草擬報告書，以司令官名義呈報國防部，並約定未奉上級指示前，不得發佈新聞。後國防部連同壙誌拓本及照片等呈報總統，旋交中央研究院院長胡適博士研考，並為壙誌作跋，於同年十一月二日發刊台灣中華日報南北兩版，引起海內外重視，一時報章雜誌皆有考證及評論紀載。而郭堯齡亦於十一月五日起，一連六天在正氣中華日報刊載「考正歷史，魯王重光」一文，備述發現魯王真塚經過，從此為鄭成功洗雪三百年不白之冤，亦使魯王真塚重現人間。[15]

民國四十八年冬，先總統蔣公巡視金門，親蒞魯王真塚地址視察，當即指示金門當局在太武山小徑建築新墓，歷時三年始告完成，並於五十二年二月四日舉行安葬典禮，此即小徑魯王新墓的由來。

魯王真塚既已發現，並於小徑重新營葬，則原來舊墓終須一探，以探知真相。金門地方人士於民國七十一年十二月集合研討，此墓究為何王之墓？或為魯王之疑塚？抑或衣冠塚？或明鄭屬僚之墓？或是咸議挖掘，以明真象。案經縣政府層呈國防部轉行政院，由文建會推薦成功大學教授黃典權，暨師範大學教授王啟宗兩位專家，於七十二年十一月三日蒞金監臨發掘，出土銀鐲、纓絡、宋元豐銅錢、小瓷碗、古磚等等，而塚中碎骸，經土公蔡水源鑑定係屬女骨。黃、王二教授據此遺物並參詳歷史文獻；鑑定為宋代士宦人家命婦之墓。乃以瓦棺拾骸，仍就原穴封葬，由縣政府刻豎碑曰「宋元豐命婦之墓」，另立碑墓旁，敘述

---

[15] 參見(1)劉占炎〈發現皇明監國魯王墓記〉，頁31～33。(2)郭堯齡《魯王與金門》（金門縣文獻委員會，民國67年1月再版），頁10~14。

發掘考證經過，並整修墓園，種植花木。而原有之魯亭、石碑，則仍予以保存維護。[16]

第五節　「漢影雲根」石刻之相關問題探討

　　魯王摩崖石刻「漢影雲根」原位在古崗湖獻台山上，不知何時墜落？古坑人謂被風雷刮毀，也有說是因古坑人取石毀壞，此說略謂於民國十年（1921年）古崗僑商董春波等人，捐建古崗國小時，村民將墜石斷片擊碎，取去蓋建校舍，故該石僅存「漢影雲」三字，不見「根」字，故金門俗諺：「古坑（鼓崗）村人走到石龜（指魯王石渤處如龜形），就會青暝。」即譏笑鼓崗人不識真蹟寶貨之意。今觀巨石缺「根」字部份，極為齊整，宛如刀切，不似自然缺損，此事實如何，已難追究？[17]民國五十九年（1970年）十月，金門社教館館長王秉垣雇工重刻三字於山左摩崖，「根」字則由擅長書法之薛祖森補書，成「漢影雲根」四字，以供觀瞻，使魯王遺墨，重現原貌。

漢影雲根石刻

　　今考察該石刻，值得思索探討的問題有：

　　①該石刻是否確為魯王手書真蹟？

　　②該石刻為何無落款？

---

[16]　同註11郭堯齡前引文，頁8~9。

[17]　陳漢光、廖漢臣〈魯王史蹟考察記〉，頁116。

③該石刻刻於何時？

④「翰墨之寶」印作何解？是誰之手筆？

⑤「漢影雲根」四字作何解？

今試一一作解：

「漢影雲根」為魯王手書，應無疑義。明遺臣沈光文挽王詩序云：「墓前有大湖」，魯王壙誌記：「其地前有巨湖（按即鼓崗湖），右有石峰（即獻台山），王屢遊其地題『漢影雲根』四字于石。」，何況其旁又有從亡諸公諸葛倬等人之刻石題詠。此石刻現立於山腰，在魯王石刻倒置石頭之上，相距十來步，石上刻有七律四首，其前曰：「監國魯王遵瀉而南，揮翰勒石，為『漢影雲根』四窩字，意念深矣！倬等瞻誦之餘，同賦詩誌慨。」是為明證。而林焜熿《金門志》卷一〈分域略〉、「山川」亦記：「獻台山，左揖雞籠，右抱南磐，在太文山南，旁即鼓崗湖……又『漢影雲根』四字，明監國魯王寓島時，手書刻石。諸葛倬、吳兆煒、鄭纘祖、鄭纘緒各有詩鑴石室旁。」[18]周凱《內自訟齋文集》也載：「今墓前有鼓崗湖，廣四十餘丈，湖南多石，鑴王手書『漢影雲根』四字，並鑴從亡諸公題詠，其為王嘗遊處，又似可信。」[19]林文湘〈鼓崗湖春禊序〉：「金門城東，巨石礧砢，重疊蜿蜒，中瀦為湖。……湖之北，傍山瓦矗，湖之南，圓埠環拱。……湖西一箭地曰後浦，明監國魯王墓在焉。石上鑴『漢影雲根』四字，魯王書也，以外即汪洋大海矣。」[20]等等文獻皆可為旁證。

---

[18] 林焜熿《金門志》（台北，中華叢書委員會，民國45年7月印行），頁9。

[19] 林焜熿前引書，頁26~27。

[20] 林焜熿前引書，頁337。

　　另，值得注意者，諸臣謂此四字為「四窩字」，按「窩」字之解，據《中文大辭典》「窩」字條解，有七義，其中或可解為「物之下陷處也」，或可解為「別墅之獨處者也」，[21]此處自以「物之下陷處也」為正解，但若解為「別墅之獨處者也」亦未嘗不可，魯王喜愛此地風光，站在巨石上，神遊其間，領略江山之恢奇，俯仰古今變幻，中間一碧淵涵，魚鱉肥美，誠一勝境，廬墓卜葬在此，有別墅建於此處也說不定。

　　該石既確定為魯王所書，則刻於何時應進一步考證。前引諸葛倬賦詩，後題「永曆歲次甲午秋仲朔恭題」，甲午為永曆八年（清順治十一年，西元 1654 年），考明末魯王兩居金門，一在永曆六年至十年，一是永曆十三年至十六年病薨，因此在時間上是符合的，正是魯王駐蹕金門時。我們根據詩後所附年代，可以斷言此四字所刻年代之下限是永曆八年八月初一日之前，至於其上限應在永曆七年三月之後，此事又與「漢影雲根」石刻未勒落款有關，茲一併論之。

　　按野史訛傳「成功沈王於海」一語，事出有因。成功因奉桂王永曆正朔，對於監國以宗人府府正之禮相見，禮節頗疏。前引魯王大事紀，永曆七年（監國八年，清順治十年，西元 1653 年）三月，王疏謝監國，自削其號，說明了此時期的魯王可謂處境窘

---

[21] 關於魯王未能落款之心境與處境，在此可引一旁證作說明，《惠安王忠孝公全集》卷四書奏類〈回啟魯王〉中記：「而刻下有極大典要……可昭垂千古分誼者，莫於年號一事。……今若削去隆武年號，直書監國，職心不安。若專書隆武，而不書監國，何言擁戴？」（頁 76）可見當年書寫「隆武」或是「監國」，臣下都已經感到困惑矛盾，何況此時魯王已削去「監國」年號，更是不方便，因此乾脆都不題寫，省得自找麻煩。

困。試思手書「漢影雲根」，落款年代若題為「監國××年」自是不妥不安，若題「永曆××年」亦是不甘不願；而落款人名又如何寫之？是寫「監國」「魯王」，或直書自己名號，均頗費思量，乾脆都不提不寫，來個清靜不煩心，是則此四字未題落款，正突顯出魯王當時處境之艱難困窘與無奈，未落款正是一切盡在不言中。[22]總之，此四字石刻，應是在永曆七年三月至八年八月初一之間所勒，而以永曆八年上半年最有可能。復按，盧若騰詩（瞻魯王漢影雲根石刻）中有「峭壁新題氣象尊」句，若知此詩寫作年代日期，則可以推斷出更確切信實之年代日期，惜今存盧氏版本之輯注皆未附有是項資料，實為莫大遺憾！

「漢影雲根」石刻四字之上在正中有一篆印「翰墨之寶」亦值得提出一探究竟。「翰墨」筆墨也，為書寫所資，因以為文章之代辭。[23]「翰墨之寶」，自然是稱許「漢影雲根」四字猶如筆墨文章之擅場，為詞壇文苑之墨寶。但試問魯王怎會有如此自誇之舉，自吹自擂稱許自己筆墨文章之佳為「翰墨之寶」，若謂是當時從遊諸臣之勒題，也未免逾越體制，僭越身份了。因此不可能是魯王親題，也不是從遊諸臣之勒題。有可能者，一是後代之人觀賞之餘予以勒印，而且此人必非一般文人雅士，否則當會落款題名，較有可能者或是清代官宦之流，礙於身在官場不便落款。第二種可能是與魯王同時者，論其身分不下魯王，才敢以平輩同儕口氣許之為「翰墨之寶」。若論此人，再三思考，則恐怕以靖寧王朱術桂較有可能。按，朱術桂，字天球，號一元子，明

[22] 林尹等《中文大辭典》（台北，中國文化大學出版部，民國79年9月八版）第六冊，頁1751。
[23] 《中文大辭典》第七冊，頁814~815。

太祖九世孫遼王之後，始授輔國將軍。家本荊州，流寇亂至，避難南京，繼入浙，後入閩，屢進至郡王。在浙時，依監國魯王，督方國安軍。浙江陷，乃偕監國南下，漂泊諸地，終依成功，遂居廈、金兩島。永曆十七年十月，兩島俱破，成功已薨於台灣，乃從嗣王鄭經，十八年春，渡台灣。三十七年六月，清軍破澎湖，鄭克塽議降，術桂自縊死。[24]術桂人品雄偉，美髯弘聲，善書翰，喜佩劍，沈潛寡言，為鄭氏將帥及民兵咸尊仰之。朱術桂與魯王既同為藩王，同時落難駐蹕金門，魯王遺腹子弘甲（即朱弘桓）為術桂收養，「皇明監國魯王壙誌」碑誌題眉之小篆復為術桂所題，壙誌內文亦是術桂所書，加上其本人善於書翰，種種關係湊泊之下，於公、於私，於交情、於身份、於體制諸項角度切入探討思慮，此「翰墨至寶」極有可能是寧靖王朱術桂所題。若鄙意推論無誤，此摩崖石刻則更添價值，更增輝煌矣！

　　而「漢影雲根」四字尤啟人深思。時人解者，有所費解，莫名所以，謂漢朝怎有影子？白雲焉有根柢？遂謂漢影是指漢室之華夏與滿清外夷之區分，蓋南明飄搖如同大漢華夏之分影，雲根為深山高遠雲起之處，故「漢影雲根」寓寄明室之國運不絕，其分支必據守其根據地，再造風雲。或另有一說，謂雲根如雲漂泊無根，故「漢影雲根」意指明室之分支至此，飄搖零落，如雲之無根可繫。[25]此二說不能說解錯，卻未能得魯王之心意與深意。

　　解此四字，一方面須從字義、字面去解，另一方面卻又須跳

---

[24] 《台灣省通志》卷七〈人物志〉（台中，台灣省文獻委員會，民國59年6月出版）民族忠烈篇「朱術桂」，頁216~217。

[25] 洪春柳《浯江詩話》（台北，設計家文化出版事業有限公司，民國86年6月出版），〈明鄭詩選〉盧若騰「躬瞻魯王漢影雲根石刻」，頁86~87。

脫出字義、字面，從其時之局勢、魯王之心境、與此地之地理形勢等各方面多管齊下去解，方能較貼近事實，蓋諸葛倬等人已很明確指出「漢影雲根四窩字，『意念深矣』！倬等瞻誦之餘，同賦時誌『慨』。」足可說明其時魯王題字「意念」與「感慨」之深。

今試從字面先解「雲根」二字。據《中文大辭典》「雲根」條解其義有三：①謂山之高處也；②石也，雲觸石而出，故云，③雲也。[26]林文湘描述此地形勝，謂：「金門城東，巨石礧砢，重礨蜿蜒，中瀦為湖。一澗由高瀉下，作曲水流解觴，可据湖漱飲之。湖之北，傍山瓦蠹，湖之南，圓埠環供。中間一碧淵涵，魚鱉肥美，蓋浯洲一勝區也。湖西一箭地曰後浦，明監國魯王墓在焉。石上鐫『漢影雲根』四字，魯王書也，以外即汪洋大海矣。」[27]其旁諸葛倬賦詩「匪石根維砥柱牢」，吳兆煒詩「頂立雲根崇瀚嶽」、鄭纘緒「雲根菁蒨擎秋空」、盧若騰〈恭瞻魯王漢影雲根石刻〉詩「峭壁新題氣象尊，蛟龍活現跳天門」皆是描述此地之高聳壁立，因此「雲根」斷解為此地巨石高聳應無不妥。但若進一步思考此時期正是魯王依附鄭成功時，當年唐魯衝突，而鄭成功立場則是先後奉唐王與桂王正朔，成功因之不以賓主之禮相見相待，是以宗人府府正之禮見之，乃屬同輩之儀，奉之「如寓公焉」。而且永曆七年因有搆訟王於成功者，成功禮儀漸疏，魯王被迫自削其號，不敢再稱「監國」，是以站在巨石上，瀏覽四周景色，只見湖光山色，樹影濤聲，誠有漂零淪落亡國哀痛，不

---

[26] 《中文大辭典》第九冊，頁 1439。
[27] 同註 20。

免感到形影相弔，隻身漂泊，加上一向又有哮喘之宿疾，更是感嘆如雲之漂泊無根，今後何去何從？林文湘說得好：「夫魯王以兗州分封之裔，甫襲爵，而甲申之變乘之，崎嶇閩浙之交，艱辛踣躓，流離瑣尾，後乃依鄭氏於浯江島上。當時貞臣若王愧兩、盧牧洲諸公，其才學鬱而弗舒，所吟皆顛沛佗傺之辭，酸辛嗚咽之調，即欲強為逸豫之作，不能也。」[28]正因魯王有如許感慨，所以盧若騰詩才會從旁鼓舞道：「玉葉葳蕤自有根……懸知底定東歸後，南國甘棠一樣論」，諸葛悼亦安慰道：「十年潛見寄波濤，手斸虯螭紫爛高。……為彰影續扶桑炎，匪石根維砥柱牢，他日曰歸仍帶礪，從公倍憶舊鬢髦。」

再解「漢影」二字。「漢」字之義與本文有相關者有：

①天河也；　　　　　　　②世稱男子曰漢；

③日中，白日也；　　　　④朝代名；

⑤國名；　　　　　　　　⑥種族名等等；[29]

「影」字之解有[30]：

①人物因光而生之陰影也；　②人物映現於水面或鏡面之影也；

③自然風物之姿容也；　　　④像也；

⑤日影也；　　　　　　　　⑥幻影物之假象也；

⑦庇蔭也；　　　　　　　　⑧與景同等等。

因此光從字面解，便有多義，而且皆可通。如

①盧若騰詩「銀潢蕩漾多分影」即指天漢雲河之義。

②而諸葛倬詩「為彰影續扶桑炎」涵蘊更深。按扶桑有三解，

（一）在碧海之中，地多林木，葉皆如桑，又有椹樹，樹兩兩同根偶生依倚，是以名扶桑。（二）指扶桑為東海神木，日之所出。（三）謂桑維翰著賦以見志之故事。[31]因此就詩解詩，諸葛倬之詩含意甚深，一方面謂魯王棲依金門，盼能再起風雲，二則形容君臣相依如扶桑，表示忠貞，三則也可解為勸魯王莫再有意氣之爭，誠心誠意與桂王合作如扶桑之相依倚。（四）則表彰魯王示志明心，是以吳兆煒詩「靜看漢影識高深，頂立雲根崇瀣嶽。湖水近知日月心，波光時聆晴光皋。」此「日月心」即復明室之心，皆是此義。

③鄭纘緒詩「漢影昭回催瀣曙，雲根菁蒨晴秋空……最是臣靈簪氣色，靜看一葉化江紅。」則是指其地理位置與四周風光。此巨石坐東朝西，西望故國，正是「漢影」所在，朝夕遊觀，「其所見雲垂海立，沙走雷犇，風檣馳驟，蜃蜃離合，陰火潛燃，可驚可愕之事，皆足以發其雄特　瑰之辭。其或雨霽天晴，霧斂煙銷，鷗鷺徵逐，草樹籠倉，碧疇簑笠，綠野牛羊，可歡可怊之景，皆足以生其靈雋窅眇之趣。」[32]但因「境因時變，而詩亦與之俱變也」，「即欲強為逸豫之作，不能也」，所以在艱辛踢躓，流離瑣尾之下，不免所吟皆顛沛佗傺之辭，酸辛嗚咽之調。

感慨良深，思慮遙渺，思故國，感身影，如雲根，似浮萍，亡國餘痛，百感交集之下，終於揮翰寫下震爍人心哀痛惋嘆的「漢影雲根」四字，悲乎！末路王孫，其景可嘆，其情可憫！總之，「漢影雲根」四字之解，不可光從字面去解，也不可拘泥於一說，

[31] 《中文大辭典》第四冊，頁442。
[32] 同註20。

或定於一說，方能接近魯王感慨之深！

　　另，該石旁又有一詩，字乃狂草，狂放奔逸，由於久經風化，兼又倒置，解讀起來，實在費心費力，今幸有金門人薛祖森、宋夢琪、李國俊、許維民等人，於民國八十五年六月二十三日勘察，初步得出詩句如下：「鯨箸賓虹擎浪開，石方如砥自天來，一絲涉道合東北，湖月星雲滿釣台。湖海翁狂」。不過經本人查看辨讀之下，略有出入，「擎」字或為「驚」，「自」字或為「與」，題刻之人或為某「易」姓者，當然也有可能是董颺先。總之，此首狂草詩句，實在難以辨識，遑論解讀，謹附於文末，尚乞方家共同努力解讀。

第六節　小結

　　甲申之變，山東騷動，魯王南赴國難，移居浙江台州。等到南都淪亡，浙東義旅雲起，共擁魯王監國於紹興。當時文武臣工，鄉野縉紳，頗能共心協力，一時中興。卻不料唐王來詔，不奉不接，從此浙閩水火，不能敵愾同仇，清騎一薄錢塘，義師旋潰江上，魯王浮海出走，幸賴張名振扈之，暫碇舟山。適巧鄭彩來北，乃議奉魯王南抵廈門，尋處長垣，往來諸島間，尚能艱難舉事，連復浙省三府一州二十七縣。終以兵餉不繼，閩浙將帥失和，清軍後援又至，復者旋失。當時魯王退蹕沙埕，假舟楫為宮殿，落日狂濤，臣主相對，艱難漂泊。不久張名振迎歸浙江健跳，敗黃斌卿於舟山，軍旅復振，據有一地。不意清師再進，舟山陷落，魯王諸臣差幸脫險，南行依鄭成功於廈門。成功待王僅是宗人府府正之禮，安插諸宗從官，月致餼資。王居金門，如寓公，未得

行其志，時局為之，且奈之何哉！

　　永曆七年，當時有搆王於成功者，成功禮儀漸疏，魯王顧全大局，自削監國號，賴舊臣王忠孝、郭員一、盧若騰、沈佺期、徐孚遠等調護。魯王流困伏處，徒望水天嘆息，真有人情弗堪之痛。金門城東，巨石疊砢，中有一湖，名為鼓崗，為浯江勝區。魯王喜游其地，穿蹬迂迴，登臨其上，頗有領略江山恢奇，俯仰古今變幻的感懷，雖有意為逸豫之作，寸心實在不忍不願。遙望故國，形影相弔，感懷漂零身世，深有亡國哀痛之慨，於是揮翰題下「漢影雲根」四字以抒懷感世，只是將要落款題號，不免有悲不勝情之無奈與悵惘，是題「永曆」抑或題「監國」？遂不提也罷，正有「個中情事誰分明，聊將揮毫解內心」的幾許感慨。

　　永曆十年徙居南澳，十三年，還蹕金門。當時義旅，魯邸侍從，擁有軍旅只剩張名振、張煌言二人。張名振與鄭成功商借兵糧，前後數年，三入長江，進出江南，雖然孤軍凜凜，以單弱兵力，三起三躓，終究壯志難伸，含恨而逝。煌言繼領其軍，慘淡經營，後隨成功北伐，直入長江，還是功敗垂成，還歸浙海，待機而動。魯王雖末路養晦，而志未嘗稍有一日之懈。不期於永曆十六年壬寅十一月十三日丑時，忽然中痰薨逝。

　　魯王自魯而浙而閩而粵，首尾共計十八年，間關海上、漂泊諸島，力圖光復，一旦違別，也代表明祚之告終。殘留天地之間的，也只是這「漢影雲根」的摩崖石刻，碧血丹青，永留海澨，徒供後人之憑弔惋嘆了，最後，謹錄清人黃家鼎「金門弔明監國魯王」詩句，以為結尾：「大廈傾難獨木支，人心推戴見當時，中興一旅思龍種，遺老孤忠泣豹皮，跋扈將軍空寄命，崎嶇海島孰持危。殘棋已覆猶爭劫，宰樹蒼涼啟後疑。」[33]寫至此，驀然

---

[33]　見黃家鼎《泉州府馬巷廳志》（光緒癸巳年刊本，台北市福建省同安縣同鄉會重印，民國75年10月），〈附錄卷中〉，頁321。

驚見一個落寞身影沒入蒼茫海天之中，遠遠地，悠悠地，傳來一聲廣遠的嘆息！

文臺寶塔

第一節　文臺寶塔創建背景

　　塔是隨佛教傳入而出現在中國，早期的塔是受到印度的塔型影響，印度塔的原型，係由三部份組成：1.塔基，2.複狀塔身，3.剎（傘蓋），稱為「窣堵婆」（Stupa）。以山基（Sanchi）大塔為代表，這種塔是圓形平面，實心石構。流傳到中國新疆一帶時，又出現方形基址，上加圓形穹窿之結構樣式，方壇中空成為內室，穹窿為半球狀，也是中空的，上面加有剎杆，作為塔的特別標識。這種中亞土坏構別之方壇穹窿頂式結構，比較接近「精舍」（塔廟）的概念。塔最初發展於三國時期，西晉時洛陽造寺四十二所，其時已有磚塔，當時一般形式為：方形塔身，中辟龕室，上是半球狀覆钵，再立木質剎杆，用鐵鍊繫引向四檐角。後來底層之方室由單層而多層，半球狀覆钵體積逐漸縮小，成為方錐形屋頂上端的結束部份，最後僅成為剎的一個組成部份——露盤下的覆钵。木剎杆也漸為數層疊加的石刻蓮花和寶珠所取代，

成為方錐頂的單層或多層的磚石塔[1]

　　另一方面，塔由原始納骨作用之「靈塔」，更趨向多種用途，或登高眺覽、或敵情觀察，或航海指標，或作為某城市、碼頭、驛站之標誌，或是風景區之景物，此外還有風水塔、文峰塔、文筆塔等有關風水迷信之作用。塔自從流衍成具有多種意義與功能，遂廣為國人興建，藉以表徵紀念、厭勝鎮邪，或航路指標。金門地區自不例外，明清以還，頗有興築各種寶塔，其中又以文臺寶塔、矛山塔、倒影塔為勝選。

　　「文臺寶塔」之興建與明初金門海防有關，茲請從此說起：

　　中國在元代以前外患主要來自北方和西北方的陸上，但自明代起，東南最大禍患來自海上，明初被明太祖朱元璋平服之張士誠、方國珍餘部逃往海上組成的集團反抗，及日本南朝失敗之政客、武士、浪人結合形成之「倭寇」。中葉以後，東南禍患，有日本之倭寇，也有中國本土之海盜，彼此相扶，先後為害百餘年。

　　以金門為例，早在宋、元時期就已有寇患，林焜熿《金門志》卷十五〈舊事志〉記載：[2]

　　　　宋紹定間，海寇猖狂。知府真德秀，巡海濱，屯要害，遣將擊賊於料羅，賊遁去，德秀遂經略料羅賊船。

　　　　元順帝時，有肥和尚結白蓮社、纏紅巾。於是浯洲有陳坑鄉土豪，入貲買帖為霸都元帥。欲護家者，欽貲餽之，

---

[1] 不詳撰人《中國古代建築技術史》（北京科學出版社主編，臺北博遠出版有限公司，民國82年5月再版），第六章第五節，頁315~322。

[2] 林焜熿《金門志》（中華叢書委員會，民國45年7月印行），卷十五《舊事志》，頁359。

否則大肆焚掠。未幾，又有倭寇及廣東烏尾船之擾。

入明以來，愈益猖獗，尤其張、方餘眾大都逃竄流亡於沿海島嶼，伺機反抗，繼續與朱明王朝為敵，並和倭寇等海上勢力勾結，四處騷擾，《明史紀事本末》記：「張士誠、方國珍餘黨導倭寇出沒海上，焚民居，掠貨財，北自遼海、山東，南抵閩、浙、東粵、濱海之區，無歲不被其害。」[3]面對這些禍患，明太祖是採取消極地守禦防衛，一方面嚴勵推行海禁政策，不許片板下海，以免通敵資敵；一方面加強海上防禦建設。於是在沿海港口險要之處設水寨，巡檢司、營堡、烽堠。

洪武十七年（1384年），因倭寇騷擾，明太祖遣信國公湯和巡視海上，「習海事」之方鳴謙向湯和建議：「倭海上來，則海上御之耳。請量地遠近置衛所，陸聚步兵，水具戰艦，則倭不得入，入亦不得傅岸。近海民四丁籍一，以為軍，戍守之，可無煩客兵也。」湯和遂「度地浙西東，並海設衛城五十有九。」[4]

洪武二十年（1387年），明太祖再次請出年邁老將軍——江夏侯周德興，令他到福建督建衛所，并「調福、興、漳、泉四府三丁之一為海戍兵，得萬五千人移置衛所」。德興至閩按籍抽兵，相視要害，築城一十六，置巡檢司四十有五，分隸諸衛，以為防禦，防海之策始備。可見明初福建沿海之衛所，及巡檢司的建置，暨築城，是周德興經略福建時佈置和實施的。關於周德興經略興建的時間，史載不一，經大陸學者莊景輝考證指出：「周德興經略福建是始於往福建的洪武二十年四月，止於還鄉的二十一年七

[3] 谷應泰《明史紀事本末》，卷10〈沿海倭亂〉。
[4] 《明史》（仁壽本25史，乾隆武英殿刊本）卷126，湯和傳。

月之前」、「因此史稱福建衛所和巡檢司的增建、移置，以及籍兵築城時間在洪武二十一年，才是更合乎事實的。」[5]

史載周德興在福建沿海要害設置衛指揮使司五處、守禦千戶所十二處、四十五處巡檢司，和水寨五處。五衛即：福寧、鎮東、平海、永寧、鎮海。十二千戶所有：大金、定海、梅花、萬安、莆禧、崇武、福全、金門、高浦、六鰲、銅山、玄鍾。至於四十五司指的是何處，志乘並無具體記錄，而且所載亦有出入，經莊景輝先生考證，據《福建通志》、《讀史方輿紀要》，和沿海各府，縣志書而作的統計，明初福建沿海所置之巡檢司中，明確記載為周德興所置並築城者有三十八處，其中在今金門者有：官澳、田浦、陳坑、峰上、烈嶼等。[6]五水寨即：烽火門、南日、浯嶼、小埕、銅山。嗣後又增設了中左和南詔兩處守禦千戶所，沿海各府縣還自行添加了一些小型城堡和山寨，使之成為衛所有城、巡司有寨、烽墩棋布、互為犄角之防禦體系。其工程之浩大，分布之綿密，是以往歷史上少見的。另一方面，閩浙沿海，山岬、島嶼眾多，固然是大陸對海防禦的天然屏障，反之，由於這些岬島孤懸海外，又常為海賊、倭寇所利用，而衛所之軍可望而不可及，於是在沿海島嶼興建水寨，作為戰船之瞭望臺和前進基地。洪武二十年，周德興奉命來福建督建衛所時，在泉州府之浯嶼、興化府之南日島、福寧州之烽火門建築水寨，嗣後陸續有所添建，每座水寨由附近的衛所派兵戍守，擁有數艘戰船，以巡緝海上盜賊，並定期與浙江、廣東水軍會哨，交換情報，演練戰陣。

---

[5] 莊景輝《海外交通史跡研究》（待刊影印稿本）。〈明初福建的海防建設及其遺跡〉，頁243。

[6] 莊景輝前引書，頁242~256。

　　綜上所述，可知明初的海防是由海上之戰船巡邏，陸地之警報與巡檢，及衛所之城防築壘所組成的防禦體系，可以先禦敵於海上，繼擊之於岸，再殲敵於城堡下，海陸配合，疆固民安。

　　明初海防，既以防海盜倭寇為中心，金門雖沿海小島，形勢衝要，《閩書》紀其地理位置：「浯洲西連烈嶼、中左，南達擔嶼、鎮海，料羅盡其東，官澳極其北，雖土壤之廣，金與廈共為海洋之鎖鑰，全邑之蕃籬，而尤要於廈也。」[7]既然是環海屏藩，門戶不可不防，明建石城，設一千戶鎮之，林焜熿《金門志》卷三〈規制志〉載：[8]

> 金門城，在浯洲之南，離縣城八十里，水程一百里，一潮可至。北阻山東，西南阻海。洪武二十年置守禦千戶所於此，周德興築城周六百三十丈，基廣一丈，高連女墻二丈五尺（府誌註：一丈七尺）。窩舖三十六，外環以濠，深廣丈餘，東西南北四門，各建樓其上。永樂十五年，都指揮谷祥，增高三尺，併砌西、北、南三月城（府志作砌西北二月城）。正統八年，都指揮劉亮、千戶陳旺，增築四門敵樓。嘉靖三十七年所署燬於火（康熙間縣志作萬曆二十七年）。國朝康熙時重修，總兵官駐劄原在舊城，高聳臨江，極目東南，為備海要地。平臺後總兵陳龍以所城稍圮，人煙稀少，移駐後浦，為前會元許獬居。……今頹址存。

---

[7]　見林焜熿前引書，頁 7。
[8]　林焜熿前引書，頁 49~50。

按，周德興築城於此，取其固若金湯，雄鎮海門。因名之曰
「金門城」，今「金門」縣之得名正因此城。至清康熙二年（1662
年）遷界之役，城燬屋焚，故設鎮時，所城人煙稀少，不復其舊，
加上舊城海口俗名「海翁汕」之沙汕沈沒，繫舟不穩總兵官陳龍
不得不移文武鎮營於後浦。[9]故老相傳，當年南門外賈舶叢泊，
城內人煙稠密，有東、西、南、北四大街，及城中心八卦街。清
初墮城毀舍，遷民於內地，後又移鎮後浦，舊城遂墟，今城內耕
地，隨處可見磚礫瓦片，僅北門外，尚存舊街巷一小段而已。至
於五巡檢司，林焜熿同書記：[10]

　　　官澳寨：在十七都，明周德興造，為巡檢司城。周一百
　　四十八丈（府志作一百六十丈），基廣六尺五寸，高一丈
　　七尺，窩舖四，南北門二。康熙五十六年，總督覺羅滿保，
　　巡撫陳璸重修，今頹。

　　　峰上寨，在十八都，明為巡檢司城，周九十五丈（府志
　　作一百九十三丈），基廣一丈，高一丈五尺（府志作八尺），
　　窩舖四，門一。今頹。

　　　陳坑寨，在十八都，明為巡檢司城，周一百五十三丈（府
　　志作一百八十丈），基廣一丈一尺，高一丈七尺，窩舖四，
　　門一。今頹。

　　　田浦寨，在十八都，明為巡檢司城。周一百五十丈（府
　　志作一百六十丈），基廣一丈，高一丈八尺，窩舖四，東

[9]　關於舊金城之廢圯與移建衙署原因，詳見拙著〈清金門鎮總兵署之歷史研
　　究〉，（中國工商專科學校建築工程科，民國83年6月出版），頁7~10。
[10]　林焜熿前引書，頁50。

西門二,今頹。

烈嶼寨,在二十都,明為巡檢司城。周一百三十五丈(府
志作一百八十丈),基廣一丈一尺,高一丈二尺(府志作
七尺),窩鋪四,門一。今頹。以上四寨,俱明周德興造。

以上舊志所載五寨,除官澳寨曾於康熙間修外,其餘大抵毀
於清初遷界,今則各寨遺址多已不可辨識。

此外又設浯嶼水寨,其地扼大、小擔二嶼之險,絕海門、月
港接流之奸,水道四通,為漳州海澄、泉州同安二邑門戶,故以
衛官領兵守之,後設欽依把總領之。所轄汛地,由岱嶼南接於
漳州,分兵四哨,出汛時,一屯料羅,一屯圍頭,一屯崇武,一
屯永寧。每汛與銅山、南日兩寨及浯銅游兵合哨,稽風傳籌。惜
嘉靖間移置廈門,失其作用,故洪受在〈浯嶼水寨移設料羅議〉
一文中以為:[11]

> 泉之沿邊,既有永寧衛金門諸所矣,又有浯嶼之地,特設
> 水寨,選指揮之勇略者一員,以為把總。仍令各衛指揮一
> 員,及千百戶輪領其軍,又設戰船以時習戰法,南日以下,
> 銅山以上悉資之,其責任可謂專且重矣。以此重鎮而必設
> 於浯嶼者,蓋其地突起於海中,為同安,漳州交會要區,
> 而隔峙於烈嶼,大小擔之間,最稱衝險。賊自東南外洋來
> 者,此可以捍其入,自海滄、月港而中起者,此可遏其出。
> 稍有聲息,指顧可知。江夏侯之相擇於此者,蓋有深意焉。
> 其移於廈門也,則在腹裡之地也。夫惟水寨移於腹裡,則

---

[11] 林焜熿前引書,頁101。

把總得以縱欲偷安；官軍亦效尤廢弛，賊寇猖獗於外洋，
而內不及知，……使或聞之，亦掩飾罔上而自救過，故水
寨不移於浯嶼，其亂不可已也。

要之，明初金門築城置所，及巡檢司，復建水寨，與衛所表
裡，守以軍餘，督以弁職，傳報警息，皆所以明斥堠、嚴會哨，
聲勢應援以扼海門之險，作到了保駕護航作用，構成了嚴密防禦
體系。這都是江夏侯周德興經略海上，妥善佈置的貢獻。

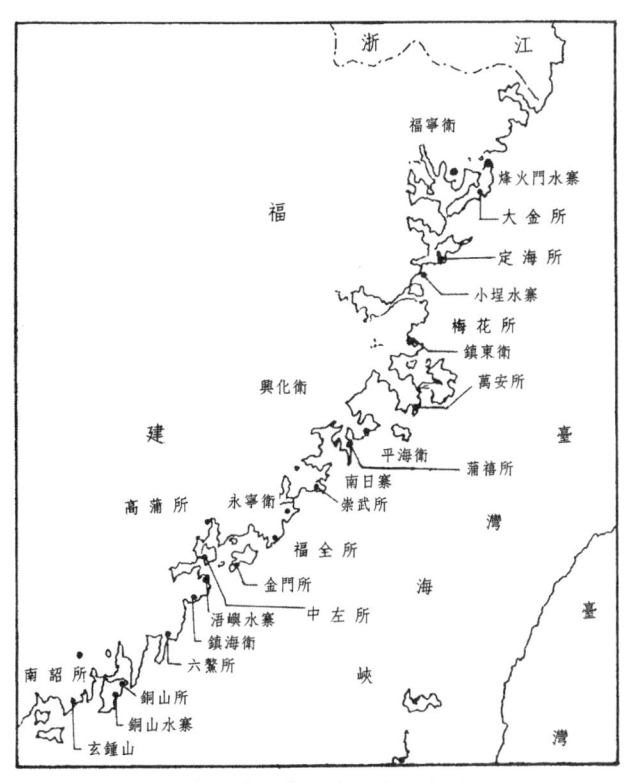

明代福建沿衛所與水寨示意圖

第二節　文臺寶塔的始創與得名

文臺寶塔在南磐山嘯臥亭北，林焜熿前引書卷一〈分域略〉記：[12]

> 南磐山由獻台西轉，其石如磐，故名。背城面海，氣象萬千，為備海要地。上有嘯臥亭，明都督俞大猷守金時，題其石曰：「虛江嘯臥」。……亭北數武，塔巍然，明百戶陳煇，鐫「湖海清平」四字，又有「文臺寶塔」四字，人每於此登高焉。

此文頗嫌簡略，對於1.此塔是何時何人所建？2.此塔之作用為何？3.「文臺寶塔」四字何以取名，有何典故？均未曾提到，今試一一作探討，予以索解。

文臺寶塔之築建者，坊間書籍與金門人士均謂是周德興，此說大體不差。金門有名三塔，其中「矛山塔」之興建，林焜熿前引書明確記載：「矛山由城西出水頭村，別名金龜山。南有矛山塔，明德興造。……隔海與浯嶼相望，乃後浦屏障，亦備海要地。」[13]此塔之形狀，據志書及當年塔峰照片，為六角形之塔，高七層共三丈六尺（約一一、五二公尺），塔之基座直徑丈二（約三、八四公尺），正與文臺寶塔頗為相似。惜民國四十七年（1958年）「八二三」炮戰發生後，為恐中共砲兵利用該塔作為砲轟我方陣地之方位修正標桿，乃於翌年拆之。傳說當年拆至塔座底部時，有一枕香木盒，內裝黃布聖旨一面，玉尺一枝，惟今不知下

---

[12] 林焜熿前引書，頁9～10。
[13] 同上註。

落了。[14]此傳說若可靠,正與當年周德興奉旨經略福建,建立海防之背景符合,正可供佐證。

另一是太武山之「倒影塔」,向為太武山十二勝之一,塔凡七層,高一丈八尺,塔頂刻有「文峰聳秀」四字,據鄉老傳說,該塔與上述二塔為同時代之型制,聳立太武山巔之上,為三塔之最奇偉。後在民國六年(1917年)受大風而損,民國七年農曆正月初三之大地震,更嚴重傾倒。而地理師張國寶(長泰人,前清福建省諮議局議員),精於堪輿,謂此塔關係金門文氣甚鉅,鄉人久思興復,直到民國二十五年,在熱心鄉人林乃彬、張雲樓等人士,倡募捐資重建,翌年夏月完成,林乃彬乃撰〈重建倒影塔記〉立碑以資紀念,碑文如次:

> 太武山之有倒影塔,不知建自何時?其可知者當年明初葉物。據志載山有十二勝景,塔占其一,塔影倒海,遊魚屏跡。明代鄉先正,多有記詠,則中葉有塔審矣。山距海七、八里而遙,塔在山之巔,並影乃及於海上,或云塔影朝陽,故名倒影,是則奇。顧余謂數百年巍然長存,繫人心之仰止,作航海之標準,所關尤鉅,非僅以勝名。迨民國五、六年間,大風地震,塔亦就圮。丙子秋(按民國二十五年),鄉人士倡募經營,即舊址而重建之。基至頂凡七級,高丈八有奇,循級而登其巔,縮全島於一覽,儼中流之砥柱,洋洋乎大觀也。工既竣,乃記其顛末如此。中華民國二十

---

[14] 李增德〈金門三塔探訪〉,《執教從政心影》(作者印行,民國82年5月出版),頁27~28。又,本文借重李主秘增德先生宏文頗多,特此說明,不敢掠美,並致十二萬分謝忱。

六年夏月里人林乃彬識，陳慶珪書。

可惜該塔重新落成之時，正七七事變起，同年十月金門全島淪陷於日寇。鄉人切齒憤恨，時倡募興建該塔之張雲樓，為金門第二區區長，家中聘請三位臺灣同胞來金門指導種植西瓜。由於臺灣時為日人竊據，三人來金背景遂被懷疑，並訛傳該塔之建是作為指引日寇侵金之標誌，不僅張氏被殺，該塔亦被鄉人目為不祥之徵，不久將之拆除。[15]

以此例彼，舉此二塔由來作互相參照，雖不是直接地明確地證據，但大體上似乎可說明文臺寶塔是洪武二十一年周德興興築金門城時所建，謂余不信，茲再舉一例，作為旁證，以為補強。明蔣孟育在〈圭嶼建城設兵記〉中，曾敘及：[16]

> ……漳在岐海最南，其南下與海相接，蓋捍閩而控越，盜賊出沒，在處有之，高皇帝時，遣江夏侯閱師海外，築城備倭，於吾漳諸要害地，崇墉旗布，健兒枕戈而符待敵，絕流橫波，不特近邑之雉堞巍然麗譙也，獨圭嶼海門，去澄邑僅衣帶水，前守用形家言，亦嘗築城其上，復有大力者負之而趨。……而海門一帶闃其無人，禍乃不可知者，居恒恃浯銅遊兵為機察……歲在丁丑，鄰郡聞警，分守參加洪公，衣衱屢戒，苦心借箸，於是有倡圭嶼之是圖者，謂宜復舊城，以一旅守之，有金湯之安，而無山頹海泣之慮，於策良便。……先是士大夫於嶼建浮屠，立精舍，所

---

[15] 同上註前引書，頁28~29。
[16] 《金門縣志》（金門縣立社會教育館編印，金門縣政府發行，民國81年初版），卷十三〈藝文志〉，明蔣孟育〈圭嶼建城設兵記〉，頁1574。

需不貲，兩公捐鍰甚奢，以供締構，功未竣而城守之議適
於期會，遂力起贊決之，而合以成其壯圖。……今甫轉盼
而塔影凌霄，鐘磬與潮來答響。又復戎行犀利，依堞護關，
劍拭伙飛，而塔可署為放弓，伏眺之而樂者，亦憑之而安，
此天所以開吾土而在事者承之，以成一代之勝場也。……

　　據上文所敍，似乎當時風習，以城砦與塔廟合建為尚，則周
德興備兵金門，相度形勢，遍立城砦，並建塔祈求庇佑士子，是
當時相當普遍之現象。

　　文臺寶塔之創建時、地、人略略考證如上，其作用亦有一探
之必要。

　　以文臺寶塔及其他二塔作為航海標誌，幾已成為金門鄉老、
晚近志書之定論，其說在文獻上可見，最早源自前引林乃彬於民
國二十六年所立之碑文：「作航海之標準，所關尤鉅，非僅以勝
名。」但其前金門志書均無如是之說法，如前引道光年間林焜熿
所修《金門志》亦僅言：「人每於此登高焉。」，關於此點，近
人楊仁江先生駁得好：「如為航海，嘯臥亭前，視野遼闊，建塔
合宜，何必隱於石後？可見航海標誌之說有待商確。」[17]此論誠
是，但亦不必否定寶塔有航海標誌之用，只能說其原始作用並非
為航海標誌。然則周德興建寶塔之作用何在呢？

　　民間傳說江夏侯周德興，精於地理風水，如明洪受《滄海紀
遺》曾記道：[18]

---

[17] 楊仁江《金門縣的古蹟》（金門縣政府發行，民國80年8月出版），〈文臺
　　寶塔〉，頁15。
[18] 林焜熿前引書，頁8。

太武山雄偉莊厚，獨冠嶼上，海上人別呼為仙山。其脈由
鴻漸穿波出海，至青嶼突起三小阜，逶迤凝結神區，峻嶒
皆石。洪武江夏侯周德興嘗登而為之識云：「帝典王猷，
海外傳一肩行李；龍樓鳳閣，空中起百代文章」。故石門
關之旁刻曰：「海山第一」。

甚至個人懷疑過去寶月庵外，臨海石頭，不知何時何人所題
之：「金門外，谷神完，賊舟泊，誰有生還？來者不信，即往而
觀。」六句識詩[19]亦有可能是周德興所題留。因而金門民間傳說
周德興築此三塔與風水有關，且是負面之刻意破壞風水的傳說，
其說為：

傳說周德興與明太祖朱元璋為童年好友，同甘共苦，深受太
祖器重，重大軍務，莫不寄以重任。太祖傳聞東南有出天子之紫
薇氣，特派周德興前往密訪，暗中壞之。金門雄距閩海，山川莊
厚，頗蘊異相。相傳築於南盤山之金門城，為五馬之穴，故當城
寨完峻之後，自遠處望之，有若五馬奔馳，具逐鹿之象，遂興築
文臺寶塔鎮壓之，使五馬背負過重而嘔血，染成崖岸邊一塊褚色
血石。不料危危之塔，自遠處望之，又似馬車之輪軸，轉動迅捷，
依然無法煞住此旺穴，不得已在東門外挖一潭池（民間俗稱鬼
潭），可以跌死五馬，破解風水，卻不料當天挖，隔日土即滿溢，
如此數次，無法挖成，後以銅針黑狗血破之，遂順利挖成。又一
說在水頭之矛山上加築一塔，以為繫馬之樁杙，以羈綁之。另太
武山，別名仙山，形若仙人倒臥，悠然臥睡海中，惟若天下擾攘，
驚醒仙人，則天下洶洶，不可收拾，為防萬一，乃築塔鎮壓之，

---

[19] 同上註，頁 10。

不致興發異端，確保朱氏天下。[20]

　　文臺寶塔之興建與風水有關應是不假，我們從塔上所刻之
「奎星聳照」與圖飾即可以為證。按「奎」是星宿名，是西宮七
宿中第一宿，從東漢時便有「奎主文章」之說，後來又有「奎府」、
「奎畫」的說法，宋代開始建有奎文閣，寶奎樓，因此奎星信仰
盛於宋代，此後經久不衰。奎星又寫作魁星，據顧炎武在《日知
錄》中推論，魁星為奎星之誤，因為奎是文章之府，文士每每祭
祀祈佑，但又無法真確描繪「奎」之形狀，便改「奎」為「魁」，
因為「魁」有「第一」、「為首」之意，民間為圖吉利，改奎為
魁，遂流傳至今。再由「魁」字之字型，又訛傳出「魁星踢斗、
獨佔鰲頭」之圖像，其造型為紅髮、青面、獠牙，面目猙獰，一
手持筆，一手執斗，一腳向後踢起，或塑像，或刻石，或畫圖，
祈禱科舉高中，成為明清時代讀書人於文昌帝君外，崇信最甚之
神明。文臺寶塔之刻字、圖像與倒影塔之「文峰聳秀」刻字，皆
是同一作用。茲舉一例以為說明，林焜熿《金門志》曾記載一則
掌故：[21]

　　　　學之案山故名佛子岡，而形家言宜有兀突聳秀之觀。萬曆
　　　　間，知縣洪世俊即其頂，建石塔五層，自明倫堂望之，塔

[20] 此主要據李增德先生前引文，頁 29~30。另實地訪問當地居民成仁、葉長德
　　二位先生及吳天進，許維民二位兄臺之提供線索整理而得。
[21] 林焜熿前引書，頁 373，又唐贊袞《臺陽見聞錄》〔臺銀文叢第 30 種〕卷下
　　〈勝景〉有一則「秀峰塔」掌故也可以供參考「臺南府學西臨鄰海東書院，
　　左山右海，據郡勝概。面迎魁閣，平岡數疊，遠近環映。臺紳士以巽位未甚
　　秀拔，議請建浮屠，顏曰秀峰塔。」（頁 29）可見在巽位（東南方）建塔以
　　求文運，是昔年一種風俗。

挺然躍出，成於庚子之夏，明年，許編修獬冠南宮。

而金門舊城一帶，高聳臨江，目極東南，在此建一寶塔，「奎星聳照」，祈福庇佑金門士子皆能科甲登第。此一「寶塔」，何以反而在金門民間流傳成鎮壓、破壞金門地理風水之「惡塔」，經詢問附近居民與鄉老耆宿，均不甚了解，令人百思莫解了。

至於「文臺寶塔」之得名，志乘雖無明確提及，但楊仁江先生解釋得極好：「南磐山高，臨海而遙，極目遠眺，蒼海波濤，文人雅士，登臨此地，心胸舒暢，頓萌大志，遙祭魁星，以遂宏願，所以名為『文臺』」[22]，其中「遙祭魁星」或是楊仁江先生憑空想像之推論，但「文臺」之得名說法應該離事實不遠。不僅如此，金門好山好水，氣脈地理所及，有明一代，起家甲第者不知凡幾，《浯洲見聞錄》載：[23]

> 萬曆縣志載，同安鄉榜，始盛於嘉靖戊子辛卯及萬曆戊子。前戊子八人，浯居其五，聯捷者辛卯七人，則皆浯產。後戊子十一人，浯九。奪魁者二，浯一。相繼登第者八，浯五。己丑聯翩者五，浯四。以封域論，同安分有十里，浯地尚未備乎一里，科名風節，接武比肩，為閩邑冠。統計明興同捷鄉會闈三分之，浯有其一。其中冠南宮、取鼎甲、選詞林、拜閣學，及文武鄉榜、文武進士，以至由薦辟、由學校、由吏員，不可枚舉。故諺云：無地不開花。而邑人亦曰：無金不成同。海中撮土，亦靈怪矣哉！

[22] 同註17。
[23] 林焜熿前引書，頁377。

　　蕞爾之土，科甲之勝若此，漪歟盛哉，故明萬曆年間官職金門百戶之陳輝，有感而發，揮毫勒題：「文臺寶塔」及「湖海清平」、「賓石」等字，是極其自然之事。

第三節　文臺寶塔的沿革

　　嘉靖年間，平倭名將俞大猷，任職金門守禦千戶所時，在寶塔南邊，題下「虛江嘯臥」刻石；他的門人楊宏舉也續在此地建造一座石亭「嘯臥亭」，額題「後樂」（典出宋范仲淹之先天下之憂而憂，後天下之樂而樂。），遂使此地憑添名勝，從此寶塔與刻石、涼亭，結合成一體之勝蹟，文士遊人登覽眺望，絡邑於途，留下膾炙人口之文章詩詞，在當時雖只是抒發情懷，流傳今日卻成為紀實之史料，茲舉有關寶塔者，略紀之如后：

　　明百戶陳輝書「賓石」、「文臺寶塔」、「湖海清平」等字。按洪受《滄海紀遺》記：「嘯臥亭後有石塔，上鐫『賓石』二字，及『文臺寶塔』、『湖海清平』等字，為明百戶陳輝書。」[24]又「湖海清平」乃「萬曆丁未夏」所題，此時為明神宗萬曆三十五（1607）年，此時期正金門晏然無事之時，其前之嘉靖年間，正是倭寇、海盜洶洶，沿海騷然之動蕩時期，金門亦罹災禍，林焜熿《金門志》卷十五舊事志〈紀兵〉載：[25]

　　　　嘉靖二十七年四月，海寇阮其寶，大掠小嶝，知府程秀民發兵攻之，再戰再克。誅其魁，餘黨潰奔，金門指揮張

[24] 洪受《滄海紀遺》（金門縣文獻委員會編印，民國59年6月再版），頁70。
[25] 林焜熿前引書，頁359~360。

文昊盡擒之。

三十八年五月，倭掠大嶝，村民保於虎頭寨，賊破寨，殺戮蹂躪極慘。

三十九年三月，倭酋阿土機等，自料羅登岸，掠十七都，死者數百人。復有倭艘，沿石壁兜登岸，合黨據平林，掠人民廬舍。四月攻陽翟，合社與戰，敗，死者百餘人。……漳賊謝萬貫、一貫復率十餘船，自浯嶼月港而來，……賊縱火屠城，積尸與城埒，城外亦縱橫二里許，婦女相攜投於海者無數。賊四散飽掠，……廬舍則一炬焚之。以次攻後浦，鄉紳許廷用，馳書同安令譚維鼎。……與戰皆捷，……始奔軼於湖下、湖尾、古甯諸鄉，劫殺而去。時五月十一日也。始終凡五十日，村社為墟，……迨隆慶三年，復犯同安，為張奇峰剿殺殆盡，邑界始絕跡。

可知嘉靖年間死事如此慘烈，而萬曆年間居然無事安然，陳輝能不感慨兼且慶幸，遂題下「湖海清平」四字。

清道光年間，林文湘（字珠卿，後浦人，學者稱秋泉先生），有詩「遊嘯臥亭分韻」，第二首中提及寶塔：「雙尖石塔梵鈴寂，半壁孤城雉堞疏。劫外蟲沙經百戰，天寒鸛鶴上層虛。人當緩帶輕裘日，地是金戈鐵馬餘。嘯臥論公清譙罷，西湖不比策疲驢。」[26]

清道光間，林焜熿（字遜輝，後浦人，纂修金門志），有詩「嘯臥亭懷古」二首，第一首亦稍涉及寶塔，詩云：「嘯臥亭空碧蘚黏，乾坤此日快觀瞻。荒城霧捲籠山頂，破寺雲封露塔尖。

---

[26] 林焜熿前引書，頁 343。

島嶼狼煙連成壘，旌旗鶴首握戎銛。南來巨浪排雲起，思騁長風
酒力添。」[27]觀覽此二首詩，不禁令人想像金門舊城之荒涼，而
寶塔孤峙，亦為嘯臥亭名氣所奪，遂成陪襯。

　　此後，人事代謝，滄桑屢變，寶塔亦無聞焉。民國以來，先
是歷經中共砲火連年猛轟，寶塔依然屹立無恙，實為奇蹟。期間
為避免成為中共砲火之標桿，亦曾於民國四十八年予以炸毀，卻
不料寶塔天佑，雷管五發只引爆二發，餘三發不爆，引為天意，
遂幸得保留，其裂縫以水泥填補，若干塔也是事後填補，以致顏
色有異，而寶塔經過此次爆炸震動，有些傾斜。民國五十五年，
先總統蔣公蒞金巡視。曾親至寶塔憑弔，指示予以重修，以存勝
蹟。五十六年夏，金門縣政府撥款洽由兵工重修，並築有扶梯，
直達塔基磐石。工竣，金門縣長屠森冠撰〈重修文臺古塔記〉以
記其事，文如下：

　　文臺古塔，位於太武山東南，襟帶湖海，翠壁蒼崖，乃天
　　然之勝景。據縣志載，斯塔乃明江夏侯周德興建於洪武二
　　十年，以為航海標誌。嘉靖年間，明都督俞大猷戍金時，
　　曾遊息於此，並題盧江嘯臥以鳴志，迄今已歷五百八十
　　年，惜乎年久失修，滿目蕭然矣。乙巳秋，總統　蔣公蒞
　　金巡視。親臨塔畔，深以周、俞為明代名將，曾於閩浙地
　　區，平定倭寇功昭史冊，遂指示重修，以存勝蹟。經洽請
　　雄獅部隊協建，饒古攝今，大為改觀。塔前遍植花木，四
　　週繞以雕欄，豎亭其中，名曰砥柱，以示效法先賢，共挽
　　狂瀾之意。塔右怪石嶙峋，俯仰萬狀，舊有摩崖題刻，悉

[27] 同上註，頁345。

為刷新，字跡宛在。其間一山一石，依其形勢，或開墾以
築路，或由邃而成趣，疊崿秀峰，難以辭敘。若夫登臨遠
眺，攬山河之壯麗，欣戰地之昇華，不覺心曠神怡，而有
鼓舞興懷之概。夫以天生萬物，際會難齊，六百年前，其
地其塔，固無知之巖石也，焉知物換星移，而有今世之殊
榮。周、俞兩公，固一代之英傑也，焉知百年身後，名垂
不朽。恭讀 總統「千秋氣節久彌著、萬古精神又日新」
之聯句，即此信而有徵。然而公往矣，古塔歷遭匪砲猛射，
猶能巍巍峨峨，屹立依然，莫非氣之所鍾，造物固有待歟。
緬懷奇蹟，應知此身在苦，凌霜雪而彌勁，勝利在望，遇
黎明而益艱，再接再勵，毋驕毋餒，異日華夏重光，則斯
塔斯亭，將與古今名賢永垂無疆之庥，是為記。中華民國
五十六年歲次丁未季秋，金門縣長屠森冠拜撰。

　　經過整修後的文臺寶塔，大為改觀，塔前遍植花木，四周圍
繞雕欄，並新建一亭，亭名「砥柱」，係當年國防部長蔣經國先
生所題。按民國五十六年九月十九日，時國防部長蔣經國蒞金，
親赴文臺寶塔，中山紀念林及新整建之榕園、鄭成功祠預建地之
夏墅等處巡視，停留兩天返臺，並作若干指示，有關寶塔者有如
下兩點：「一：古塔八角亭，命名砥柱亭。二、古塔勒石上加刻
『歲寒松柏』四字。」[28]而文臺寶塔除舊有石刻外，近年復有名
人之題刻，一為民國五十六年十月，趙恒惕題「歲寒松柏」四字；
一為民國五十七年元旦，前國防部長黃杰所題「碧海丹心」；一
為民國五十七年二月廿六日，一代畫師張大千訪問金門，遊覽太

[28] 《金門縣志》，卷一〈大事志〉，頁124。

武山、文臺寶塔，親題「國之金湯」四字。

　　民國五十八年，金門政委會邀請名作曲家李中和教授，主編「金門之音」，由諸名家作詞譜曲，為金門唱出歷史新頁。「金門之音」分為：金門讚禮、金門精神、金門風光、金門勝蹟、金門風情等五篇。其中金門勝蹟有海印寺、牧馬王、浯江書院、朱子遺風、延平氣節、文臺古塔歌……等，古塔新添樂章，益增其風光。

　　民國五十九年，時人吳萬谷與吳則中、李東園、沈霞飛，李大木、李中和、王嗣森諸人，參觀金門，憑弔之餘，旁蒐勝蹟，悉記小詩，其中有「文臺古塔」，詩記：「高塔支天大將臺，當年嘯臥鬱雲雷（原註：塔為明代名將俞大猷戍金時遊息處，曾書虛江嘯臥四字刻石），嵯峨石走蛟螭字，如見雄風海上來。」

　　民國七十三年，金門縣政府報請內政部，經評鑑為二級古蹟，列入保護，成為國家文化資產，寶塔有靈亦云幸矣！

「虛江嘯臥」碣群

第一節　引言

　　俞大猷，字志輔，又字遜堯，號虛江。生于明孝宗弘治十六年（1503 年），卒於神宗萬曆八年（1508 年），享壽七十有八。俞氏因抗擊倭寇，抵禦外侮，功勛卓著，與戚繼光並稱「俞龍戚虎」。

　　俞氏自小資質聰穎，十五歲進文秀才，二十歲承襲始祖愈敏之百戶世蔭，從此棄文習武，跟從李良欽、趙本學習劍法兵書。嘉靖十三年（1534 年）鄉試中武舉人，翌年赴京會試中式，列武進士第五名，遂由百戶升泉衛正千戶，守禦金門。俞氏在金門五年，治績勳然，如飲耆老、延明師、導孝讓、申詩書，年頌聞，發賑濟、剿海寇、論外略，無一不為金門父老感念。後與上司不合，蒙冤還家，從俞氏之金門士民，追隨師事，不肯離去，亦充份表達金門士民之忠勤愛戴。

　　嗣後復起，一生身在軍伍四十餘年，功在當世，如破倭（兩

浙、閩、廣）、防邊（廣西、山西）、剿寇（汀、漳、南贛）等
諸功勳，長為東南人士所景仰，譚綸曾質譽俞氏「誠似霍子孟，
任如諸葛亮，大似郭子儀，忠如文之山，毅似于肅愍，可以托六
尺之孤，可以寄百里之命」，推崇備至。

　　論俞氏一生事功，發跡在金門，而俞氏在金門時，嘗於舊金
城南磐山海濱之摩崖自題曰：「虛江嘯臥」，本文主旨即在探討
此一石刻之由來，兼及俞氏在金門五年史實，也略述其時之金門
海防守備。至若愈氏其後之生年，與平倭史實，本文並非俞氏之
傳記與明代金門海防之研究，在此僅作一背景之概述或補充，不
擬作一深入詳實之探討，以免喧賓奪主，反而扭曲此一古蹟之調
查與研究報告之主旨。

第二節　明初金門之海防

　　元朝末年，群雄並起，陳友諒稱帝於武昌，國號漢：明玉珍
併有巴蜀，國號夏。方國珍擁有海船千艘，佔據江浙沿海，張士
誠盡有江東及兩淮之富，自號吳王。朱元璋則奮跡濠滁，活動長
江，鄱陽湖一戰大敗陳友諒，取得湖廣地盤，不久又擊敗張士誠，
收降方國珍，大江南北從此為朱元璋所掌。元順帝至正二十八年
（1368年）正月，朱元璋即位應天（即金陵，今南京），國號明，
建元洪武，是為明太祖。洪武元年，派遣大軍北伐，破燕京，元
祚告終。閩粵方面也相繼平定。明將湯和與傅友德征巴蜀，藍玉
討西南，其後四川明玉珍奉表歸降，雲南梁王又投滇池自殺，群
雄至此底定，全國歸於一統。

　　明朝開國以後，由於蒙古人在北邊之壓力，國內群雄勢力未

平，以及鑑於元代遠征南洋爪哇等地失敗之教訓等等，明太祖在位期間，大體上採取消極海外政策。對外不斷派遣使臣出洋，向南洋及日本諸國表明新朝立國方針，不準備海外用兵，願意與諸國相安無事，共享太平之福。對內因有張士誠、方國珍餘黨之反抗，與日本南朝失敗之政客、武士、浪人等結合形成之倭寇，遂實行軍衛法，修築衛所司，在中央設有五軍都督府，作為最高軍事機關，集中全國衛軍精銳於京師。在地方，設有都指揮使司（簡稱都司），為地方最高軍政長官，底下之府、縣二級遍設衛所，府設衛、縣設所。大體上五千六百人為一衛，衛轄五個千戶所，每千戶所一千一百二十人，轄十個百戶所，每個百戶所約一百一十人，下轄二總旗、十小旗。衛設衛指揮使為統領，所設千戶、百戶為統領。

根據軍事防禦需要，明初將沿海地區劃分為：遼寧、山東、直隸（今江蘇）、浙江、福建、廣東和北平（今河北）七個大戰略區，各設都司一名。其中福建、浙江和渤海地區尤為重點所在，在沿海港口險要之處設水寨、巡檢司、營堡、烽堠。洪武元年（1368年），剛入閩的明軍就奉令在福建布政司、泉州、漳州、興化三府治所建衛，整修城垣，編配軍士戍守。洪武八年（1375年），明廷下令在福州城郊興建左衛、右衛，以拱衛省城。

洪武二十年（1387年），朱元璋復令江夏侯周德興到福建督建衛所，并「調福、興、漳、泉四府三丁之一為海戍兵，得萬五千人移稱置衛所」，而「德興至閩按籍僉練得民兵十萬餘人，相視要害築城一十六，置巡司四十有五，防海之策始備。逾三年歸

第。」[1]建造期間，朱元璋又派湯和行視閩粵築城及增兵情況。洪武二十一年冬，已竣工之福建沿海衛指揮使司有：福寧、鎮東、平海、永寧、鎮海等五個。千戶所有：大金、定海、梅花、萬安、莆禧、崇武、福全、金門、高浦、六鰲、銅山、玄鍾等十二個。（見附表一）同時期建造的尚有福州中衛，四十五個巡檢司，約兩百個烽堠。（見附表二）不久又增設中左和南詔兩千戶所，沿海各府縣還自行增添一些小型城堡和山寨，使之成為衛所有城、巡司有寨、烽堠星羅棋布，築城互為犄角之防禦體系。[2]

不僅此，由於閩浙沿海，山峽、島嶼眾多，固然是大陸對海防禦之天然屏障，反之，也因這些島嶼孤懸海外，常為海賊、倭寇潛伏利用，而陸上衛所軍隊多是可望不可及。於是根據湯和、周德興的建議，明太祖下令在沿海島嶼之突出部興建水寨，使之成為戰船之瞭望台和前進基地。洪武二十年，周德興奉命在福建督建衛所時，在泉州府之浯嶼、興化府之南日島、福寧州之烽火門建築水寨，其後續有添建，每座水寨由附近所派兵戍守（見附表三）

綜上所述，明初的海防有海上的戰船巡邏，陸上的警報和巡檢，以及衛所的城防築壘，共組成之防衛體系，可以先禦敵於海，繼擊之於岸，再殲敵於城堡下，海陸配合，固若金湯。此一防禦工程之浩大，體系之緊湊，是前此朝代少見的。然而，這一浩大

---

[1]　《明史》（乾隆武英殿刊本）列傳第二十〈周德興〉卷一三二。

[2]　以上詳見（一）駐閩海軍軍事編纂室《福建海防史》（廈門大學出版社，1990年4月第一版），第三章〈明代的福建海防〉，頁45~52。（二）朱維干《福建史稿》（福建教育出版社，1986年3月第一版），第十九章第一節〈二、明初的海防〉，頁163~177。

工程，沿海軍民自是付出艱辛的努力，以金門為例，就足以說明。

表一　明代福建沿海衛所表

類別	衛所名稱	建置時間		地址	城周長	駐屯兵員	備註
		西元	紀年				
府沿衛	興化衛	1368	洪武元年	莆田城	1298 丈	6189 人	領所 5
	泉州衛	1368	洪武元年	泉州府城	30 里	6149 人	領所 5
	漳州衛	1368	洪武元年	漳州府城	2193 丈	4900 餘人	領所 5
	福州左衛	1375	洪武 8 年	福州城東北角		6720 人	領所 6
	福州右衛	1375	洪武 8 年	福州城東南角		7491 人	領所 6
	福州中衛	1388	洪武 21 年	福州城東		5118 人	領所 6
沿海衛	福寧衛	1388	洪武 21 年 2 月	福寧州治東（今霞浦）	3 里餘	5600 餘人	
	鎮東衛	1388	洪武 21 年 2 月	福清縣海口鎮東鎮	880 丈	8687 人	領所 5
	平海衛	1388	洪武 21 年 2 月	莆田縣城東 90 里	806.7 丈	5516 人	領所 6
	永寧衛	1388	洪武 21 年 2 月	泉州府城東南 50 里	875 丈	6935 人	領所 6
	鎮海衛	1388	洪武 21 年 2 月	漳浦縣城東北 95 里	873 丈	4900 餘人	領所 8
守御千戶所	大金所	1388	洪武 21 年 2 月	福寧州南 80 里	582 丈	1120 人	宋太平興國六年置小兜巡檢寨
	定海所	1388	洪武 21 年 2 月	連江縣東北 80 里	600 丈	1520 人	
	梅花所	1388	洪武 21 年 2 月	長 2 縣東北 50 里	648 丈	1458 人	
	萬安所	1388	洪武 21 年 2 月	福清縣東南 120 里	525 丈	1499 人	
	莆禧所	1388	洪武 21 年 2 月	莆田縣東南 90 里	590 丈	1221 人	
	崇武所	1388	洪武 21 年 2 月	惠安縣東南 45 里	783 丈	1221 人	
	福全所	1388	洪武 21 年 2 月	泉州府城東南 87 里	650 丈	575 人	
	高埔所	1388	洪武 21 年 2 月	同安縣西南 60 里	450 丈	1258 人	
	金門所	1388	洪武 21 年 2 月	浯州嶼上（今金門縣）	630 丈	1535 人	
	中左所	1394	洪武 27 年 2 月	嘉禾嶼上（今廈門市）	425 丈	1204 人	
	六鰲所	1388	洪武 21 年 2 月	漳埔縣東南 60 里	550 丈	1200 人	
	銅山所	1388	洪武 21 年 2 月	東山島東北部	571 丈	1200 人	
	玄鍾所	1388	洪武 21 年 2 月	詔安縣東南 20 里	550 丈	1200 人	
	南詔所	1504	弘治 17 年	詔安縣城		1200 人	

說明：1. 本表根據《福建史稿》、《籌海圖編淺說》、《福建通志》等資料整理而成，並與《明史·兵志》、《讀史方輿紀要》等典籍進行校正。
　　　2. 駐屯人數均為建置初期的實有數。
　　　3. 本表採自《福建海防史》(廈門大學出版社，1990 年 4 月第 1 版)頁 54-55，並稍作修正。

表二　明代福建沿海巡檢司表

州縣	司名	司址	城堡	州縣	司名	司址	城堡
福寧州	水澳	秦嶼	有	惠安	黃崎	縣東五十里黃崎山村	有
	火員當	州東一百里	有		獺窟	縣東南獺窟嶼	有
	清彎	州東五十里	有	晉江縣	祥芝	府東五十里祥芝村	有
	高羅	州南五十里			烏潯	府東南九十里烏潯村	有
	延亭	州南一百里	有		深滬	府南二十五里深滬村	有
	松山	州東南			圍頭	府南八十里圍頭村	有
連江	北笭	縣東一二○里	有	同安	高埔	縣西南	有
閩縣	閩安鎮	距省城八十里			塔頭	縣南	有
	官母嶼	五虎山下			官澳	金門鎮城北	有
長樂	松下	縣東南三十五里			田浦	同上	有
	小祉	縣東二十五里			陳坑	同上	有
	石梁蕉山	縣東三十里			峰上	金門鎮城東	有
福清	壁頭山	縣南八十里			烈嶼	同上	有
	牛頭門	縣東南一百里		龍溪	濠門	嵩嶼	
	澤朗山	縣東南七十里		漳浦	島尾	金海澄縣東南島尾社	有
莆田	迎仙	縣東北四十里	有		青山	縣東四十里浦頭社	有
	沖泌	縣東四十里	有		吉雷	縣東南土股尖端	有
	嵌頭	縣東八十里	有		后葛	縣東南五十里大洋社	有
	青山	縣東九十里	有		井尾	縣東南六十里井尾社	有
	吉了	縣東南八十里	有	詔安	洪淡	縣東百浦社	有
仙游	小嶼	縣東			金石	縣東上東社	有
惠安	峰尾	縣東北五十里峰尾村	有		東沈赤山	縣東上西社	有
	小乍	縣東南小乍山村	有				

備考	（一）關於四十五巡檢司的建立，皆採自《讀史方輿紀要》。
	（二）閩安鎮、官母嶼、牛頭門、澤朗山四司，皆在周德興來閩之前建立，周德興沿之而不改。
	（三）石梁蕉山司，洪武二十八年建，亦非周德興建。
	（四）其餘皆洪武二十年周德興所建。
	（五）水澳一司，洪武二十年由桐山移來，嘉靖中遷回桐山，現稱蘆門巡檢司。
	（六）本表採自《福建海防史》，頁56~57。

表三　明代福建水寨表

寨名	寨址	築寨時間	常駐兵額	協調衛所
烽火門	烽火島	洪武初 （約 1388 年）	4068 人	福州左、中衛、福寧衛
小埕	連江定海所前	景泰間 （1450~1456 年）	4331 人	梅花、萬安、定海所，福州右衛、鎮東衛
南日山	南日島	洪武初 （約 1388 年）	4060 人	興化、平海、泉州衛
浯嶼	浯嶼島	同上	2898 人	永寧、漳州衛
銅山	東山島	景泰間 （1450~1456 年）	1872 人	鎮海衛、六鰲、玄鐘所

※本表採自《福建海防史》，頁 57。

　　金門一島，屹立外洋，與廈門桴鼓相應，聲勢聯絡，為漳泉兩府海口要地，足以控台澎而藩內部，故明初建石城，設一千戶鎮之，林焜熿《金門志》卷三〈規制志〉記：[3]

> 金門城，在浯洲之南，離縣城八十里，水城一百里，一潮可至。北阻山東，西南阻海，洪武二十年，置守禦千戶於此，周德興築，周六百三十丈，基廣一丈，高連女墻二丈五尺。窩鋪三十六，外環以濠，深廣丈餘，東西南北四門，各建樓其上。永樂十五年，都指揮谷祥，增高三尺，併砌西、北、南三月城。正統八年，都指揮劉亮，千戶陳旺，增築四門敵樓。嘉靖三十七年，所署燬於火。國朝康熙時重修，總兵官駐劄原在舊城，高聳臨江，極目東南，為備海要地。平台後總兵陳龍以所城傾圮，人煙稀少，移駐後

---

[3] 林焜熿《金門志》（中華叢書委員會，民國 45 年 7 月印行），卷三〈規制志〉「城寨」，頁 49~50。

浦，……今頹，址存。

同書續記五巡檢司城：[4]

> 官澳寨，在十七都，明周德興造，為巡檢司城。周一百四
> 十八丈，基廣六尺五寸，高一丈七尺，窩舖四，南北門
> 二，……今頹。峰上寨，在十八都，明為巡檢司城，周九
> 十五丈，基廣一丈，高一丈五尺，窩舖四，門一。今頹。
> 陳坑寨，在十八都，明為巡檢司城，周一百五十三丈，基
> 廣一丈一尺，高一丈七尺，窩舖四，門一。今頹。田浦寨，
> 在十八都，明為巡檢司城。周一百五十丈，基廣一丈，高
> 一丈八尺，窩舖四，東西門二，今頹。烈嶼寨，在二十都，
> 明為司城。周一百三十五丈，基廣一丈一尺，高一丈二尺，
> 窩舖四，門一，今頹。以上四寨，俱明周德興造。

所城內有營房八十六間，軍器一千七百四十二件，官兵一千
五百三十名，教場則在所城北門外：五巡檢司城則各設弓兵一百
名，嗣後頗有裁減，《金門志》卷四〈兵防志〉載：

> 「明金門守禦千戶所，差操屯種旗軍，舊額一千五百三十
> 名。萬曆時，存操海軍六百十八名，屯種軍七十四名。」、
> 「洪武二十年，周德興置官澳、峰上、田浦、陳坑、烈嶼
> 巡檢司。每巡檢司從九品，巡檢一員，司吏一名。每司原
> 編弓兵一百名，工食名皆七兩二錢。嘉靖三十九年，以兵
> 興裁減三十名，扣銀改布政司充餉。嗣又裁減五十名；四

---

[4] 同上註，頁 50。

十二年，各司只留十二名，以備哨探盤詰。萬曆九年，陳坑、田浦併司裁革，峰上存三十八名，官澳存三十二名，烈嶼存一十九名。」[5]

而浯嶼水寨，先是衛官領兵守之，後設欽依把總一員，統守兵二千二百名。所轄汛地，由岱嶼南接於漳州，分兵四哨，出汛時，一屯料羅、一屯圍頭、一屯崇武、一屯永寧，每汛與銅山、南日兩寨及浯銅游兵合哨，稽風傳籌，以禦賊入。

經過這一番佈置，明初的金門築城置所，及設巡檢司，再建水寨，與衛所表裡呼應，守以軍、督以弁，凡所以明斥侯、嚴會哨，傳報警息，聲勢應援，以扼海門之險，構成嚴密防禦體系，這都是江夏侯周德興經略海上，縝密防禦的貢獻。

第三節　明中期金門海防與俞大猷治金行實

明初，全國沿海置衛所、建水寨，派兵戍守。軍士有敵則戰，無敵則耕，糧餉充足，海防隱固。但到了明代中期，國君昏庸，奸臣、宦官弄權，軍備廢弛，徭役繁重，尤其土木堡之敗後，國勢日期益衰弱，海疆藩籬漸失，一些衛所土地被豪強兼併，沿海衛所官旗，多克減軍糧入己，以玫軍士艱難，或相聚為盜，或興販私鹽，或相率逃亡，駐守的兵員逐年減少，衛所制度瀕於崩潰。至嘉靖年間，朝政更為腐敗，明世宗不視朝政，崇信道教，專事齋醮，奢求長生。而首輔嚴嵩，禍國殃民最甚。

在嚴嵩主政下，各地官吏貪污成風，沿海衛所軍籍被減，造

[5]　同上註前引書，卷四〈兵防志〉，頁79~81。

船經費進入權貴腰包。福建五水寨，原設在島嶼要衝，自明英宗
正統年間起，水寨陸續內遷，如：明景帝景泰三年（1452年），
侍郎薛希璉以浯嶼其他孤遠，上奏內遷，於是在嘉靖初遷入廈
門，其它水寨亦略同於此。至此，福建海疆的第一道防線，未戰
自撤，使海疆守禦陷于被動，《籌海圖編》卷四〈福建事宜〉云：
[6]

> 烽火、南日、浯嶼三寨內遷，失去外險，議者以為盡失其
> 藩籬。……而奸商釀亂，勾引外夷。自潮州界之南澳及走
> 馬溪，舊浯嶼、南日、三沙一帶，皆為番舶所據。番舶北
> 向，以南日為寄泊之地。番舶南來以浯嶼為巢穴。……浸
> 淫至於嘉靖二十七年以後，禍乃大發。論者謂東南之倭
> 禍，由閩兆之也。

　　水寨由浯嶼移置廈門，遂失其作用，洪受在〈議水寨不宜移
入廈門〉一文中也一樣論道：[7]

> 故泉州之沿邊，既有永寧衛金門諸所矣。又於浯嶼之地，
> 特設水寨。選指揮之勇略者一員，以為把總。仍令各衛指
> 揮一員，及千百戶輪領其軍。又設戰船以時習戰法。南日
> 以下，銅山以上悉資之。其責任可謂專且重矣。以此重鎮
> 而必設於浯嶼者，蓋其地突起於海中，為同安漳州交會要
> 區。而隔峙於烈嶼大小擔之間，最稱衝險。賊之自東南外

---

[6]　轉引自《福建史稿》，頁184~185。
[7]　洪受《滄海紀遺》（金門縣文獻委員會，民國59年6月再版），建置之紀第
　　二〈議水寨不宜移入廈門〉，頁7~8。

洋來者，此可以捍其入，自海滄月港而中起者，此可以遏
其出。稍有聲息，指顧可知。江夏侯之相擇於此者，蓋有
深意焉。其移於廈門也，則在腹裡之地矣。夫惟水寨移於
腹裡，則把總得以縱欲偷安，軍官亦效尤而廢弛。賊寇猖
獗於外洋，而內不及知。逮知而哨捕焉，賊已盈載去矣。
甚至官軍假哨捕以行劫，而把總概莫之聞焉。使或聞之，
則亦掩飾罔上而自救過。故水寨不復於浯嶼，其亂不可在
己也。然欲復之，或又執孤危掩襲之說以惑上聽。愚竊謂
不若移之料羅之為便也。蓋料羅浯嶼均為賊之巢穴，其勢
不甚相遠，而據此亦可以制彼也。庚申之變，官澳之陷慘
矣，使料羅而有水寨，賊其敢爾乎？萬全之策，無過於是。
有經世之者、此地宜留意焉。

　　嘉靖年間，福建的水軍和巡檢弓兵的情況亦復如此。總之，
明初，凡閩浙濱海之區，陸有戰守，水有戰艦，故百餘年來，寇
不為害。其後主庸臣奸，法弛弊生，到了中期，軍備廢弛，戰船
十不存一，屯田併于豪強，兵器等同廢品，甚至營房亦有人侵佔；
水寨遷設內港，水寨原址，竟被倭寇占為剽掠沿海的基地，衛所
的兵額，消耗過半，巡檢司有僅存空寨之實，將弁多貪污腐化；
軍無紀律，對外不堪作戰，對內只會騷擾百姓。所以倭寇不來則
已，一來便如入無人之境。[8]因此，明代嘉靖年間，是中國遭受
倭寇襲掠最嚴重時期，前期江浙沿海遭倭最甚，到了中、後期，
禍水南流，危害福建。使福建「十年之內，破衛者一，破所者二，
破府者一，破縣者六，破城者不下二十餘處，屠城則百里無煙，

---

[8]　詳見《福建海防史》，頁77。

焚舍而窮年烽火。」[9]——而這正是俞大猷擔任金門守禦千戶所時的時代背景。

俞大猷，字志輔，又字遜堯，號虛江。生于明孝宗弘治十六年（1503 年），卒於神宗萬曆八年（1508 年），終年七十有八，贈左都督，諡武襄，葬晉江歐厝街東南二里許小山上，墓碑文曰：「皇明都督虛江俞公墓」。俞氏先祖原籍直隸鳳陽府霍丘縣人，後遷泉州市（前屬晉江縣）河市濠格頭村人，十歲再移居泉州北門。俞氏仕於世宗嘉靖十四年（1535 年），致仕於萬曆五年（1577年），自弱冠從戎，一生在軍伍四十餘年，四為參將，六為總兵，兩為右都督，因抗擊倭寇，抵禦外侮，功勛卓著，東南賴以粗安，人民得以安居，與戚繼光並稱「俞龍戚虎」，身繫國家安危者二十餘年。俞氏不獨長於戎旅，而又精通六經，博學多文，堪稱儒將，所著《正氣堂集》十六卷、《正氣堂餘集》四卷，皆經國用世之文章，而其中《洗海近事》上、下兩卷，實足以補司馬兵法之所未備，一身文武兼資，故其道德，文章、功業，當時推為閩地之冠。[10]

俞大猷資質聰穎，十五歲進文秀才，二十歲時，父愛松歿，承襲始祖敏之百戶世蔭，即棄文習武，從李良欽學荊楚長劍，盡得其術，繼從趙本學攻習《韜鈐內外篇》，精熟古今戰術，苦練十年，正是武藝超群，韜略精通，故於嘉靖十三年（1534 年）中武舉人，翌年赴京會試中式，列武進士第五名，即由百戶升泉州

---

[9] 李英《海澄縣志》卷二十一〈請設海澄縣志疏〉，轉引自朱維干《福建史稿》下冊，頁 207。

[10] 何世銘《俞大猷年譜》（泉州歷史研究會，1984 年 12 月印行），〈俞大猷年譜小序〉，頁 1~2。

衛正千戶，派往金門任職。按明制鄉舉必歷中三科，方得聽用。大猷由文秀才中武舉。再由武舉人中武進士。進士復試中式，始由世襲百戶，正式委用為泉州衛所正千戶。泉州衛設有指揮使司指揮使。指揮使司下設：指揮、同知、僉事、鎮撫、經歷司、經歷、知事、左右中前後正千戶、副千戶、百戶等武職，因此俞大猷雖陞任正千戶，官秩不過中下，猶未能獨當一面。

　　嘉靖十四年（1535年），俞氏三十五歲，由泉州衛前所百戶陞泉州衛正千戶，守禦金門。其時金門軍民，標悍囂訟，最號難治。公既至，飲耆老於鄉，延明師於塾，導以孝讓，申以詩書，民有訟者，虛心聽之。不入束矢，各得其平。復以朔望，聚民於鄉約所，申白其事，是非之公，與眾共之，訟者大愧，悔前之所為。公在金門五年，人無以訟聞於司府；司府亦不開發一牒於金門，勾攝某人也。[11]

　　嘉靖十五年，俞氏領賑同安，民受實惠，又能自食其力，所活者萬餘人。其秋，有司發兵捕官澳盜。兵甚擾民，公率兵往止之，相遇於途，雙方發刃以鬥。公亟令我兵坐，彼兵乃不鬥，竟治其兵長，衛兵乃無敢擾民。[12]

　　嘉靖十七年戊戌，安南莫登庸篡立，朝議討伐，派仇鸞、毛伯溫討之，俞氏乃上書兵部尚書毛伯溫，建議以伐謀攻心為上，伐兵攻城乃次，宜先派遣使者，前往曉諭歸順，最後自請充當使者，以報國家，伯溫奇之，遂用其策。翌年，別遣禮部尚書黃綰，持書入安南，曉諭莫氏。並起仇鸞為兵部尚書，兼右都御史，充

[11] 同上註，頁35。
[12] 同上註，頁36。

行邊使，宣諭討伐，雙管齊下，旋罷兵。至嘉靖二十年，莫登庸
請降，改安南國為都統使司，以莫為都統使，安南遂平。大猷初
出茅廬，論事論兵，如此遠見，安南之平，大猷之良策也。當時
沿海流寇勾結倭寇，貽患浙直閩廣，十七年八月，福建巡海道副
使余千，委大猷領兵剿滅海寇楊志新等九十餘名。[13]

　　嘉靖十八年己亥，俞氏有鑒於福建海防廢弛，乃上書僉憲陳
伍山，條陳用兵之「二弊二便」，所謂二弊即「上不能用將，將
不能用兵」，所謂二便，「其一曰：委任當極其至也」、「其一
曰：賞罰當有所取足也」，即要公平賞罰，要選用得當之人信而
任之。又呈劃處官澳三策，最後一策，願挺身攜妻子質鎮其地，
勸諭德威，使賤者歸化向順，安生治業。但陳伍山不但不予採納，
反苛責曰：「若武人，何以書為！」遂杖責大猷，并革其職篆。
大猷蒙冤離金還家。金門人流涕，後為作生祠，而從大猷學易，
習劍之秀才、丁壯，多追隨至其家，師家給役，不肯去。[14]

　　俞大猷守禦金門五年，軍民囂訟，導以禮讓，暇則與士大夫
講學吟詩，磊落自豪。與小徑顏揚同學於林希元，為刎頸交。尤
好接引退進，曾拔擢金門城人邵應魁，同安人登武第即自應魁
始，後魁亦屢建奇功，是見大猷知人之明。大猷既蒙嫉而去，金
門人士有感於大猷治金功績，在嘉靖四十二年（1563 年）於今舊
金城關帝廟側，建俞大猷生祠。嘉靖四十三年（1564 年）後浦進
士許廷用曾作《都督俞公生祠記》碑，列名者有廣州、慶州府守
備，署都指揮楊宏舉、掌金門所事泉州衛指揮使國柱等，碑文如

---

[13] 同上註，頁 38~39。
[14] 同上註，頁 39~40。

下：

金門所生祠一區，所各官暨諸耆士為都督俞虛江公建也。公昔視師金門所，卑尊長少，舉欣欣然愛若父母，相與亭而碑之，假筆於余季父西浦翁，頌德頌功垂不朽，其邁而去也。以指揮僉事備汀漳，以都指揮僉事署欽廉，以右參將守瓊州，佐參將鎮溫、台、寧、紹，以副總兵督金山，以都督僉事總制直浙。仍準都督同知，尋調大同，轉南贛，漳南、嶺東，車轍馬跡，半生戎馬，卑尊長少，動輒思公，聞有自公左右回者，相率往問，欣躍如見，累欲卜地構祠而俎豆者矣。適本所視篆千戶，今陞指揮楊君宏舉，行都司邵君應魁，相與贊其成，屬余為之記，余茸覽太史豐公定遠生祠記，鄉士薛子虛江宦績錄，知公馭眾之道，克敵之勳，與夫學術之大，德履之醇，所以豫為致身之幹，昭昭在人耳目，復奚庸贅，唯本所之人，所以祀公之意而言曰：凡人相與，在則感，去則忘，故夫豪傑之士，將所規恢於天下，能使人知感，不能使人興去後之思，能使人見思，不能使人之終不忍忘。何則，欣載生之恩；□□浹之深，而□□□於時地隔絕之遠，夫人則然也。迺若在則感，去而思，久而不忘，其必湛恩汪濊，足鼓人心，而慮公烜赫，足繫人望焉者也。公為金門，御以公廉，孚以恩信，有荊楚劍法，以教士卒，有詩書禮樂，以育英才，有聖訓規條，以帥父老弟行鄉約，迺今甲冑之士，人人公侯腹心，而白晳青矜，間亦嶄然露頭角，公之教也，斯不亦湛恩汪濊，足鼓人心乎，至其守汀漳，而山海劇寇一鼓就殲，守

欽廉而交黎異類俛首歸順,鎮直浙而積歲倭患指日汎掃,調大同而韃虜斃殞矢石,至隻輪不遠。它若張連之亂,莆陽之變,惠來之警,亦以次廓清,斯不亦慮公烜赫足繫人望乎。夫其恩足鼓人心也,是故人知感,而碑豎焉。夫其功足繫人望也,是故人不忍忘而祠建焉,昔羊叔子守襄陽,百姓為建碑,望者罔不出涕。狄梁公為魏州刺史,百姓立之生祀,過者嚴然,豈不足頌甘棠之愛。然見碑墮淚,不過一時感觸,豈若歲時有祀,致愛致□慇之為有常也,過廟肅恭,要亦其一方一隅□□武平定海等處,在在有碑有祠,吾又不知其孰為盛也。以此觀之,則世謂古今人不相及,殆未為通論也。公名大猷,字遜堯,原籍直隸鳳陽府霍丘縣人,世泉州衛前所百戶,以魁武科授正千戶,累遷都督同知,虛江其別號云。歲嘉靖甲子冬十月之吉,賜進士出身,南京戶部,山東清吏主事,同安南洲許廷用譔。

文中之:「公為公門,御以公廉,孚以恩信。有荊楚劍法,以教士卒;有詩書禮樂,以育英才;有庭訓規條,以帥父老子弟行鄉約。迺今甲冑之士,人人公侯腹心;而白皙青矜,間亦嶄然露頭角,公之教也;斯不亦湛恩汪濊,足鼓人心乎!」,不僅論述大猷治金之功績,亦表達金門士民之忠勤愛戴。除金門有其生祠外,閩之武平、龍溪,浙之定海、粵之崖州,饒平亦建生祠奉祀,足證其破倭(閩廣沿海)、防邊(山西大同)、勦寇(汀漳南贛)諸功,長為東南人士所景仰。

第四節　摩崖刻石及其沿革

俞大猷在金門時，嘗於今舊金城南磐山海濱之摩崖自題曰：
「虛江嘯臥」，石刻旁鄰為文台寶塔，珠璧聯輝，增添勝景。在
此值得一探的是此四字究竟是何時刻上的？茲先從一首詩提起：

在舊金門所城南，有一寶月庵，又名南庵，負城面海，與變
山相對，旁有大石如磐，俞大猷常登眺嘯詠其上。[15]俞大猷曾同
許西浦賞遊南庵，留下一首「同許西浦遊南庵詩」，詩云：[16]

> 城下有孤寺，超然異人世；有客喜優遊，約我尋幽地。
> 我攜來此間，期作判年計；謔劇各有能，日及夜不替。
> 有時說元虛，本來忘一切；有時納薰涼，洞門四不閉。
> 有時說浩歌，直上達天際；長思乾坤爐，萬物自巨細。
> 上下極千古，慨思玉皇帝；挾此舟與楫，大川誰共濟。
> 摘此山下芝，為我民夷劑；五百年此遊，山川間氣繫。

許西浦即許福，林焜熿《金門志》卷八（人物列傳）有傳，

<hr/>

[15] 林焜熿前引書，卷三規制志〈叢祠〉，頁57。按林志記載「明俞大猷蓋石亭」
一句有誤。另洪受《滄海紀遺》提到「變山」名稱由來，云：「寶月庵，在
金門城南，負城面海。海中有一小島，名曰南椗，天將風雨，則頃刻萬變，
或如車，或如蓋，或如宮室，如市郭，落潮返照水底礁石，時露馬跡，故亦
稱為變山。」（頁81）此地素有「五馬拖車」之地理風水異聞，不知是否由
此而起？
[16] 《金門縣志》（金門縣立社會教育館，民國81年初版），上冊卷三人民志第
二章第三節〈寶月庵〉，頁492。

傳載：[17]

> 許福，字堯錫，號西浦，後浦人。父重華，字良絢，慷慨
> 好義，客至多舍其家。嘗以非罪罹獄，為上詩當道，得免。
> 領嘉靖戊子（七年，西元 1528 年）鄉薦第六名，乙未（嘉
> 靖十四年，1535 年）成進士，乞歸終養。值俞大猷為所官，
> 過從甚洽。泉州大饑，巡按李元陽，延福與黃偉及大猷，
> 分主賑事，民收實惠。家居二十年，建祖祠，拓祭田，續
> 父所修族譜。倭寇內犯，團結鄉社，邊方恃以無虞。丁艱
> 服闋，授江南監察御史，將赴任，卒。

俞、許兩位同時中式，為嘉靖乙未年（十四年）進士，一為
武進士，一為文進士，有同年之誼；而許西浦為人慷慨好義，喜
優游，值俞大猷為金門所官，又有同地之親，故能過從甚洽，則
俞氏之題石自在乙未之後。考俞氏在金門五年之行止，嘉靖十四
年初抵金門，軍民囂訟，導以禮讓，公事煩心，恐甚難有閒心遊
息。十五年，泉州大饑，放賑同安，恐亦無暇優游。十七年上書
伐謀安南，其秋剿滅海寇。十八年上書得罪僉憲陳伍山，蒙冤罷
職。此四年擾攘不安，則較有可能者為嘉靖十六年（1537 年），
蓋是年無事，稍可遊息暇逸，楊宏舉〈虛江嘯臥亭記〉云：「初
公以乙未武進士加千戶秩，來守金門，期年而化。暇時常遊息於
此，故自題曰『虛江嘯臥』云」[18]，「期年而化」，正是嘉靖十

[17] 林焜熿前引書，卷八人物列傳〈義行〉，頁 197~198。另洪受《滄海紀遺》
　　　亦簡單記載：「許福，號西圃，十九都後浦人。登嘉靖十四年乙未進士，韓
　　　應龍榜，乞歸養親，卒。」（頁 14~15）。
[18] 林焜熿前引書，卷一分域略附錄三〈楊宏舉虛江嘯臥亭記〉，頁 14。

六年，或可佐證筆者之推論。要之，此地有石如磬，背城面海，為備海要地，俞氏巡遊其間，所見雲垂海立，沙走雷奔，風檣馳驟，蜃蜃離合，氣象萬千，題石「虛江嘯臥」，皆足以發其雄特磊落，憂國感時之情懷。

大猷去金門後二十二年，其門人楊宏舉（一作楊弘舉，生員，援例以功歷陞守備都司），任金門所副千戶，後於嘉靖癸亥（四十二年）年正月在石刻旁構石築嘯臥亭，贊曰：「汪洋滄海，波浪怒來，我有片物，揮之使迴。」，並為之記：[19]

> 虛江為誰？都督俞公別號也。公曷以嘯臥於茲耶？初公以乙未武進士加千戶，來守金門，期年而化。暇時常遊息於此，故自題曰「虛江嘯臥」云。公為秀才，即喜誦范文正公「先憂後樂」之語，慨然慕效之，嘯臥豈自暇逸乎哉，必不然矣。夫公文武忠孝，所至人誦其名，生平以理自信，雖百折不少挫，其視文正，殆先後一轍爾矣。公在金門，常有志構亭，後因陞去隊不果。余後公二十二稔，乃來繼治，思以闡微公志也，故命工甃石搆是亭於石，題之前，復扁（即匾）之於後曰後樂，於其樂也，見山川人物，瓦相輝映，後有登亭而覽焉，抑有聞風而興者乎！遂僭記之，又從而歌之曰「嘯於斯，臥於斯，流芳百世，肇於斯。」門人晉江楊弘舉記，歲嘉靖癸亥首春之吉。

此石刻因年久漫漶模糊，後燕山朱杰其人於康熙甲申（四十

---

[19] 按此碑記諸書均有出入牴牾之處，茲以洪受《滄海記遺》所錄全文為底本，及現場實際刻石參考寫出。

三年，1704 年）年仲春重鐫，至今也有三百年，字跡風化，雖經今人重新朱漆描繪，卻錯誤百出，不忍卒讀。

除此二石外，可能另有一碑，即前引〈都督俞公生祠記〉中所記載：「公昔視師金門所，卑尊長少，舉欣欣然愛若父母，相與亭而碑之，假筆於余季父西浦翁，頌德頌功垂不朽。」，此處「碑之」係指摩崖刻字，抑或真有一碑，在缺乏實證下目前僅能存疑。

構築嘯臥亭之同時期，金門人士有感俞氏治金功績，又在舊金城之關帝廟側建俞大猷生祠，嘉靖甲子年（四十三年，1563年），金門後浦進士許廷用作記勒石，即前引之〈都督俞公生祠記〉碑。此碑高二四八公分，寬九九公分，原樹立在金城鎮舊金城關帝廟側。關帝廟又名纏帶廟，在金門所城外，明時建，兩廟向背毗連，俗訛為「相帶」，北向者祀真武，南向者祀關帝。清初未遷界墮城前，廟左右人煙稠密，廟為重樓跨街而建，樓下為通衢，故稱為「古樓帝廟」。民國四十七年（1958 年）八二三戰役，為中共砲彈破片重傷碑面多處，且碑文也已模糊。民國五十五年，金門酒廠開設通路，此碑被棄置道路右旁，而關帝廟也於翌年移建文台寶塔之北重建。近因年久失修，木材腐朽，經地方士紳商議，正重新翻建中，而〈都督俞公生祠記〉碑，亦得幸移置金門福建省政府後的碑林中，永久保存。

嗣後此地成金門人士憩遊觀覽之地，騷人墨客常有詩記留存，如明洪受有：（一）嘯臥亭聯：「嘯喝氣雄吞宇宙，臥修神穩靜風波。」（二）後樂亭聯：「嘯臥原非暇逸，樂憂總有後先。」

[20]明穆宗隆慶六年（1572 年），泉州府丞丁一中（肖鶴）與許
南峰等人同遊此地，登亭題詠，並刻石曰：「飛旆乘風信海潮，
金門城外徙岧嶢。南溟地接三山近，北極天連萬里遙。逸客淹留
塵跡偏，將軍嘯臥瘴煙銷。滄波漠漠情無限，欲附歸鴻向日飄。」
末題款：「大明隆慶六年夏，丹陽肖鶴山人丁一中書」，並附記
同遊者名諱。[21]另，洪受《滄海紀遺》中尚有收錄嘯臥亭石刻，
如（一）粘洪坦書：「茫茫者海，滄滄者天。魚龍下族，日月高
懸。」（二）黃泗清書：「俯矚大地浮，仰觀天日落。便欲乘仙
槎，因之問海國。」（三）何喬遠書：「長風乘高秋，來此官溟
渤。不知天際頭，決皆是何物。」（四）黃懋書：「枉高軒以遙
臨，行滄海焉賞心。幸國家之無事，聊橫槊而高吟。」[22]惜此諸
石刻，今皆存於圍牆外側的金門酒廠內，應建請內政部重新勘察
並列入虛江嘯臥碣群範圍。明末盧若騰有「乙亥九日偕諸同社登
嘯臥亭，還飲寶月庵題壁」詩，題詠：「海峰高絕盧，偏愛路逶
迤。地僻無雞犬，秋深老薜蘿。亭供嘯臥闊，社結清狂多。不待
白衣送，釀尊定放歌。」[23]

　　至清康熙甲申年（四十三年）春有燕山朱杰所書：「大觀」
二字及重鐫明楊弘舉之〈虛江嘯臥亭記〉。雍正六年（1728 年）

---

[20]　洪受前引書，頁 68。按此即楊宏舉所建石亭之柱聯。
[21]　丁一中此次前來金門之背景，洪受書中有提及：「按公諱一中，南京丹陽縣
　　　人。知溫陵府丞，隆慶六年，與柳遇春等同遊，因題勒于風動石之左。」（頁
　　　63），另盧若騰〈重建太武寺碑記〉亦提及：「隆慶壬申，郡貳守少鶴丁公
　　　公汛事至，止陟巔搜奧，題刻二詩而去。」（林焜熿前引書，頁 60）。
[22]　洪受前引書，頁 69~70。
[23]　《金門縣志》（金門縣文獻委員會，民國 57 年 2 月出版），卷九〈詩文輯略〉，
　　　頁 775。

孟秋（七月）汾陽人總兵呂瑞麟鑴「如畫」二字，餘尚有石刻「砥柱」、「觀海」諸字，未題款，不知何人何時所鑴？及清中葉，留存詩文尤多，如：

（一）蕭重〈登虛江嘯臥亭詩〉：[24]

勝境不可負，攜筇瞰杳冥。滄桑塵幾劫，天地此孤亭。

落照半空紫，遙山一桁橫。倚闌莫長嘯，恐有老龍聽。

（二）林文湘〈九日登嘯臥亭詩〉：[25]

嘯臥亭中一望平，上方登眺景頻生。

山腰倒抱環滄海，石骨高森撐廢城。

名士東籬猶菊酒，將軍橫海自功名。

只今弔古蒼茫恨，古碣莓苔讀未清。

又一首：

前代俞公舊握鈴，英風萬古此地瞻。

樓般蜑雨橫戈入，瘴海鯨濤引旆恬。

俯仰乾坤餘戍壘，古今事業隔西崦。

年來跋浪天吳起，島嶼狼煙日戒嚴。

其〈遊嘯臥亭分韻〉，詠：[26]

石亭遙瞰海天虛，地記將軍橫槊餘。

樓櫓煙波環鳳舸，墩台煙雨掣鯨魚。

勳名自本儒生出，政府空言將略疏。

贏得穹碑撐碧漢，令人想像舊簪裾。

---

[24] 《金門縣志》（民國81年版），卷二土地志第四篇第一章第二節〈嘯臥亭〉，頁272。

[25] 同上註前引書，頁1634。

[26] 同註24。

雙尖石塔梵鈴寂，半壁孤城雉堞疏。
劫外蟲沙經百戰，天寒鸛鶴上層虛。
人當緩帶輕裘日，地是金戈鐵馬餘。
嘯臥論公清讌罷，西湖不比策疲驢。
東來萬派此歸墟，變滅煙雲亭外虛。
跨海何人橫鐵笛，奔濤特地走雷車。
狼煙戰壘揮戈入，燕頷侯風擲筆餘。
擊楫澄清多骯髒，知公胸有六韜書。
瓷甕香醪起雪蛆，恢奇賦海木元虛。
酒杯倒捲滄溟小，筆陣橫衝鐵騎如。
甲冑英雄曾汗馬，風塵過客此停車。
蒼涼島嶼含生色，文藻勳名共卷舒。

（三）文成輔〈登嘯臥亭分韻〉二首：[27]

百戰功橫海，將軍氣未降。荒亭餘落日，秋色滿空江。
紅葉迷樵徑，蒼波點釣艭。搖山青不斷，雲擁碧鬟雙。
峭壁巇巖立，孤立俯大江。氣先吞北海，功久奠南邦。
苔蝕碑文斷，鴻留爪印雙。夕陽詠歸去，煙水一輕艭。

（四）林焜熿〈嘯臥亭懷古〉二首：[28]

嘯臥亭空碧蘚黏，乾坤此日快觀瞻。
荒城霧捲籠山頂，破寺雲封露塔尖。
島嶼狼煙連戍壘，旌旗鶴首握戎鈷。
南來巨浪排雲起，思騁長風酒力添。

[27] 同註 25。
[28] 同註 25 前引書，頁 1635。

振衣直上凌高頂，十里雲煙一望收。

樹清山坳巢老鶻，波搖海穴出長鮴。

石碑峴首思遺愛，銅柱朱崖說故侯。

散髮狂吟和鐵笛，魚龍驚起暮潮秋。

（五）同治元年壬戌（1862），許春行偕友朋遊覽到此，留下一文〈嘯臥亭記〉，文曰：[29]

　　浯島東南海滋，有金門舊所城，為前明設營之處。據海疆形勢，作泉漳門戶，島上稱奧區焉。出城南門可數百武，石壁巍峨，重疊綿亙，登其頂，眼界尤寬。明時盧江俞公，嘗為金門千戶，治兵島上，公餘每偕僚屬游覽於此。公去後，門人楊宏舉，因石建亭，上鐫盧江嘯臥四大字，承公志也。夫人事代謝，滄桑屢變，彼吳宮花草，蘇臺煙柳，千載下無復過而問者。顧斯亭也，一邱一壑，獨與河山並壽。亦思公之屯兵海嶠，身經百戰，先天下之憂而憂，泊乎妖氛已靖，嘯臥於斯，後天下之樂而樂。不知公，烏知斯亭重，不有斯亭，又烏知名流遺蹟，草本猶香，令人流連感嘆有如是也。嗚呼！俞公往矣，險阻依然，驚濤誰挽。亭頭縱望，百感交集，安知後之視今，不猶今之視昔也哉。歲壬戌某月，余從朋輩遊憩到此，摩挲遺碣，苔蘚半蝕，蝌蚪模糊。撫今思昔，因泚筆而為之記。

（六）迨清末光緒年間馬巷廳通判黃家鼎有〈嘯臥亭弔明俞武襄〉，詩云：[30]

---

[29] 同註 25 前引書，卷十三藝文志第二篇第三章，頁 1590。

[30] 《泉州府馬巷廳志》（光緒八年版，台北市福建省同安縣同鄉會，民國 75 年 10 月重印），附錄卷中黃家鼎詩，頁 320。

　　暮秋日光薄，虛亭擬積陰。嚴飆動幽壑，落木相侵尋。
岸巾倚翠壁，曳履攀丹岑。田空饑雀集（原註：八月初二
颶風，田禾大損），海闊潛龍吟。感茲在行役，滄茫獨登
臨。聞聲結瑤想，流眄豁素心。緬懷古賢達，蘊抱多深沈。
勳蹟表史冊，高名垂至今。當年此棲築，淡退傾霞襟。頃
世正多事，艱難誰能任。往者不可作，芳躅猶堪欽。遐哉
成公嘯，渺矣牙生琴。海舟卷急浪，溪樹啼寒禽。俯仰託
微尚，惻愴予懷深。

又〈登嘯臥亭次明丁少鶴刻石韻〉，二首錄一：[31]

　　儒將風流好聽潮，城南磐石矗崔嶕。健兒散後門生
在，（原註：亭為武襄門人揚宏舉建）亭子成時都督遙。
遺愛不隨泡影滅、名區能辟劫灰銷。剝苔遍讀摩崖句，（原
註：亭右石壁有明丁一中詩、楊宏舉記。新舊廳縣志及同
治間新續金門志、均云其文不可辨認，今予錄其全首），
忘欲飛濤滿袖飄。

　綜觀以上引諸詩文，知明代所刻諸詩石，文字至清初已剝蝕
殆盡，康熙年間有燕山朱杰其人曾予重鐫；至清中葉嘉道年間古
碣莓苔辨讀未清，影響林焜熿所修《金門志》所錄諸詩文頗有謬
差，及清末光緒年間馬巷廳通判黃家鼎予以仔細檢讀，收錄于《新
修馬巷廳志》，方窺全貌，亦云幸矣。而此地襟帶湖海，翠壁蒼
崖，站在石頂，眺望遠海，正是汪洋滄海，波浪怒來，氣象萬千，
是昔日金門八景之一的「嘯臥樓雲」（餘七景為：浦城海日、仙
陰瀑布、雙陽霽景、珠江夜月、豐蓮積翠、董嶼安流、洗馬湖光），

[31] 同註 30，頁 321。

遊人騷客，顧復盤桓，徘徊觀賞，勒詩題詞，華翰爭輝，固百歲而崢嶸，壯麗猶昔。

民國以來，猶有名人題刻數處，一為趙恆惕：「松柏長青」、一為黃杰：「碧海丹心」，一為張大千：「國之金湯」。其他士林碩望、文苑名流，嘯臥吟詠，零縑片楮，美不勝收，如范叔寒之「金門憶」中有「金門憶，最憶是文台。高塔丹崖尋舊夢，寶泉佳釀進新醅，何日喜重來。」句：劉宗烈「金門頌」中有「金門憶，高塔憶文台。雲陣峰頭排四面，銀濤眼底擁千堆，蕩寇念雄才。」句；吳萬谷「訪金門雜詠」之「文台古塔」云：「高鼓支天大將台，當年嘯臥鬱雲雷（原註：塔為明代名將俞大猷戍金時遊息處，曾書嘯臥四字刻石），嵯峨石走蛟褵字，如見雄風海上來。」[32]

其間楊宏舉構建之石亭，於民國三十九年（1950年）拆除，殘存一段石柱今棄置在附近居民葉長德先生宅前之空地，現暫移至後浦原清總兵署院內；嗣後於原址置有石凳圓桌，已大失原貌。直至民國五十五年，先總統 蔣公蒞金巡視，曾至古塔憑弔，深以當年周德興、俞大猷曾對閩浙地區，平定倭寇，功績卓著，乃指示予以重修，期以勉勵金門軍民效法先賢，共挽狂瀾。翌年夏由金門縣政府撥款洽請兵工駐軍重修協建，大為改觀，並新建一亭，亭名「砥柱」，係當時國防部長蔣經國先生命名，以昂勉軍民作中流砥柱之意，重簷巨柱，環境清幽。工竣，金門縣長屠森冠撰「重修文台古塔記」以紀實抒志，碑記如下：[33]

[32] 同註 25 前引書，頁 1648、1649、1651。
[33] 同註 24 前引書，頁 278。

文臺古塔，位於太武山東南，襟帶湖海，翠壁蒼崖，乃天然之勝景。據縣志載，斯塔乃明江夏侯周德興建於洪武二十年，以為航海標誌。嘉靖年間，明都督俞大猷戍金時，曾遊息於此，並題虛江嘯臥以鳴志，迄今已歷五百八十年，惜乎年久失修，滿目蕭然矣。乙巳秋，總統　蔣公蒞金巡視。親臨塔畔，深以周、俞為明代名將，曾於閩浙地區，平定倭寇功昭史冊，遂指示重修，以存勝蹟。經洽請雄獅部隊協建，饒古攝今，大為改觀。塔前遍植花木，四週繞以雕欄，豎亭其中，名曰砥柱，以示效法先賢，共挽狂瀾之意。塔右怪石嶙峋，俯仰萬狀，舊有摩崖題刻，悉為刷新，字跡宛在。其間一山一石，依其形勢，或開墾以築路，或由逕而成趣，疊嶂秀峰，難以辭敘。若夫登臨遠眺，攬山河之壯麗，欣戰地之昇華，不覺心曠神怡，而有鼓舞興懷之概。夫以天生萬物，際會難齊，六百年前，其地其塔，固無知之巖石也，焉知物換星移，而有今世之殊榮。周、俞兩公，固一代之英傑也，焉知百年身後，名垂不朽。恭讀　總統「千秋氣節久彌著、萬古精神又日新」之聯句，即此信而有徵。然而公往矣，古塔歷遭匪砲猛射，猶能巍巍峨峨，屹立依然，莫非氣之所鍾，造物固有待歟。緬懷奇蹟，應知此身在莒，凌霜雪而彌勁，勝利在望，遇黎明而益艱，再接再勵，毋驕毋餒，異日華夏重光，則斯塔斯亭，將與古今名賢永垂無疆之庥，是為記。中華民國五十六年歲次丁未季秋，金門縣長屠森冠拜撰。

　　重修後之古塔、新刷之刻石，猶能巍巍峨峨，屹立依然，斯石斯塔，千古際會，鼓舞興懷，相映成趣，悠悠至今。

金門朱子祠與浯江書院

第一節　朱熹與金門

　　朱熹字元晦，後改為仲晦，號晦庵，六十歲後稱晦翁，又號雲谷老人、滄州病叟。祖籍婺源（今江西婺源縣，婺源於梁陳時為新安郡，故其署款又稱新安）松岩里，但卻是出生在福建南劍（今福建南平）龍溪縣城外毓秀峰下鄭氏館舍。他生於南宋高宗建炎四年（1130 年），卒於寧宗慶元六年（1200 年），享壽七十又一。

　　朱熹家世為婺源著姓，以儒名家。父名松（字喬年，號韋齋），受業於豫章羅從彥（字仲素，世稱豫章先生）之門，曾於宋徽宗政和八年（1118 年）登進士，官司勳吏部郎。後以不附和議，觸犯秦檜，出任建州（今福建建甌）政和縣尉，丁外艱服，調劍州龍溪尉，監泉州石井鎮。建炎四年，朱熹出生之時，正是他父親朱松辭官，歸隱龍溪城外毓秀峰下鄭氏草堂教書之際，家境並不十分充裕，所以朱熹從小家貧，往往稱貸鄰里親友以給用，可以

說是出身在一個沒落的官僚家庭。

朱熹自幼穎悟，就在深受二程理學薰陶的父親之直接教育下，開始學習儒家經典，五歲能誦《孝經》，十來歲便讀過《大學》、《中庸》、《論語》、《孟子》。當朱熹十四歲時（1143年），朱松病死，少年喪父，生活無所依靠。朱松死前，將家事託付給少傅劉子羽，並交待朱熹向籍溪胡憲（字原仲）、白水劉勉之（致中）及屏山劉子翬（彥沖）求教。熹遵守遺訓，從建州城南遷到崇安五夫里居住，受學於此三人，三人也視同子姪，尤其是劉勉之，以女妻之。朱熹在這段期間無所不學，舉凡禪、道、文章、楚辭、詩、兵法，事事都學，時時留心。未幾二劉早歿，熹從胡憲習業最久。年十九，登進士第：紹興二十一年（1151年），朱熹二十二歲，授左迪功郎；被派任為泉州同安縣主簿，二十三年秋天才到同安縣赴任。在任期間勤敏公幹，治績卓著。除主簿職事外，即開辦縣學，選秀民充弟子員，一時從學者眾，建經史閣，作教思堂，延攬名士徐應中、王賓等以為表率，日與講論正學，規矩甚嚴。

在此前後，朱熹曾多次往見請益延平李侗（字愿中，世稱延平先生），但正式受學於李侗卻是紹興三十年（1160年）的事，李侗是程頤的再傳弟子羅從彥的學生，朱熹因得承襲了「洛學」的正統，逃禪歸儒，奠定後來能集理學大成之基礎。二十八歲冬，自同安罷官歸，惟以事親講學為務，暇則往見延平請教，先後師事十一年。

紹興三十二年（1162年）六月，剛即位的孝宗詔求直言。八月，朱熹以監潭州南嶽廟的臣職上「封事」，提出三個建議：(1)帝王之學不可以不熟講也；(2)修攘之計不可以不早定也；(3)本

原之地不可以不加意也。數說和議之害，復仇之利，反和主戰態度十分鮮明。次年十一月六日（隆興元年，1163年），朱熹受詔垂拱殿奏事，他慷慨陳詞，連上三札，又重申前議，主張以戰復仇，同時，並陳古先聖王強本折衝，威制遠人之道，與言路阻塞，僥倖鴟張之害。惜北伐戰敗，朝廷主和，他的主張無從實現，因此乾道元年（1165年）任「武學博士」之職，教生徒習兵馬武藝，旋與執政不合，辭職歸家，從事理學之研究與講學活動。

　　乾道三年秋天，福建崇安發大水，朝廷任命朱熹視察水災，並與縣官負責賑恤事宜，熹從而主張設「社倉」來解決農民青黃不接、糧食困難的問題。乾道七年，創立「五夫社倉」於五夫里，後又在福建建陽和浙江金華等地推廣。

　　淳熙二年（1175年），朱熹四十六歲，是年夏天呂祖謙從浙江來到福建崇安朱熹的「寒泉精舍」，留居旬日，講學其間，相與商討合編《近思錄》。及祖謙歸，他因送行，途經江西上饒鵝湖時，與陸九齡、九淵兄弟相會，互相質辨，雙方意見未能一致，一主張「即物窮理」，一主張「發明本心」，結果不歡而散，開啟後來程朱、陸王學派之爭，這就是朱陸有名的「鵝湖之會」。

　　淳熙四年，編成《論語集注》與《孟子集注》。五年，由於史浩推薦，被任命為「知南康軍」（今江西星子縣），翌年赴任，時朱熹已家居著書、講學二十餘年。朱熹在職期間，辦賑濟、減賦稅、築江堤，而且積極辦學，宣揚理學。又訪白鹿洞書院遺址，奏復其舊，並訂定學規，而其學規也成為各書院的楷模，使學子切實遵守。淳熙七年，朱熹為陸九齡撰墓志銘，並上封事，提出「恤民」、「省賦」建議。八年八月，浙東饑荒，宰相王淮仕薦朱熹任提舉兩浙東路常平茶鹽公事。他即日單車就道，細訪民

隱，於救荒之外，並請求懲辦貪官污吏，彈劾檢放不實。淳熙十四年，以周必大推薦為江西提刑。

淳熙十六年（1189年）二月，孝宗內禪，光宗即位。紹熙元年（1190年），朱熹知福建漳州，在任期間，蠲減經總制錢，刊刻四經和四子書，改變風俗崇信，並核實田畝，畫圖造冊，行「經界」，後因得罪豪強及當道，自劾不果行。時詆毀者，以為朱熹本無學術，徒竊程頤、張載餘緒，假稱道學，以欺世盜名。在任不滿三月。四年十二月，除知潭州荊湖南路安撫使，朱熹六十五歲。紹熙五年（1194年），這年七月，光宗內禪，寧宗繼位。是年八月，經宰相趙汝愚推薦，被任為煥章閣待制兼侍講。

朱熹任侍講，當時韓侂胄用事，擅權害政，利用進講機會，多次進言斥責侂胄，遂觸寧宗不滿，以為干預朝攻，任職僅四十日即被罷免。十一月，回到福建考亭，十二月建「竹林精舍」，後更名「滄州精舍」，並更號「遯翁」，遯者，退也，表示朱熹厭倦政壇，從此退居林下之心志。時反對朱熹的黨派大加讒誣中傷，斥朱學為偽學，朱黨為逆黨，史稱「慶元黨禍」。然朱熹仍不屈不撓，日與諸生講學不休。寧宗慶元六年（1200年）三月，朱熹卒於福建建陽考亭家中，十一月，葬於建陽唐石里之大林谷，享年七十一歲。寧宗嘉定元年（1208年），賜諡曰文；理宗寶慶三年（1227年），贈太師，追封信國公；紹定三年（1230年），改徽國公；淳祐元年（1241年），配祀學宮。明太祖洪武元年（1368年），詔以朱子之書立於學宮，天下學者宗之。世宗嘉靖五年（1526年），祀稱先儒朱子。清聖祖康熙元年（1662年），從祀孔廟，升位十哲之次。身後榮譽，為孔孟之後的第一人。

　　朱熹自十九歲登進士第，歷仕高、孝、光、寧四朝，其間立朝僅四十六日，為官約十年，在宦途上頗不順遂，無從達其志，其餘四十餘年都從事講學和著作，學術成就震鑠千古，堪稱一代大儒，而於金門教化影響尤深。

　　金門一邑，始於唐陳淵闢土，宋朱子過化，歷代以還，人才輩出，向稱海濱鄒魯，故朱熹學術思想，影響於金門後世者至鉅。前述朱熹於宋高宗紹興二十三年秋，任同安縣主簿，時金門為同安縣綏德鄉所屬的翔風里，正屬朱子教化之地，朱子在同安五年，勤於治政講學，建經史閣，作教思堂，選秀民充弟子員，並不時下鄉視學。當年視學金門，曾一遊陳淵祠，留下〈次牧馬王祠〉之詩，詩曰：「此日觀風海上馳，殷勤父老遠追隨；野饒稻黍輸王賦，地接扶桑擁帝基。雲樹蔥蘢神女室，岡巒連抱聖侯祠；黃昏更上靈山望，四際天光蘸碧漪。」[1]及睹庵前豐蓮山一帶，林木風景之盛，曾說：「此日山林，即他年儒林。」[2]又一傳說，朱子採風浯島，時值仲夏，見田疇偏植花生高粱，心憂居民常食二物，必多患痲瘋；及再次來浯視學，時際初冬，蘿蔔繁生，乃欣然釋懷，蓋蘿蔔之性，適足解前二者熱毒，面告鄉紳，可以釋慰矣。[3]

　　朱子又精易學、風水，常留心自然山川形勢，據說風水學經

<hr />

[1]　林焜熿，《金門志》（中華叢書委員會印行，民國四十五年七月），卷三〈規制〉附錄（一），頁59。

[2]　郭堯齡編纂，《朱熹與金門》（金門縣文獻委員會，民國六十三年十月四版），第一章（二）敦化金門，頁6。

[3]　見《金門先賢錄》第一輯（金門縣文獻委員會，民國五十九年五月），所收「敦化金門的朱熹」，頁12。

典之作〈雪心賦〉為朱子所作，不過儒家講究風水和一般看風水
之術士，內涵大不相同，儒者相墓，偏於說理，術家則好任法術，
[4]如《朱子語類》卷一記：

> 冀都是正天地中間好箇風水。山脈從雲中發來，雲中止高
> 脊處，自脊以西之水，則西流入於龍門；西河自脊以東之
> 水，則東流入於海；前面一條黃河環繞。右畔是華山，聳
> 立為虎，自華來至中為嵩山，是為前案，遂過去為泰山，
> 聳於左是為龍，淮南諸山是第二重案，江南諸山及五嶺，
> 又第三、四重案。

而金門士林傳說，凡各鄉能與鴻漸山相照者，必人文蔚起，
也緣於朱子嘗至鴻漸嘆曰：「鴻漸腦已渡江矣」，又曰：「鴻漸
反背皆是同（安），乃向浯也」。《康熙輿地志》：「鴻漸高冠
群山，浯洲隔海望之，尤為竦秀。」故林焜熿《金門志》載：「其
山脈有謂起自仙人旗……一說自秀山發脈，歷鳳漸山、小嶝、角
嶼而過青嶼。語云：『天弧天角，龍躍渡江。』鴻漸非耶天弧天
角乎……以故浯洲各鄉，凡鴻漸照到者，無不吉利，惟浯東相去
較遠，故發科較遲。」[5]朱子亦曾在金門立燕南書院，《滄浯瑣
錄》載：「朱子主邑簿，採風島上，以禮導民，浯既被化，因立
書院於燕南山，自後家弦戶誦，優游正義，涵泳聖經，則風俗一
丕變也。」[6]燕南山即今之太文山，俗或呼為燕龍、巖龍，或巖

---

[4] 李人奎，《李人奎談風水》（時報文化出版公司，民國七十六年四月初版），
　　頁51。

[5] 林焜熿，前引書，卷一〈分域略二〉「形勢」，頁6。

[6] 林焜熿，前引書，卷十四〈風俗記五〉「士習」，頁352。

人山（按皆是異字同音），在古坵村後，書院遺址，明代已無可詳考。當年朱子在該處設書院，必係附近居民甚多。山巔原有太文巖寺，祀清水真人，俗稱燕南宮或清水公宮，明時建，清光緒年間重建，民國三十八年（1947年）始廢。寺之後殿原祀有文昌，推想或書院圮坍，開山僧人就廢址改建佛寺，文昌帝君或為書院原有神像，乃移供於後殿。[7]

　　總之，自宋以後，漳泉各地，為紀念朱子教化，或設專祠，或配祀學宮，備極尊崇。而金門為朱子教化之地，人民風俗，向極淳樸，尤其朱子知漳州時揭示之古喪葬嫁娶之儀，即《朱子家禮》一書，迄今流傳近八百餘年，猶為金門民間遵行勿衰，可想見其遺風餘照。而且自宋迄今，金門士人論文章氣節，皆以朱子聖賢之學為宗，故有元一代九十年間，金門士人絕無仕元室者。明清兩代，金門士人有四書、五經評著者，頗不乏人，[8]此皆與朱子當年教化大有關係，是金門歷來科第輩出，不獨以文章重，諸德業可師者，足以示儀型而風後進，紫陽教化之功不可沒。[9]

---

[7]　同註3，頁11。

[8]　如明嘉靖教諭張應星之《易經管見》、《四書大要》。隆慶間國子監助教洪受之《四書易經從正錄》。萬曆舉人陳榮選之《四書旨》、《易旨》、《禮記集註》、《書經解》等；陳如松之《學庸解語鈔》；進士蔡復一之《毛詩評》；蔡獻臣之《四書合闈講義》；會元許獬之《四書合喙鳴》、《易解》。崇禎舉人楊期演之《易經管見》。清康熙進士張星徽之《春秋四傳管窺》、《先儒精義會通》，及盧安椿之《學庸講義》。詳見《金門縣志》藝文存目。

[9]　有關本節朱熹之生平行誼多據：(一)張立文，《朱熹思想研究》（中國社會科學出版社，一九八一年九月）第二章，〈朱熹生活的時代、身世和經歷〉，頁40-87頁。(二)郭堯齡，前引書，第二章〈朱子的生平及著作〉，頁10-21，等二書參考寫成，茲不再另行一一分註，以省篇幅。有關朱熹生平詳細事蹟，讀者有興趣者，可參閱《宋史》卷四二九〈列傳〉卷一八八「道學」三之朱

第二節　金門歷來書院

　　朱子祠即浯江書院，其前之金門書院，宋有燕南，元有浯洲，明則無考。

　　燕南書院，據《滄浯瑣錄》云：「朱子主邑簿，採風島上，以禮導民，浯即被化，因立書院於燕南山，自後家弦戶誦，優游正義，涵泳聖經，則風俗一不變也。」[10]林焜熿《金門志》又云：「燕南書院，在浯洲。宋時建，今莫詳其蹟。」[11]燕南即今之太文山，在古坵村後，燕南俗呼燕龍、巖龍或巖人山。解知〈孚濟廟記〉載朱熹簿邑時，有〈次牧馬祠〉詩，詩曰：「此日觀風海上馳，殷勤父老遠追隨，野饒稻黍輸王賦，地接扶桑擁帝基，雲樹蔥蘢神女室，岡巒連抱聖侯祠，黃昏更上靈山望，四際天光蘸碧漪。」則朱文公應曾徜徉於豐蓮山。而《同安縣志》載朱熹在紹興二十一年（1151年）任同安主簿，二十三年秋抵任，五載秩滿，則朱子觀風過浯，當在此五年之中（1153~1158年），燕南書院或建於其時。

　　浯洲書院，在金山鹽場司之西。元司令馬某建，有租贍士，至明已廢，嘉靖間金門名士洪受曾有一文〈興復浯洲書院議〉紀之：「浯洲在勝國為弟子員者，不知其幾，然有書院而又有贍士之租，亦見有司者之加意也。聞之故老，當時書院有學官一員，以主其事，今址尚在，宜講而興之……有書院，則立祠有其地。

熹傳，或黃宗羲《宋元學案》卷四十八〈晦翁學案〉中之「文公朱晦庵先生熹」，因傳文過長，茲不引錄。

[10]　同註6。

[11]　林焜熿，前引書。卷三〈規制志九〉「書院」，頁63。

有學官，則主祭有其人。歲時之間，率子弟以行禮，則人自知敬學，而興高山仰止之思，其於風化之助豈小也哉！幸留意焉。」[12]又在〈鄉賢崇祀議〉文中建議：「古所謂鄉先生者，其沒也，則祭於社……後世專祀於學官，則鄉社之人，不無遠於尸儀型之嘆也……誠設浯洲書院而崇祀於其中，則一洲鄉社之人士，見儀型之在目，而當祭之時，亦將翕然於俎豆之間矣！其感發而興起者，當何加耶。」[13]觀此二文，是可知浯洲書院至明嘉靖前已廢，且有明一代未在金門另設有書院。迨至清代道光癸未年（三年，1823年），就其古址而重建之，名為「金山書院」，內祀文昌星君，楊秉均〈重建金山書院碑記〉云：[14]

金山書院者，昔之浯洲書院也。明之世，人文蔚起，結構煥然，厥後傾頹，而年代漸遠，湮其舊址，遂為農人稼圃之地。乾隆庚子歲（按四十五年，1780年），卜鎮後浦文衙署之西，踵浯江之名，以補其題。逮道光癸未歲，諸同人忽有復古之志，就其古址而重建之，顏之曰金山書院，董事姓名呂世修、黃鳴鸞、蔡鴻略、楊學之、蔡占魁、楊秉均、陳元音、陳夢篆、張基壯、蔡煌、張世品、蔡尚光、黃志修、張興濟、黃超吟、陳明微、張善濟、張美榮、戴國俊，共費建造銀壹千陸佰參拾壹圓，由進士鄭用錫等及各鄉倡捐，至祭費則由周史雲等捐充，捐資姓名已刻石不

[12] 同上註，頁68。
[13] 同上註。
[14] 《金門縣志》（金門縣文獻委員會，民國五十七年二月初版），卷四〈政事志〉第四篇〈教育〉第二章〈學校教育〉，頁517。

錄。

惜金山書院早已廢，院址即今沙尾市場。金門今僅存者，浯江書院矣！

第三節　浯江書院之創建興始

金門為朱子過化之地，故建祠以祀，祠在浯江書院。浯江書院之創建，諸志乘頗多紛歧，或云「雍正二年設金門所社學，其書院之權輿，顧故址湮沒」，[15]或云「雍正己未，縣丞盧國泰建」，[16]皆有誤，今浯人率以為創建於乾隆四十五年，亦未詳考。浯江書院之創設應可溯源於康熙丁卯年（二十六年，1687年）。

按〈欽命金門總鎮大元勳陳公（陳龍）功德紀〉碑文中有：「癸亥夏（康熙二十二年，1683年），載整水軍同靖海將軍侯施公東克澎湖，八月撫有台灣，置郡縣焉……于今又五年矣。島之婦子嬉於室，島之苗黍藝於郊，蜃煙晝靜，里門夜開，乃猶以此邦夙敦詩禮，立書院，延里中士黃君顯為諸生師，安攘並施，教養兼事，豈不偉歟！……康熙歲次丁卯臘月之吉，金門紳董士民同勒石。」[17]碑文很清楚記載清初陳龍曾立書院，延師長教育，斑斑史實，豈不明確。至乾隆三十二年（1767年）金門通判王忻之〈去思碑〉亦記載：[18]

[15] 同註 11。
[16] 同上註，頁 63。
[17] 同註 14，前引書，卷二〈土地志〉第四篇〈勝蹟〉第二章〈古蹟〉，頁 206~207。
[18] 同註 14。

官長者，民之父母，而荒僻之區，尤所仰賴以安……乾隆
三十一年，安海通判移駐金門，我府尊王公，於八月間新
蒞茲土，以廉居心，以德化民……除口稅而工商不煩，輕
賦徭而士農樂業，尊崇道學則書院祀紫陽，振起文風而生
徒增月課。種種美績，雖武城之歌詠，單父之彈琴……使
我公功德，與金山浯水，同垂以不朽云。乾隆三十二年丁
亥六月，順天府丞提督學政陳桂洲撰。

而乾隆三十五年金門通判程煜之〈德政碑〉文復記：[19]

……浯固海濱名區，風土人物，誌書足記。厥後風移俗易，
士氣浸微，豪富紛爭，貧窮宄竊。自公蒞斯土，廉明方正，
鋤奸戢暴，教養咸周，恩威並著……邇以書院舊規狹隘，
不足廣培多士，復捐清俸，倡建堂廡，費糜千餘金，置膏
火，延名師，為多士式，海濱鄒魯，於焉不替……凡我浯
士庶，沃膏戴德，銘刻難忘，相與歡欣鼓舞，紀績署前，
俾觀風者有所採，而浯民永以頌明德於不朽……乾隆三十
五年庚寅臘月，順天府丞提督學政陳桂洲撰。

然而林焜熿《金門志》所記頗有出入：[20]

浯江書院，在後浦丞署西。初為義學，猶卑狹……前通判
程某，規創基址未成。乾隆四十年，通判移駐馬家巷，議
將署料拆卸運往水頭。職員黃汝試以拆卸可惜，請變價建

[19] 同註 14，頁 207~208。
[20] 同註 11。

為書院，繳銀一千五百員，塑像朱文公及先賢像於中。

既云「倡建堂庶，費靡千餘金」，林氏志書又言「規創基址未成」，豈不矛盾。經查《馬巷廳志》才得一索隱解答，廳志卷之九〈官署〉記：[21]

> 舊通判署在府署右……乾隆三十一年移駐金門浯洲嶼，就縣丞署棲止……其金門縣丞署，雍正十三年建。乾隆三十五年，署通判程煜重修。三十九年……改駐海疆要地……於馬家巷孔溝建治。前任胡邦翰詳變價給金門士庶為書院，前為公館。價銀一千五百元……

同書卷之六〈學校〉又記：[22]

> 金沙書院，即金門舊署，變價建馬巷署。金門士民共捐二千餘員。以后進五間，書房兩間，又三間，并兩廂，給士子肄業，其二堂花廳、大堂以外，仍為往來聽治之所。

按金門舊縣丞署在後浦西門，民間俗呼「文衙門」。清雍正十二年（1734年）移同安縣丞駐金門，十三年建署。乾隆三十一年（1766年）縣丞移駐灌口，而以原駐晉江安海之泉州府通判移駐金門，且就縣丞署棲止。乾隆三十五年，署通判程煜重修。四十五年，縣丞復自灌口移駐金門，判署仍為丞署。綜合上引史料，明顯地可看出程煜假公濟私，藉口倡建書院，以倡捐所得改為修

---

[21] 《泉州府馬巷廳志》（光緒癸巳年木刻本，台北市福建省同安縣同鄉會，民國七十五年十月重印），卷三十九〈官署〉，頁78。

[22] 同上註，卷三十六〈學校〉，頁57。

建衙署。也因此林志文中稱呼程煜為「程某」，頗有鄙夷之意，
蓋意在言外，可不慎乎！如今要將判署拆卸運走，黃汝試自是不
甘又捨不得，因當初興建時「費靡千餘金」，是以鄉紳黃汝試也
「繳銀一千五百員」予以買下充作書院，並名為「金沙書院」。
金沙亦即金水，也即是黃姓族人所居之水頭，則「金沙書院」豈
不就等同「黃氏書院」，以衙門充為黃家書院，自會引人抨擊，
認為黃俊（汝試）托大猖狂，極有可能此一書院名稱替黃家引來
後來之禍患。

　　黃汝試即黃俊，字伯葵，諱汝試，諡懋齋，誥贈奉直大夫。
生於康熙四十一年（1702年），卒於乾隆四十八年（1783年），
享壽八十又二。黃汝試為金門水頭人，乃西堂之始祖。其少貧，
以販魚網罟為生，中年轉行，至廈門營商，往來北洋，歷經奮鬥，
積貲百萬，擁船十數艘。晚年葉落歸根，安老於鄉梓。乾隆三十
年，創建西堂，供黃氏子孫課讀，四十年獨力續成黃氏宗祠前進，
並於是年又獨力買下判署，充為書院，義哉黃俊之行也。[23]

　　《金門志》續記其後之衍變：[24]

> 四十六年仍設縣丞，新丞歐陽懋德至，無棲所，商諸紳士，
> 即義學地建為書院。汝試復捐銀四百七十六員，合監生徐
> 行健一千員，及鄉之好義者鬮之。後為朱子祠，翼以圍牆，
> 中為講堂，祀文昌；前為儀門、為大門，東廊學舍八間，
> 西廊學舍八間，外為大庭、照牆，諸神俊自署中遷入，而

---

[23] 詳見拙稿〈金門黃氏西堂之歷史研究〉，另收入拙書《從古蹟發現歷史──卷
　　一：家族與人物》（蘭台出版社，2004年八月），頁385~425。
[24] 同註11，頁63~64。

判署仍為丞署。汝試復議捐膏火銀二千員，置田產以充學
租，且欲於隙地建魁星樓。未幾歿，歐亦陞去。汝試子監
生如杜，置海澄港尾鄉苗田種五石五斗，契銀二千零四十
四員，年可得租粟一百零九石八斗，後以訟被官侵沒。嘉
慶間，縣丞李振青重修，捐銀百六十員，配典生息，為春
秋祭費，而膏火仍無所出。道光間，興泉永道倪琇，遊擊
楊繼勳勸捐，島人吳獻卿體父琳公遺志，捐銀四千員，官
紳共捐一千員，合五千員，配典生息，立規考課，由道甄
別。附建西廊學舍二間為福德祠，東廊學舍二間為客燕
齋。其東廊第七間祀吳琳公、獻卿父子。西廊第三間祀巡
道倪琇、縣丞歐陽懋德、李振青等。

　　此文略有錯誤，文中所提及之「遊擊楊繼勳」，誤。按，楊
繼勳閩縣人，道光元年十一月護理金門鎮水師總兵官，至道光三
年，續由潘汝渭代任護理。關於此次捐輸膏火，巡道倪琇另有〈浯
江書院碑記〉詳述：[25]

　　金門人文藪也，其地為紫陽過化，歷代顯宦名儒，先後接
　　踵，科目尤甲全邑。國朝登巍科、隸仕版者，更不乏人。
　　斯地靈之獨鍾乎？抑亦庠序之培植，風屬有以基之耳！考
　　志乘：雍正二年，設金門所社學，其書院之權輿，顧故址
　　湮沒。乾隆四十五年，始建浯江書院。監生徐行健董其成，
　　復有職員黃汝試捐膏伙二千金，惜沒於晉江令，是以堂構
　　雖新，膏伙缺如。會立齋楊公權總兵事，與紳矜林文湘、

─────────────────
[25] 同註 11，頁 68~69。

許鳴鑣、林宣、文成章、林如鏞、許飛雄、許作文、黃廷
珪、林焜熿、陳省三、王星華、許朝英議勸捐。鄉彥吳獻
卿者，承父琳公志，捐洋銀四千員，為膏伙資，計現銀二
千，店屋估抵二千，其子學元又捐銀四百，修院舍，諸紳
矜續捐銀一千五百餘元，事聞於余。余喜以為前此雖有社
學，而未有課賞之規也，雖有書院而未有膏伙之設也，成
茲舉者，良足嘉矣。因奉大憲章，酌配典商，按季收息，
並令紳矜議定章程，通詳報部，為經久計。是役也，非余
之振興，及楊公之慫惠，與吳家之樂輸。然非諸紳矜之踴
躍從事，亦不能相與有成也。因紳士之請，欲壽貞珉，為
記其顛末。至捐題芳名，另勒一石。

樂捐人士姓名，《金門志》有附錄，可窺見鄉人之重視，名
單如下：[26]

儒林郎吳獻卿捐銀肆千員，內交現銀二千員，又貳千員交
繳典買店屋十六坎存賬。州同吳學元捐修學舍、建置器具
共銀四百員。金門總鎮府郭繼青、陽江總鎮府文應舉、監
生許德彝，各捐銀一百員。署閩安協總府林廷福、林仁風、
童雙興、邱源發、薛德裕、童金興、李恆升、董林鄉，後
水頭鄉，各捐銀六十員。禮部員外郎鄭用錫捐銀五十員。
古寧頭鄉捐銀四十七員。珠浦叢青軒許氏、薛德成、董和
勝，各捐銀四十員。又監生歐陽世長、黃光士，各捐銀三
十員。洪崇憲、顏日觀，各捐銀二十四員。盤山鄉上保捐

銀二十二員，下保捐銀十八員。監生蔡行猷、魏崇文、林真烈、許允登、傅梓生，各捐銀二十員。許源成捐銀十四員。鄉賓劉希勝、莊從觀、許文斌、洪爾祖，各捐銀十二員。生員黃道衡、監生邱希功、黃鶴算、河圖許萃軒、許源興、薛允華，各捐銀十員。監生許成鳳、許振成、蔡簡觀、許廣興、林冰忠，各捐銀八員。黃次觀、陳漢觀、協茂號、方燕享、傅夏老，各捐銀六員。監生黃箴爵、集興號、陳成興、黃振源、周岱老、黃梧觀、振泰號、郭利豐、林秋香、林陣觀、吳正乾、郭一壺、葉合興、郭尚錦、林蔭觀、葉合順，各捐銀四員。平林聚奎社續捐銀二十員，徐家續獻浦邊園四坵、田一坵。

仔細覽閱，此一名單，率皆宦裔、監生、生員、商紳身份，及原籍金門，移古新竹之北門鄭家，又有各鄉邑之樂捐，名單末之平林聚奎社即平林之社學，且其中頗多「續捐」，可見浯洲各邑人士之熱烈響應。明清兩代金門士民休養生息，教化涵濡，昉辟薦、登科第、起歲貢、育黌序，彬彬甲於上都，且不獨以文章重，從此樂捐乙事，概可想見其餘，真不愧「海濱鄒魯」之譽。

嗣後，周凱繼倪琇為興泉永兵備道，禮士愛民，以興養立教為己任，留有〈浯江書院碑記〉，詳具始末及建築，足以補前敘之不足，碑文如后：[27]

金門書院，宋有燕南，元有浯洲，明無考，今曰浯江。因國朝乾隆四十六前，移通判駐馬家巷，虛其署，島中士黃

汝試購為書院，祀朱子先儒。後設縣丞，縣丞歐陽懋德至，
謀於眾，仍前署。就署西義學改建焉。徐行健董其成，汝
試願捐銀二千為膏伙，尋卒，其子如杜，以海澄田充之，
訟於府，斷如數輸銀存晉江庫，久之被沒，田亦失。嘉慶
間，縣丞李振青，捐銀為祭祀資。道光元年，興泉永道倪
公琇，以文勸眾紳士鳩賓錢一千算，吳獻卿捐賓錢四千
算，子學元又捐四百算，膏伙始具。牒大府，由道延師課
藝。書院在後浦鄉，前為大門、儀門，中為講堂，後為朱
子祠，祀先儒，東西廊凡十有八齋，中廚皆備。余繼倪公
任督課亦六年矣。為記其原始，並書前後捐輸姓氏於他
石。道光十六年五月（缺）日記。

要之，古來書院，均重祭祀，通常規模較大之官立書院，都
祀有朱文公及其他先賢牌位，浯江書院亦不例外，所記：「書院
在後浦鄉，前為大門、儀門，中為講堂，後為朱子祠，祀先儒，
東西廊凡十有八齋，中廚皆備。」正是其寫照。

第四節　朱子祠之沿革

朱子於宋高宗紹興二十三年，任同安主簿，五載秩滿，政績
優良，使士思其教，民懷其惠。故在宋寧宗嘉定中，同安縣令毛
當時，即在縣學宮之左，建祠以祀朱子，泉州同知葉適曾記其事，
此為同安有朱子祠之始。自宋以後，漳泉各地為紀念朱子教化，
或設專祠，或配祀學宮，備極尊崇。

金門朱子祠，原設浯江書院。浯江書院之創設，如上節所考，
或可追溯至康熙二十六年，至乾隆三十一年，書院中已有祭祀朱

子之置。乾隆三十五年，通判程煜一度以書院舊規狹隘，倡建堂廡，但於翌年即調職離去，規創基址未成。旋由黃汝試以一千五百員買下，變充為書院，塑朱子及先賢像於其中。四十六年後被徵收為縣丞署，於是就縣丞署西之義學原址，闢地建為書院。前為儀門、大門、中為講堂，祀文昌，左右東西廊各有學舍八間，外為大庭、照牆；後為朱子祠，翼以圍牆，將諸神像自署中遷入，此為今朱子祠之由來也。此後朱子祠與浯江書院即為一體，一而二，二而一，不可分也。嘉慶間，縣丞李振青重修，捐銀配典生息，為春秋祭費。道光初年，續由興泉永道倪琇撰文，與護理金門總兵楊繼勳勸捐，合眾紳矜樂輸，添建西廊學舍二間為福德祠，東廊學舍二間為客燕齋（客燕齋之由來，詳見後文。），東廊第七間祀吳琳、獻卿兩父子，西廊第三間祀巡道倪琇、縣丞歐陽懋德、李振青等人。並以捐銀立規考課，配典生息，永為定制。

嗣後，朱子祠多兼充作他用。如金門不立明倫堂，每遇萬壽聖節，及恭接詔書，俱於書院內行禮。每月朔望日文武於城隍廟、觀音亭拈香畢，即在廟前宣講聖諭十六條。[28]又如，光緒二十年（1894 年），丞署發生地震，代理縣丞沈先斗假浯江書院為公署，日坐訟庭，對於民刑訴訟，準情酌理，依法判決，案無留牘。[29]光緒二十四年，金門饑，紳商採米平糶，以浯江書院及金山書院為平糶局。[30]

光緒三十年（1904 年）冬，縣丞李受祿奉文籌設學堂，詳情

---

[28] 林焜熿，前引書，卷三〈規制志七〉「祠祀」，頁 56。

[29] 同註 14，卷八〈人物志〉第二篇〈名宦列傳〉第一章〈循吏〉「沈先斗」，頁 281。

[30] 同註 14，卷一〈大事志〉「歷代祥異記」，頁 102。

由興泉永道延年，諭給紳董楊都試、林乃斌、許維舟，會同辦理，議就浯江書院改設小學堂一所。以書院原有租息，及新籌豬捐各款，充作經費。遂於第二年春開辦，由書院董事輪年經理。然因距縣太遠，縣丞任輕，不負學務專責，敷衍數年，迄無成績。[31] 及民國四年（1915 年）設縣治，另行呈請立案，由勸學所專責會同校長辦理，內附設國民學校。是由清末縣立之小學堂，一變為民初之縣立第一高等小學校，後再變為浯江國小。時每屆春秋二季，設位致祭孔朱如儀，不旋踵祀典廢，祠宇尚存。[32]

另，林樹梅創修於前清道光十六年，伊子林豪續修於同治十三年之《金門志》，原版之仿宋木刻，寄存浯江書院，幾盈一室，其刻工之浩大，概可想見。是書計六冊，約三十萬言，民國初元，曾經一度翻印，僅有五部。除少數學人各置一部，餘書強半束閣難見。嗣以變亂相尋，饗宮學府，充作兵營，而士卒無知，竟以書籍木版供作薪爨，藏書之家，後身死而亦佚，至今版燬書亡，僅王植棠先生家藏一部。[33]而金門耆宿顏西林先生亦藏一部，幾成孤本，實應亟亟商量，借出景印，以存原版其貌。

民國五十三年（1964 年），金城鎮公所駐用朱子祠，並於該年於講堂右廂建辦公室，時正堂與前庭大都坍壞。五十七年旅星金門會館捐款，新建圖書大樓，奉金門政委會令，金城鎮公所遷入新建圖書大樓，原機構之社教館則遷進朱子祠，作為今後講學、藏書、閱覽、展覽之社教中心。先是，五十六年，奉金門政

---

[31] 同註 14，頁 521~522。

[32] 同註 14，頁 523。

[33] 見《金門縣志》下冊（金門縣文獻委員會，民國五十七年二月初版），卷後收錄之〈王植棠金門縣志之纂修與保全始末〉，頁 938。

委會兼主任委員尹俊上將指示修建，撥款補助，於六月竣工，正
堂仍照原有規格翻修，另增添屏風設備，前庭為適合實用，改建
現代式平屋，並於門額親題「古浯江書院」，是為祠前大廳部份
之修建。翌年，為遵循先總統蔣公「推行中華文化復興運動」及
「保存歷史文物與鄉土文獻」之昭示，續由政委會兼秘書長蕭政
之先生指示，再將朱子祠重修，由縣政府撥款與社教館負責修
建，於同年十二月完竣。十六日，隆重舉行落成典禮，司令官尹
俊上將親自主持，已故國學大師錢穆先生暨夫人胡美琦女士應邀
來金參加盛典，並請胡女士主持剪綵儀式，錢先生且於當晚七時
於講堂主講「朱子學術」，深獲歡迎。

　　金門朱子祠整修落成時，正值全國熱烈推行復興中華文化，
蕭政之先生乃假祠前講堂創設「四書講座」，定每周一晚舉行研
究《論語》二小時，聘金門高中國文教師夏明翼、夏宗彝兩先生
為講師，以盧錫銘、黃集美兩先生擔任記述。同時舉辦民眾參加
之「四書講座」，由李怡來、李朝啟兩先生主講。稍後，各中學
復設《論語》研究分班，一時蔚成金門軍民研讀《論語》之熱潮，
並將歷年講述筆錄，刊行《論語講論錄》。民國六十三年十月，
政委會秘書長張少白先生，另創設「金門文化講座」，由全國中
華文化復興運動推行委員會與金門分會合辦，原設之四書講座則
合併舉行，定每月舉行一次，內容擴大為論孟學術、國內外政治
問題、現代學術思想與匪情研究等。並於每年陰曆九月十五日朱
子誕辰時，均舉行祭典。[34]

---

[34]　以上參見：(一)郭堯齡前引書，第九章〈金門朱子祠〉，頁119~126。(二)《金
　　　門縣志》（金門縣立社會教育館編印，民國八十一年初版），上冊卷一〈大
　　　事志〉，頁173；卷二〈土地志〉第四章〈廨署〉，頁261~263。

　　民國五十八年二月，於朱子祠講堂重立先賢牌匾十九方，以表彰先賢德業，砥礪後人。時祠額「朱子祠」為錢穆先生所親書，祠中正面懸掛錢夫人親繪之朱文公畫像，像兩旁為朱子生前書題福州鼓山名勝聯句三拓本，聯曰：「鳶飛月窟地，魚躍海中天。」左右壁掛錢先生所撰述之「朱子生平」與「朱子學術」兩木牌。後又設置書櫥，陳列朱子及金門先賢著作書籍，金門文獻叢書、金門文庫等。祠前大廳左右兩壁，分掛巨幅的「朱子學規」與先總統蔣公之「自勉四箴」，以資勉勵。此外，祠前大廳內四周檻間，裝掛紀念金門歷代鄉賢之匾額與進士題名錄、武功題名錄。其中正面一方「海濱鄒魯」，係民國四年福建巡按使許世英所題，經重刻者。餘十八方牌匾如下：(1)「理學名賢」（指宋丘葵）；(2)「忠臣」（指明陳顯）；(3)「孝子」（指明顏應佑）；(4)「品德完人」（指明黃偉）；(5)「名宦鄉賢」（指明蔡貴易、蔡獻臣、蔡守愚三人）；(6)「會元傳臚」（指明許獬）；(7)「廉隅清節」（明蔣孟育）；(8)「正言讜論」（明張廷拱）；(9)「父子進士」（明張鳳徵、張繼桂父子）；(10)「允文允武」（明蔡復一）；(11)「採花宰相」（明林釬）；(12)「正氣浩然」（明盧若騰）；(13)「五桂聯芳」（明萬曆十七年己丑科，金門瓊林蔡獻臣、蔡懋賢，浦邊蔣孟育、西園黃華秀、陽宅陳基虞五人，聯捷登第，人稱一榜五進士）；(14)「八鯉渡江」（明萬曆十六年戊子科一榜八舉人，有蔡獻臣、陳基虞、蔣孟育、黃華秀、黃華瑞、張繼桂、趙維藩、呂大楠）；(15)「伯爵軍門」（明洪旭）；(16)「參贊大臣」（清蔡攀龍）；(17)「海邦著績」（清李光顯）；(18)「大海揚威」（清邱良功）。

　　民國五十九年增建書院東廂一棟。六十年，重建左邊廂房平

屋一列，為社教館辦公室。六十六年，將前庭平屋一排改建為新
式二層樓房，供為圖書館閱覽室。六十九年，講堂因樑柱椽木蛀
腐乃徹底拆除，改用鋼筋水泥依原式重建，以上均由縣政府撥款
給社教館負責修建。七十三年，右廂房一列，由縣府撥給中正國
小改建為樓房式教室，社教館則遷設於中正圖書館，原址讓與救
國團支隊部，僅留樓上做視聽圖書館。[35]

第五節　浯江書院之規制

我國書院之設立，發端於唐，至五代時規制漸備，宋元時臻
於極盛，迄於明清，仍能維持不墜，連亙一千餘年。到了清代，
除設文廟外，又有儒學、義學、社學、書院與書房等教育機構，
其中尤以書院之功厥偉。蓋因儒學偏重科考舉業，不認真講學，
而社學、義學、書房則屬於基礎教育，又偏重科舉準備。職是之
故，書院遂成為清代地方教育之中心，擔負起地方文運與普通教
育之職責。

浯江書院之建置背景及沿革，略如上述，以下則針對書院之
組織經費、宗旨、修業，及所附祠祀、相關人物等各項加以說明：

一、組織

書院是官設學校以外之另一教育體系，是一種公益事業團
體，其所有權不在官府，也不在任何個人，而是屬於社會的，類
似今日以公益為目的之財團法人。清代書院之設置需官府核准，

---

[35] 同上註。

並予以監督，故地方官憲、書院院長、紳耆諸總理及董事，三者構成書院之管理體系。地方官憲負責經費之籌措、學生之招收、院長及職員之任免，教師薪俸和學生膏伙及其他雜費之開銷。是以前述金門總兵陳龍「立書院，延里中士黃君顯為諸生師」，金門通判程煜「復捐清俸，倡建堂廡，費糜千餘金，置膏火，延名師，為多士式」，嘉慶十一年之金門縣丞李振青「重修，捐銀百六十員，配典生息，為春秋祭費，而膏火仍無所出」。林焜熿《金門志》卷六〈名宦列傳〉並予補充詳記：[36]

> 浯江書院，久無膏伙，（李振青）割俸分期課文、修學舍、置祭費，舉卓異陞去，旋為同安知縣，調台（灣）卒，島人祠之浯江書院。

道光元年興泉永道倪琇與護理金門鎮水師總兵官楊繼勳勸捐，官紳共捐五千員，膏伙始具，配典生息，立規考課，由道甄別。舉此數例，皆是明證，足可徵實。

諸董事除與地方官憲一樣籌措經費外，負總務全責，包括庶務、會計、財產、徵租、祭祀、打雜等等。至於官憲與董事職權之大小，端視該書院創建方式而定。清代書院創建，大致有三類，一是官憲倡建，二是官民倡建，三是民間倡建。官民建者，是地方官與紳民合力合資所建，有地方官邀集紳民創建，有紳民稟請地方官領銜倡建，此類型書院為數不少，因此諸董事自是有較大權力，除負責院務外，對院長任命也有推薦之「備聘」權，「浯江書院規條」詳述書院章程，考課規定、董事職權與延聘山長，

---

[36] 林焜熿，前引書，卷六〈名宦列傳〉，頁153。

規條如下：[37]

一、每年官課第一期，值年董事預先請官出示，訂日開課。閤屬生童，須到禮房報名造冊。屆期齊到書院聽候請官點名。以後十六期俱照冊中之名填卷，免開火食。若開課不與考，以後不得混交。

一、如濫交板文者，察出，將本名扣除。其膏伙挨給下名支領。

一、書院興建已久，或有損壞，值年董事不得擅行修理，須於大利之年，由稽查、董事集眾妥議，另舉辦理。

一、所置店屋，每月稅錢，原比民產減收。須與招稅時，先與該佃戶約定，若店屋損壞，該佃戶應自行出錢修理，不干書院之事。異日若要別稅，舊佃戶不得藉口索貼刁難。

一、每年定額之費，俱有舊帳可查，值年董事可照舊開發。此外，如有別用，應由稽查集眾議定，才准開銷。

一、書院帳目，交各典舖輪掌。所有利息租錢，應歸管帳者收存。若有抗稅，報知董事，鳴官究追。值年董事若要開費，須向管賬支取，隨時報明登記。值年董事不得擅行收錢，私自開賬。

一、每年正月初間，舊董事將全年所用經費，著管賬者，逐一造摺報明金門分縣，由分縣轉詳道憲存案。另抄一紙付稽查同核，然後榜於書院講堂，憑眾公核。如有混開等弊，值年稽查有失察之咎，與董事管賬三人

分別賠償。其接辦之董事，定正月十五日即將賬簿、契據及用餘之項，與新接管賬者公同交收。

一、院中所有置買椅桌器具，填明一簿，至交賬之日，將此簿器具移交。新董到院，逐一查點收清。如有遺失，董事與院丁分賠。

一、原定官課師課各八期，近因后塘諸鄉續捐，充入生息，每年添考師課一期，合共十七期，不得短考。

一、董事出缺，由稽查傳集各紳矜公議妥舉，請官存案。

一、嗣後若有存項，應配入典商生息，或典買大街店業，不得擅買偏僻店厝。稽查、董事，亦不准擅自出借，以致利息虧欠，經費不敷。如違，著該稽查、董事罰賠。

一、每年延聘山長，由值年稽查、董事集眾妥議，由值年董事送官；如有官薦，亦須公議妥洽，然後送官。不得支取乾束修，粉飾從事。但現時束金無幾，以致山長不能久住，俟經費寬裕，議加每月薪水可也。

據以上規條，可知浯江書院設有董事若干人，其中二人，一值年，負責院務；一稽查，負責查核。下有管賬與院丁，如挑工、跟丁、水火夫工等。董事一年一輪，於每年正月十五日辦理交接。書院事務，幾乎端賴值年董事、值年稽查、管賬三人負責，故有混開、虧欠、遺失等等弊端，概由此三人分別賠償。山長一職，則由值年稽查、董事妥議延聘，或上書官薦，公議妥洽才延攬。

至於院長，即宋以來之「山長」，乾隆三十年（1765年）諭令改名為「院長」，不過民間仍習稱「山長」。清廷對院長資格

要求頗嚴，首重品格，次求學問，務必經明行修，足為多士楷範，而且規定院長必須專任，聘請時必須以禮相延。但事實上，常有儒學教授、教諭、訓導或其他文行優長者兼任之，如林焜熿《金門志》卷六〈名宦列傳〉記道光五年之金門縣丞蕭重：[38]

> 蕭重，號遠村，直隸靜海人。博學工詩。嘉慶間，補興化莆田巡檢，自號三十六灣梅花主人。遷金門縣丞。寬厚愛人。金門地磽确，常苦旱重，賦詩禱城隍，是夕大雨，復依韻謝焉。詩學韓杜，與諸生林文湘為莫逆交，倡和文讌無虛日。書院課士，手自評閱，文士翕然稱之。既去任，寓浯江書院，署曰：「客燕」。日吟詠其中，貧不能辦裝，島人或進薪米，始供朝夕。著有《剖瓠存稿》、《左傳樂府》若干卷，門下士為之刊行。

時浯江書院前有井，名曰：「甲花」，取其吉兆，蕭重有詩吟之，惜已佚。[39]按，明清科考，以鼎甲為最光榮之出身，是以士子孜孜兢兢，惟科名是尚。金榜題名後，有傳臚大典，有瓊林宴，一甲三名之狀元、榜眼、探花，簪花披紅，接受各界之道賀，為無上之榮耀，故「甲花」之名，蓋取「鼎甲簪花」之意。

浯江書院之山長除上述之黃顥、蕭重外，尚有晉江舉人洪曜離，林焜熿《金門志》書前「後序」有洪氏之文，略云：「曜離以樗櫟庸材，謬叨書院講席，不揣譾陋，思與浯江諸友切劘，期於通經學古，論執之暇，樂數晨夕，談及遺事。」文末署「光緒

---

[38] 林焜熿，前引書，卷六〈名宦列傳〉，頁 154。
[39] 林焜熿，前引書，卷一〈分域略三〉「山川」，頁 11。

八年十月晉江舉人洪曜離謹序」，是可確知洪曜離為光緒八年
（1882 年）浯江書院之山長。除上述三人外，《金門志》附錄之
〈金門志纂輯姓氏目錄〉記有「副貢生掌教浯江書院，王乃斌，
號香雪，仁和人」、「舉人掌教浯江書院，許廷奎，字錫瑤，南
安人」，惜〈金門志續修姓氏〉並無列有掌教者姓名，另外《金
門縣志》卷十〈編餘雜錄〉，收有一則「楊雪滄聯」，記金門詩
賦之學，迄清季猶盛。光緒間，紫陽書院山長楊雪滄，兼主浯江
書院講席，訓士著重通經，論文尤重詩賦，而且舉李、杜、歐、
蘇為準則，一時騷壇工駢體者，頗不乏人。楊嘗留題浯江書院一
聯云：「大海正攜琴，互答好音，片席忝居二島長。名山仍負笈，
商量舊學，一燈有味廿年前。」[40]三百年來浯江書院山長可考者
僅此六人（黃顯、蕭重、洪曜離、王乃斌、許廷奎、楊浚），文
獻殘闕如此，徒呼奈何！

二、經費

　　書院經費來源主要有二：一是學租，一是捐款。學租是指從
書院所擁有之土地和建物中獲取租稅，包括田地、園地、家屋、
店鋪、魚塭、蔗廍、水圳等等。至於土地和建物之來源有下列二
種情況：一是官莊、抄封田地和其他沒收之官有地；一是官員、
紳民私人的捐地，抑或以捐款購得之土地。要之，經費由來大致
是官署公銀、官莊、抄地、官有地、官員私捐、地方紳民捐獻皆
是。證諸前文所引之：(1)乾隆間金門通判程煜「復捐清俸，倡
建堂廡，費糜千餘金，置膏火，延名師……」；(2)黃汝試「繳

[40] 同註 14，卷十〈編餘雜錄〉，頁 840。

銀一千五百員」買下署料，復「捐銀四百七十六員，合監生徐行健一千員，及鄉之好義者鬮之」，黃汝試「復議捐膏火銀二千員，置田產以充學租……汝試子監生如杜，置海澄港尾鄉苗田種五石五斗，契銀二千零四十四員，年可得租粟一百零九石八斗，後以訟被官侵沒」；(3)嘉慶年間金門縣丞李振青予以重修，「捐銀百六十員，配典生息，為春秋祭費。」林焜熿《金門志》〈循吏傳〉也記：「浯江書院，久無膏伙，（李振青）割俸分期課文，修學舍，置祭費。」(4)道光元年，興泉永道倪琇與護理金門總兵官楊繼勳勸捐，「儒林郎吳獻卿捐銀肆千員，內交現銀二千員，又貳千員交繳典買店屋十六坎存賬。」其子「州同吳學元捐修學舍，建置器具，共銀四百員」。他如官宦、紳矜、鄉彥等復續捐一千五百餘元，為經久之計，議定章程，酌配典商，按季收息，浯江書院規模體制遂得大備。舉此數例，足可說明浯江書院經費之來源。

經費之支出，主要有人事費、獎助金、祭祀、事務雜費四項。人事費包括院長之薪俸、津貼及員工之薪津。院長薪俸津貼名目頗多，有束脩、贄儀、節儀、聘金、膳金、煙茶雜費、酒席費、來往盤費等等，其名目與金額，自然各地各院不一，財務狀況好者，待遇佳，否則則否。

獎助金是支給生童之費用，包括膏火、賓興、花紅、文具費。膏火是名義上資助生童焚膏讀書的賞金，視生童在月課成績良否而獎賞，非人人可得。賓興是資助生員應鄉試或舉人應會試之旅費，花紅是官課時名列前茅的獎金。要之，膏火、賓興、花紅全為獎勵生童、生員讀書之費用，為經常性支出之一大宗。

祭祀費是指早晚香燈費、春秋祭祀費、迎聖祭祀費、普渡費

等等之支出。事務雜費，包括書院移建及修補費、院內傢俱及生
童桌椅購置費、課卷費，及其他油燭紙筆雜費、開館閉館之開銷
費、捐贈義學金等等雜費，也是經費開銷中經常性之支出。

　　經費之經手支配，通常官府不直接介入，以避免嫌疑，而由
書院總務職員負責，如上引規條中之「書院賬目，交各典舖輪掌。
所有利息租錢，應歸管賬者收存」、「值年董事若要開費，須向
管賬支取，隨時報明登記。值年董事不得擅行收錢，私自開賬」，
並且規定「每年正月初間，舊董事將全年所用經費，著管賬者，
逐一造摺報明金門分縣，由分縣轉詳道憲存案。另抄一紙付稽查
同核，然後榜於書院講堂，憑眾公核。如有混開等弊，值年稽查
有失察之咎，與董事、管賬三人分別賠償。其接辦之董事，定正
月十五日即將賬簿契據及用餘之項，與新接管賬者公同交收」等
等，均可說明賬目之管理與稽核。

　　關於浯江書院之經費支出，林焜熿《金門志》錄有道光年間
「書院每年費用條目」，極具參考價值，茲轉載於后，以供參考：
[41]

　　　一、山長束金每年一百二十員、平七十九兩一錢。挑工並
　　　　　篙船錢一千文。下馬飯、下馬筵各開錢三千文。開館
　　　　　散館俱辦筵錢三千文。跟丁賞錢肆千文。水火夫工錢
　　　　　二千文。
　　　一、值年董事篙儀，及管賬、院丁辛金計共三款，每年各
　　　　　支九員六角、平六兩二錢三分六釐。
　　　一、春秋兩次祭丁，俱開銀一十四員、平九兩二錢四分。

一、祭文昌、魁星、朱子,俱開錢三千文。

一、祭魯王墓費錢四千文。

一、書院奎閣油火錢每月共支六百文,全年共錢七千二百文。

一、每期課發榜,額取生監超等共六名,每名膏伙八百文。童生上取共六名,每名膏伙八百文。中取共六名,每名膏伙四百文。又新舊生第一名各領賞給二百四十文。第二名三名各領賞給一百六十文。合共每期給錢壹拾參千壹百貳拾文。

一、柒月普渡費錢捌百文。

一、拾字紙工資,每月錢壹千文,全年共錢壹拾貳千文。

一、科歲考入泮,賀儀各陸拾員、平參拾玖兩錢。五貢賀儀陸拾員、平參拾玖兩陸錢。中舉人賀儀壹百員、平陸拾陸兩。進士賀儀壹百貳拾員。

一、鄉試卷資肆拾員、平貳拾陸兩四錢。

一、值年監院簥儀肆員、平貳兩陸錢四分。

一、分縣禮房筆資陸員、平參兩玖錢陸分。道禮房筆資肆員、平貳兩陸錢四分。

其中「拾字紙工資」乙項,即是敬惜字紙,雇傭夫役早晚巡邏街巷,負責撿拾,加以焚化,投送於海。林焜熿《金門志》卷十四〈風俗〉記:[42]

後浦敬字亭凡五、六處。書院每年製竹簍分送,又催院丁

---

[42] 林焜熿,前引書,卷十四〈風俗記五〉「士習」,頁353。

各處收拾字紙，焚灰送海，沿為常規。願市上買賣食物，
用印刻標者，或代以他式，亦敬惜字紙之一端。

三、宗旨與學業

自宋代以來，書院在我國教育制度上，日趨重要，在教育體
系中，它始終居於輔助性質，為補救學校制度課而不教之缺點，
講明正學以求政教合一之效用，故而講學較為自由，易發揮教育
之理想，後雖兼具培養應試掄選之人才，但其學風宗旨並不因而
改易。

清廷所訂之書院教育宗旨是在導進人才，廣學校所不及，且
鑑於府、州、縣學學級平行，無遞升之法，國子監則道里遼遠，
四方之士難以群集，因而擬以書院作為府、州、縣學之上級遞升
學校。而書院修業年限並無硬性規定，書院畢業並不能取得任何
學位與資格，也不具有參加科舉之條件，能否應舉，端看其有無
生員、舉人身份，而不論其是否書院在學或出身。是知浯江書院
既稟斯旨而設，負有興賢育才之大任，為達此目標，書院率訂有
學規，大體上上承宋明理學，著重品格修養，下治經史詞章，旁
及舉業科考。是以每逢朔望，有司偕紳矜及軍民人等，齊集浯江
書院前，俱聽講聖諭十六條，林氏《金門志》載：[43]

朱子祠，在浯江書院。金門不立明倫堂，每遇萬壽聖節，
及恭接詔書，俱於書院內行禮，每月朔望日，文武於城隍
廟、觀音亭拈香畢，即在廟前宣講聖諭十六條。

[43] 林焜熿，前引書，卷三〈規制志七〉「祠祀」，頁56。

聖諭十六條為康熙九年頒行，其內容為：一、敦孝弟，以重人倫。一、篤宗族，以昭雍睦。一、和鄉黨，以息爭訟。一、重農桑，以是衣食。一、尚節儉，以惜財用。一、隆學校，以端士習。一、黜異端，以崇正學。一、講法律，以儆愚頑。一、明禮讓，以厚風俗。一、務本業，以定民志。一、訓子弟，以禁非為。一、息誣訟，以全良善。一、戒窩逃，以免株連。一、完錢糧，以省催科。一、聯保甲，以弭盜賊。一、解讎忿，以重身命。[44]

而道光年間興泉永道周凱亦曾明示諸生「讀書明理」之學規，《金門志》記：[45]

> 周觀察書「讀書明理」四字，掛於書院講堂上，而注其下曰：「凡六經四子書，及古今圖籍子史諸集皆書也。今人未窮一經而從事制藝，其朝夕呫嗶者時文也，非書也。有志之士，當讀有用之書，以為致用之本。」

書院講學有兩大要點，一是講書，一是考課，均由院長負責。講學即一般升堂講書，批答疑難，查閱生童讀書進度。講書在講堂中進行，開講前有「開講式」，儀式莊嚴，講後附以默坐，使其潛思反省。講書以外時間，生童自行在齋舍排定「讀書日程」，按表自習。院長居於書院中宿舍，與生員共同起居，遇有疑難，隨時為之批答，平時則校閱生童之「讀書日程」紀錄，督導其功課。明白此，自會明瞭何以浯江書院之建築空間，設有講堂、東西廊之學舍、廚房，專供院長住宿之「客燕齋」，及準備伙食之

[44] 陳文達《鳳山縣志》（台銀文叢第一二四種），卷三十二〈規制志〉，頁21~22。
[45] 林焜熿，前引書，卷十四〈風俗記五〉「士習」，頁352~353。

「水火夫工」等院丁。

至於考課，亦為院長之責，按月對書院生童加以考試，書院之考課，通常每月兩次，一是官課，由官府行之；一是師課，由院長行之，其日期並不統一，官課在先，師課在後，以評定其優劣。是以「浯江書院規條」規定：「每年官課第一期，值年董事預先請官出示，訂日開課。閤屬生童，須到禮房報名造冊。屆期齊到書院聽候，請官點名。以後十六期，俱照冊中之名填卷，免開火食」、「原定官課師課各八期，近因后塘諸鄉續捐，充入生息，每年添考師課一期，合共十七期，不得短考」。

書院生童來源不一，有書院自選之才俊，也有儒學、義學保送來的，其入學資格，有生員、有童生，也有兼收幼年童生。其名額不一，有的招生廣泛，有的嚴格，只要是學區內的生童，皆可參加其月課。試觀浯江書院規條所訂之「閤屬生童，須到禮房報名造冊」及「如濫交板文者，察出，將本名扣除。其膏伙挨給下名支領」，似乎浯江書院所收以全金門地區之生童為主，類屬廣泛型態。

書院通常正月甄試入學，二月「開館」，並開始考課，十一月停止月課，十二月初旬放假，稱為「散館」，準備過年，此所以規條訂有：「開館散館俱辦筵錢三千文」、「每期月課發榜，額取生監超等共六名，每名膏伙八百文。童生上取共六名，每名膏伙八百文；中取共六名，每名膏伙四百文。又新舊生第一名各領賞給二百四十文。第二名三名各領賞一百六十文。合共每期給錢壹拾參千壹百貳拾文。」另每年正月十五日新舊董事交接，二月初入學上課，《金門志》〈風俗〉記：「二月朔，社師前後入學」、「四月朔，各辦香餅祭神，餽塾師，名曰光眼餅」等，皆

是年例行程事宜。

四、祠祀

　　古來書院，皆重祭祀，浯江書院亦不例外，浯江書院或稱朱
子祠，即因如此。前記(1)金門通判王忻〈去思碑〉文，記「尊
崇道學則書院祀紫陽」；(2)乾隆年間，黃汝試「請變價建為書
院……塑像朱文公及先賢像於中」，後即義學地建為書院，「後
為朱子祠，翼以圍牆，中為講堂，祀文昌……諸神像自署中遷入。」
(3)道光間重興，「附建西廊學舍二間為福德祠……其東廊第七
間祀吳琳公、獻卿父子。西廊第三間祀巡道倪琇、縣丞歐陽懋德、
李振青等。」周凱〈浯江書院碑記〉亦載其時浯江書院「前為大
門、儀門，中為講堂，後為朱子祠，祀先儒」，皆是其明證，而
且據此可知浯江書院所祀，有朱子、文昌帝君、魁星、福德正神，
與諸先哲先儒。按朱子祠配祀鄉賢，初有許升、王力行、呂大奎、
丘葵，及至清代，配享六子，清黃家鼎祭朱子祠文：「左則許、
呂，林接其裾。右則王、丘，許踵其趺。」[46]是為明證。此六子
為：[47]

　　1.許升：同安人，字順之。朱熹簿同安，升年十三，從之游，
及熹去任，復從游於建陽，其學益進。及卒，熹深惜之，著有《孟
子說》、《禮記文辭》、《易辭》等。

　　2.呂大奎：南安人，字圭叔。楊昭復（朱子再傳門生）弟子。

---

[46] 見《泉州府馬巷廳志》，附錄卷下「金門浯江書院祭朱子文」，頁363。

[47] 六人略傳據：(一)郭堯齡前引書，頁102~104。(二)《中國人名大詞典》（台
灣商務印書館，民國49年6月台二版）參考寫成，茲不另行分註。

淳祐進士，累官潮州教授，袁州、福州通判，朝散大夫行尚書員外郎兼國子編修實錄檢討官，並兼崇政殿說書。後知漳州軍，節制左翼屯戍軍馬。未行，蒲壽庚降元，令大奎署降表，大奎變服逃入海，為壽庚所追殺。所著書悉遭毀，其門人所傳有《易經集解》、《春秋或問》、《學易管見》。

3. 林希元：字茂貞，號次崖，明正德十五年（1520年）進士，授大理評事。世宗時以議獄事被論，棄官歸。大臣交薦之，起為寺正。遼東兵變，希元亟言姑息之弊，謫知欽州。時安南不貢，廷議征討，擢希元兵備海道，希主必征之策，與督臣異議，罷歸。希元慷慨鯁直，才識練達，晚年益究義理，有《易經四書存疑》，又有《林次崖文集》行世。

4. 王力行：同安人，字近思，宋孝宗淳熙年間，師事朱子，苦學善問，深得其旨趣。所著有《朱子傳授支派圖》、《文公語錄》一卷，《朱子大全集》載其問答甚多。

5. 丘葵：字吉甫，同安金門人，居小嶝，號釣磯。早有志於紫陽之學，初從辛介甫，繼從吳平甫授《春秋》，親炙呂大奎、洪天賜之門最久。宋末遣子隨張世傑入粵勤王。宋亡，耕釣自給，號釣磯翁，所著有《易解疑》、《詩直講》、《春秋通義》、《禮記解》、《經世書》、《四書日講》、《周禮補亡》等。元廷慕其賢，遣御史來徵，葵避不見，既而率達魯花赤賚幣至家，力辭不出，有〈卻聘詩〉答之，所著書為彼取去，僅存《周禮補亡》及《釣磯詩集》傳世，卒年九十。

6. 許獬：字子遜，號鍾斗，金門后浦人。九歲能文，語多驚人。明萬曆二十九年（1601年），會試第一，殿試二甲一名，授編修。鍾斗性嚴峻狷急，殫心力學，矢口縱筆，精義躍如，海內

傳誦其文曰「許同安」，年僅三十七而卒。所著有《四書合喙鳴》、
《易解》、《叢青軒文集》、《八經類集》，及存篰稿《制義》
五百餘首。

　　除以上諸配祀鄉賢先儒外，另附祀有功書院之倪琇、歐陽懋
德、李振青、吳琳與吳獻卿父子等，獨可怪者，竟未有黃汝試之
位，汝試先是捐銀一千五百員買下判署充為書院，再捐銀四百七
十六員，就義學地闢建為浯江書院，復議捐膏火銀二千員，尋卒，
其子如杜欲以海澄田充之，結果敗訴，斷如數輸銀存晉江縣庫，
久之被沒，田亦失。前後輸銀近六千銀元（包括田產），遠超過
吳獻卿父子孫三代之四千餘元，而竟無一祠位以為追念，實在有
失公道！

　　此外，浯江書院每年費用條目中列有：「春秋兩次祭丁，俱
開銀一十四員，平九兩二錢四分」、「祭文昌、魁星、朱子，俱
開錢三千文」、「祭魯王墓費錢四千文」、「書院、奎閣油火錢
每月共支六百文，全年共錢七千二百文」、「柒月普渡費錢捌百
文」，舉此數條，足可窺知浯江書院之重祭祀，其費用亦是經年
地、常態的支出。而每年九月八日之歲祭尤為大事，關於祭祀之
祭文與儀禮，今尚存有光緒十九年（1893年）馬巷廳通判黃家鼎
一篇〈祭朱子祠〉文，茲迻錄於后，以供參考，兼為本文結尾：
[48]

　　　　書院歲祭，定九月八日，余以錄囚至金，萬二尹鵬偕紳董
　　　　請主奠，因擬此篇：維光緒十有九年，歲次癸巳，秋九月
　　　　庚辰朔，越七日丁亥，宜祭之辰，知馬巷廳事具官黃家鼎，

謹以羊一、豕一，致祭於浯江書院先賢徽國朱文公之靈曰：烏虖，千古道統，肇自唐虞。禹湯文武，相繼都俞。成周之季，道在師儒。篤生宣聖，為世楷模。麟書始啟，鳳德非孤。不逢側席，乃嘆乘桴。退而傳道，七二之徒。惟學一貫，徑有歧趨。漢魏唐宋，派仄攸殊。穿鑿訓詁，拘泥方隅。出奴入主，非墨是朱。晦冥否塞，道愈榛蕪。我公崛起，上接泗洙。以德為矩，以禮為符。居仁由義，守轍循塗。異端必黜，元化獨扶。大學綱目，語孟葍苢。抉理及奧，味經在腴。旁逮詞賦，雅雅魚魚。持此致用，豈陋豈迂。奈何季世，學不愈愚。正心誠意，與俗齟齬。黨人傾軋，路鬼揶揄。詔禁偽學，閩海饑餬。雲霧四塞，莫破陽烏。憶公簿同，遺愛未渝。至今婦孺，飲食猶腏。況此浯江，公曾來居。存神通化，澤被海壖。明德匪遙，舊學猶敷。肇為講院，弦誦喁于。莘莘俎豆，循循詩書。配享六子，為世璠璵。左則許（許升，字順之）、呂（呂大奎、字圭叔），林（林希元，字次崖）接其裾。右則王（王力行，字近思）、邱（邱葵，字吉甫），許（許獬，字鍾斗）踵其趺。馨香可格，車服未徂。儼然山斗，燦其球璵。嗟嗟公往，邪說漸誣。近者異教，天主耶穌。託為上帝，人雜言污。流俗披靡，應若鼓枹。微言已絕，大義誰呼。具官承乏，憂心瞿瞿。竊聞憲典，侮聖必誅。矧其狂吠，等於巨盧。願告士庶，簧鼓先祛。脩我律度，黜彼恣睢。常飭簠簋，如銘几杆。優游佩劍，告誡諄訏。庶幾他族，永息喙咮。蘋蘩潔矣，酒醴甘乎。褰廩庭廡，想像屨絇。公靈如在，飲此一壺。尚饗。

附錄

鹿港金門館
——一座清代班兵伙館的新發現

第一節　金門館創建之背景

　　金門館創建淵源，一向的說法是清代金門人在鹿港的同鄉會館兼廟宇，因主祀神明蘇府王爺是從金門縣金湖鎮分香而來，金門又稱浯洲、浯嶼，故又稱「浯江館」。金門館的創建，坊間頗多著述，或杜撰或臆度，以訛傳訛，輾轉抄襲，誤導至今，幸今留有一道光十四年（1834 年）之「重建浯江館碑記」，可以提供吾人追索考證，明瞭其創建之背景、因由與經過。碑文記：

> 凡物開創為難，而繼承實易；然開創尤易，而繼承則更難
> 也。彰之西，有鹿溪市焉。其地負山環海，泉廈之郊、閩
> 粵之旅，車塵馬跡不絕於道，而後知臺陽之利藪畢聚于斯
> 也。曩者浯人崇祀蘇王爺之像，由淡越府，過鹿溪，而神

低徊不能去。卜之曰：「此吉地也，余將住留於此。」然
有是神，必有是館。顧為之考其始，則係浯人許君樂三所
居之宇，遺命其子薄賣改建。時在嘉慶乙丑（按即十年，
1805 年）鳩眾而成之，修其頹敗，補其罅漏，相與祈求禱
祀焉……故凡官斯鎮及弁丁輿夫、彼都人士，無不憩息其
間。蓋是館之建，由來遠矣！……（下略）

這段碑文需要詮釋說明者約有三端：

一、蘇王爺之信仰及神明來歷

有關蘇王爺之來歷，鹿港坊間一般著述係抄襲舊《金門縣
志》，不清不楚，又謂分香自「浯德宮」，按事實上是「伍德宮」
不是「浯德宮」，且光是「伍德宮」在金門就有同名寺廟多座，
如金寧鄉伍德宮：在古寧頭南山，祀蘇、秦、金、何王爺及廣澤
尊王。金湖鎮有二座伍德宮，一在新頭，祀蘇王爺及邱、梁、秦、
蔡諸姓之神，民國六十五年（1976 年）重修。一在林兜，祀蘇王
爺等[1]。試問是從哪一座伍德宮分香而來的？新修《金門縣志》
對蘇王爺由來有詳盡確實之稽考，茲引述如下：[2]

蘇王爺：合從祀邱、梁、秦、蔡稱「五王爺」，為清代水
師營兵供奉於內校場觀德堂之神。後有營兵移防臺灣鹿
港，隨營將蘇王爺神像帶去，僅餘四王，故訛稱為「四王

[1] 李怡來，《增修金門縣志》，卷三〈人民志〉四篇〈宗教〉三章「民間信仰」
（金門：金門縣政府，民國 83 年），頁 493、頁 495。
[2] 李怡來，《增修金門縣志》，頁 488~489。

爺」。今鹿港有金門館，即蘇王爺廟也。又臺南安平、臺
北艋舺，各有金門館祀蘇王爺，亦清營兵移防時自觀德堂
乞求香火，隨往奉祀者。舊志云：神屢著靈異，咸豐三年
（1853年），廈門會匪傾眾來犯，神先期乩示，令各戒備，
賊果大敗。被獲者供稱：在海上見沿岸兵馬甚多，賊各奪
氣，以是致敗。其祖廟在新頭，兩營官兵奉之甚謹。又云：
相傳神係隨牧馬王陳淵來者，然《浯洲見聞錄》謂同淵來
者十二姓，獨無蘇姓。俗傳神名蘇永盛，係出自乩巫之口，
文獻無徵，不足信也。據清趙新出使琉球還，為神請加封
號表云：臣等查詢閩省士民，據云：神蘇姓，名碧雲，係
福建同安縣人，生於明季天啟年間，讀書樂道，不求仕進。
晚年移居海島，洞悉海道情形，海船均蒙指引平安。歿後
於海面屢著靈異，兵商各船均祀香火。每歲閩省巡洋，一
經籲禱，俱獲安全。此次復屢叨護佑，可否援照海神之例，
一併頒給匾額，用答神庥。是前清水師營兵奉之蘇王爺乃
蘇碧雲。然趙亦僅據地方士民之言，未足為徵。按神像英
姿勃發，有正氣凜然之慨，應為宋英宗皇城使在邕州抗敵
殉難之同安人蘇緘。

　　上引書作者考據精詳，只不過因過於相信志書所記載人物，
非要從中徵考得蘇姓人物不可，因而否定民間傳說之蘇碧雲其
人，未免犯了刻板錯誤。殊不知地方人物未必一定都會列入志書
採錄，正如同民間某些祠廟，地方志書也未必都會採錄，不可因
志書無記載，遂因此據之而否定該人物或該寺廟不存在，此與若
干學者呆板的只據志書否定寺廟初始之創建年代的道理相同，所

以在此筆者倒是較偏向神是蘇碧雲之民間說法。

　　要之，據此可知鹿港、臺南、艋舺之金門館蘇府王爺均是分香自金門後浦東門內之內校場的觀德堂，雖然其源頭可追溯至新頭伍德宮。

二、許樂三其人其事初探

　　許樂三其人其事，遍查諸志書及文獻，目前只檢索到三件資料，一是道光十一年（1831 年）之「重修龍山寺記」碑文中提及「乾隆丙午（按即五十一年，1786 年），都閫府陳君邦光始偕其郡人改建今地，林君祖振嵩、許君樂三實經營之。厥後……遇警中止，今蹕而修之……」。林振嵩為鹿港日茂行大郊商，許樂三得以與其並列董理龍山寺重建工役，可以想見其人之社經地位，絕不是沒沒無名之升斗小民。其二是《金門縣志》〈人物志〉「義行傳」，引《竹畦文抄》載許樂三事蹟：「後浦人，善畫貓采，灑落好結客。東遊臺灣，名籍甚。念同鄉標兵遣戍至，無棲所，棄齋宅聚（居？），舍之，即今鹿港金門公館也。腊杪，故交貧人，多藉其力度歲。比林爽文作亂，招募義旅，從官軍擊賊，以功授六品職銜。」[3]

　　另一件資料則是鹿港民間之傳說，《鹿港傳奇》一書內收許漢卿〈鹿港鎮龍山寺一對石獅由來〉文中亦有提及許樂三其人，茲摘述如下：[4]

---

[3]　李怡來，《增修金門縣志》，卷十二〈人物志〉，頁 1506。

[4]　許漢卿，〈鹿港鎮龍山寺一對石獅由來〉，《鹿港傳奇》（彰化：左羊出版社，民國 86 年），頁 92~95。

乾隆五十一年（1786年）林爽文之亂，清廷派福康安由金
門率水師來臺鎮壓。時部份水師游擊官兵駐紮於鹿港龍山
寺旁之營地，今金門館為當時辦公署衙（按以今之軍事術
語即是前進指揮所），其統領許樂三為福氏之幕佐，奉命
率軍鎮守鹿港。許氏乃浯江後浦鄉（現金門金城鎮）人，
攜族侄許克京隨侍歷練。乾隆五十三年（1788年）亂平，
樂三隨福氏班師返回大陸。臨行前樂三留下數百兩予族
侄命克京留在鹿港發展，從事商貿生理。後克京以此銀兩義
助某婦女，蒙觀音菩薩庇佑，賭博贏得鉅款，遂以此資本
經商創「綿盛堂號」，從事兩岸貿易，屢蒙神佑，不僅往
返平安且賺錢，嘉慶三年（1798年）與友人劉華堂，在唐
山以重金禮聘名匠雕刻一對青斗石石獅，置在前埕作為龍
山寺守護寶獸，克京子孫繁昌，為鹿港許氏望族。

　　此則民間傳說，可信度頗高，一方面人、時、地皆對，二則
可以解釋許多疑點。金門館流傳故實疑點頗多，舉其要有四：按
前引「重建浯江館碑記」內文提及金門館原係許樂三「所居之
宇」，「遺命其子薄賣改建」，既用「遺命」一詞，則嘉慶十年
（1805年）許樂三已亡故，何來所謂嘉慶十年許樂三親題的「浯
江館」匾額，此其一。既已便宜賣出（薄賣），產權屬於他人，
又何能據以改建？而且不過是將舊屋宇「修其頹敗，補其罅漏」，
則只是修繕修補，談不上「改建」二字，此其二。其三，既然是
金門官兵所居之會館，為何「凡官斯鎮及弁丁輿夫、彼都人士，
無不憩息其間」？其四，既然只是金門會館，何以以後幾次修建
捐獻者遍及全臺水師諸官兵及將領？而這些人又不全是金門

人？

　　根據此則傳說，若可靠，以上諸疑點大體可以解惑，一言以
蔽之，此金門館原為許樂三之住宅，乾隆五十二年平林爽文之亂
時，作為福康安（或大軍）所駐紮指揮辦公的衙署，此宅第自有
其尊貴象徵意義與地位（民間傳說福康安為乾隆帝之私生子）。
再次，所崇奉之蘇府王爺不僅為金門人所虔拜，亦是福建沿海水
師舟夫所崇拜，何況蘇府王爺向為水師隨營護神，故凡水師調動
汛地，每新至一地，必隨營恭迎，並設專人供奉，也即是說蘇府
王爺非獨一地一時一營之人所供奉而已，所以有這麼多官兵與民
人願意捐獻修建。再，許樂三為福氏幕佐，難免有挾權使勢之便
利，所以薄賣之後，居然還能據之改建。不過「改建」一詞，個
人以為應該是指將其住宅裝修改成恭奉蘇府王爺廟宇之意。第
三，可以說明何以以許樂三如此重要人物，除上述「重修龍山寺
記」碑文中見其名，其他鹿港地區清代大大小小眾多石碑中未見
其名姓，而且志書未詳載其事蹟，蓋因許樂三或是隨軍來臺平
亂，亂平即班師回去，在鹿港只有短暫時期之居留。

三、清代駐臺班兵之防戍與調動

　　「重建浯江館碑記」記載內容有「曩者浯人崇祀蘇王爺之
像，由淡越府，過鹿溪，而神低徊不能去」，所謂「由淡越府」
即指班兵移防，由下淡水（今屏東地區）到臺灣府（今臺南市）
再調到鹿港，其間涉及清代臺灣班兵之制度與防戍，這不能不話
說從頭了。

　　康熙二十二年（1683 年），清廷收臺入版圖，由於臺灣孤懸

海外，又是明鄭故地，加以當時兵餉繁重，在全國一片裁兵之聲中，施琅遂建議由福建各營額兵中抽調兵丁萬名到臺防戍，既可守臺，且使「兵無廣額，餉無加增」，獲得聖祖採納，制定班兵制度。最初臺灣綠營分成水陸十營，即：臺灣鎮標中、左、右三營，臺灣水師協中、左、右三營，澎湖水師協左、右兩營，南路營、北路營、水師、陸路營各半。陸營諸將弁兵丁多由漳州、汀州、建寧、福寧、海壇、金門等六鎮標，及福州、興化、延平、閩安、邵武等五協標抽調而來。水師則由福建的海澄、金門、閩安三協標，及廣東水師南澳鎮標抽調而來，三年更替，故謂之班兵。班兵戍臺前後約二百餘年，兵額數字，升降不一；原抽調營數，歷代不一；但皆由閩、粵各營抽調而來，則無二致，其中由汀州、福寧、建寧、海壇、延平、閩安、邵武、興化抽調來者，謂之「上府兵」；其他各營，稱為「下府兵」。由內地諸營抽調來臺，復將每營之兵，分散安插，每營數百名、十餘名，或數名不等，分散零星如此，意在防其分類結黨，不令彼此私相聯絡，虞生不軌而然。有利必有弊，久之，產生諸多流弊，如訓練不齊、私相頂替、調撥弱兵、班兵冒濫、參與械鬥。爾後屢有改革，奈何積弊難起，形同贅疣，而海疆有事，率調用勇營，泊劉銘傳巡臺，乃汰其老弱，以汛兵改為隘勇、郵丁，班兵之制不廢而廢矣！
[5]

---

[5] 李汝和，《清代駐臺班兵考》，一章〈班兵之設置〉（臺灣：臺灣省文獻會，1971），頁 1~2。另，以下諸引文述要，皆出自此書，若非必要，茲不再一一詳註，特此申明，一則不敢掠美，二則謹表敬意！
另有關班兵與移民籍貫分佈情形，可參見余光弘，《清代的班兵與移民—澎湖的個案研究》（臺北縣：稻鄉出版社，民國 87 年）；諸般整體之研究可參

　　臺灣班兵，約萬餘人，三年輪替，制以瓜代之年，分一、四、七、十，四個月，踵繼配運來臺。而兵船之調撥、兵員之點驗、弁卒之盤費、船戶商民之騷擾，歷年視為大役，頗費籌謀，屢有興革。初由鹿耳門一口，配舟內渡。至嘉慶年，嘉義以北班兵，改由鹿港登舟，既而港門淤淺、船少兵眾，候配需時。迨及道光初年，再改為三口對渡：鹿耳門與同安、廈門對；鹿港與泉州、蚶江對；八里坌與福州五虎門對。至於配運船隻，初由水師營哨船配渡，後混用商船，商民困擾，官與兵、商三者皆不便。道光以降，班兵廢弛，及洪楊之役而後，更戍之期已廢，同治後配運之事，遂絕於記載。

　　再敘班兵之防戍：據康熙三十三年（1694 年）《臺灣府志》載，臺灣防戍，共為十營，班兵萬人，防戍地區，向北僅及半線（今彰化縣境），南向可達下淡水（今屏東縣境），大軍集守府城，南北二路顯然守兵不足。康熙中葉以後，北路漸闢，康熙三十五年（1696 年）有吳球、朱祐龍之役，康熙四十年（1701 年）有劉却之役，**康熙四十三年（1704 年）**北路參將、守備，始移駐諸羅山。康熙五十年（1711 年），海上有鄭盡心之役，始以守備移駐半線，且調佳里興分防千總移淡水，駐八里坌。康熙五十七年（1718 年）設淡水營，仍駐八里坌，每半年輪防基隆，仍隸北路參將營。康熙六十年（1721 年），朱一貴反清事起，全臺郡縣一時俱失。既平，以臺灣兵力薄弱，不足守衛，有增兵之疏，不允；續有減兵之議，不可，遂仍舊制。

見許雪姬，《清代臺灣的綠營》（臺北：中研院近史所，民國 76 年）。由於本文主旨不在探討研究班兵史及其制度，有興趣讀者或學者可自行參閱二書，此處不多加徵引。

　　雍正元年（1723 年），略有調整，如鎮標右營抽調駐岡山（高雄縣境），鎮標左營抽調駐下茄冬（今臺南縣境），再令臺協水師抽調駐塩水港，臺協左營抽調駐笨港。雍正九年（1731 年）又添設淡水汛守備一員（按此指下淡水而言，非北部之淡水）帶武洛把總一員、新東勢汛外委一員，駐山豬毛口。雍正十年（1732 年），北路「大甲西番亂」，乃有改革營制及增兵益防之舉，南路駐紮地點有山豬毛口、阿里港、新園、萬丹、鳳山縣治、鳳彈、下埤頭、攀桂橋、觀音山、石井等處。北路地點有諸羅縣治、斗六門、竹腳寮、笨港、塩水港、貓霧捒、篷山、竹塹、中港、後壠、南崁、淡水等汛。雍正十三年（1735 年）增添臺灣府治駐兵，復增駐小南門。

　　乾隆初年，仍有變革，略焉，下迨乾隆二十八年（1763 年），據余文儀《續修臺灣府志》，其時防戍分佈，如安平水師協標左營，內把總四員，一員分防內海鹿仔港汛，兼轄鹿仔港砲臺；戰船十八隻，中鹿仔港二隻；砲臺七座，中鹿仔港一座；煙墩十一座，中鹿仔港一座。此乾隆五十一年（1786 年）林爽文亂之前概略情形也。

　　再據周璽《彰化縣志》摘述如下：彰化未設治之先，原屬諸羅。但於諸羅參將營內，撥千總一員，駐防半線，嗣以守備駐紮半線。迨雍正元年，增設彰化縣治，乃設副將駐紮彰化，南馭諸羅，北控淡水。臺灣水師，向設副將駐安平，而彰化各港，但以千、把總分防。至乾隆五十三年（1788 年），始分安平水師左營遊擊一員，移駐鹿港。以大將軍福公平臺之師，多從鹿港登岸也。時駐守鹿港汛，兼轄水裏港汛、三林港汛、海豐港汛。對於兵防，

志書作者有一番議論，足供參考了解道光年間詳情：[6]

查鹿港未設以前，水師雖有汛防，不過一千把總駐劄，以嚴出入，司斥堠而已。迨乾隆四十九年（1784 年），福州將軍永公，奏開鹿仔港口，對渡蚶江，其時文員祇一巡檢，武弁祇一千總，帶兵數十名，何足資巡哨備彈壓哉？越三年冬，大將軍福公征剿林逆，兵船數百，俱由鹿港登岸。削平後，始議將安平水師左營遊擊一員，移駐鹿港，隨帶弁兵分防海豐、三林、水裏各汛……惟鹿港最稱利涉，故丙午以後，蚶江、廈門，通行配運，洵足與鹿耳門相埒。乃滄桑之變，令人莫測……港口既以遷移，汛防亦宜通變，名雖沿舊，地已易新……蓋臺灣之正口有三：八里坌在北，鹿耳門在南，惟鹿港為居中扼要之地……故口岸所在，必鎮以官兵、建以營汛、設以哨船，而又築砲臺、堅煙墩、造望樓，歲糜糧餉數千金，年運米穀數萬石，其不惜多費，而設口置汛者，蓋欲通商惠民，非徒徵關稅以裕國課，詰奸匪以耀兵威也……況鹿港口岸，較之鹿耳門、八里坌，其形勢之險夷，又相懸絕也……何如鹿港之往來習熟，郊商之蓄積饒多，水程亦甚直捷，船戶莫不爭趨……獨鹿仔港口，駐劄水師遊擊，統兵七百餘人，分防番仔挖者，僅三十人；分防水裏、海豐兩汛者，各二十人；又分三分之一，歸笨港守備統轄；則駐防鹿港之兵，未及五百……且鹿港之口，向距營汛不過數里，今港澳日徙日

---

[6] 周璽，《彰化縣志》，卷七〈兵防志〉（臺北：臺灣銀行經濟研究室，民國 51 年），頁 189~203。

南，已在番挖之下，其離鹿港營汛也，旱程三十餘里，一
旦有事……三十名之兵丁，其力尚足恃乎？……如今之大
港在番挖，商船泊此最多，則番挖之口岸，宜以重兵守之，
非二百餘人，不能獨當一面之衝也……他若海豐港汛，其
港已無泊船，而番仔挖港，現成小口，小船亦堪停泊，此
處胡可無兵？……至水裏汛，昔本無口，設兵何用？今水
裏以北，有五汊，邇來始成港口，雖巨艦難泊，而小艇可
停……徙水裏於五汊，斯亦必然之勢也……（下略）

　　筆者之所以不憚詞費，摘述徵引如此多之文獻，目的在於要
考證追索金門館之創建背景與年代，及蘇府王爺信仰之傳入鹿港
之初始年代與原因。綜括上引文獻，筆者可歸納為下列數項析論：

　　第一，金門館前身為許樂三住居之屋宇，許樂三在當時之社
會地位聲望，既然足以與日茂行林家匹敵，居住宅第料不致過於
寒磣簡陋。觀碑文中用「宇」字形容其住屋，及其整修，嗣後之
破敗，用「棟宇、垣墉」等字眼形容，並且在平林爽文亂時作為
辦公指揮衙署，在在均可見其必然規模形制寬敞壯大。

　　第二，許樂三與日茂行林振嵩在乾隆五十一年（1786年）林
爽文亂前，負責經建重修龍山寺，則可以說明金門館之前身（指
許氏所住屋宇）在乾隆五十一年（1786年）前就已存在。

　　第三，金門軍人信奉之蘇府王爺信仰傳入鹿港雖可勉強追溯
至康熙四十三年（1704年）撥千總一員率兵弁駐防半線之時，但
更穩當更確切的說法，應是乾隆五十二年（1787年）福康安率滿
漢水陸大軍進抵鹿港平林爽文之亂以後。亂平之後，或有感於神
蹟靈驗，庇佑平亂，信仰愈盛。尤其乾隆五十三年（1788年）分

安平水師左營遊擊一員移駐鹿港，帶來許多金門營水師兵丁，遂有建館奉祀之急迫性與必要性。因此金門館之創建年代，雖據碑文說為嘉慶十年（1805年），但因其前早有屋宇，且僅是修補一番而已，毋寧提前說是乾隆五十一年（1786年）即有，也無不可，含糊地說是乾隆中葉也可以！

第二節　清代金門館之修繕興築

一、碑文人物考釋

如前所綜合探究，金門館前身為浯人許樂三所居屋宇，在乾隆五十一年（1786年）前既有，乾隆五十二年（1787年）福康安率大軍平林爽文亂時，曾充為辦公衙署，或蒙神庇亂平，乾隆五十三年（1788年）分安平水師左營遊擊一員，移駐鹿港，其中必有抽調自金門鎮之營兵，金門人素信蘇府王爺，官兵尤奉之甚謹，有是神，必有是館，因此嘉慶十年（1805年），許樂三遺命其子，鳩眾合力整修，命名為「浯江館」。名為「浯江館」，並非只有金門兵丁與人士方得允休憩，「故凡官斯鎮及弁丁輿夫、彼都人士，無不憩息其間」。惟歷年既久，不免有所殘傾，遂有進一步之規劃修建，「重建浯江館碑記」續載：

　　蓋是館之建，由來遠矣！前任鹿港遊府溫公欲重修經理，未及舉事，旋即陞遷。辛卯（按即道光十一年，1831年）余抵任，每見棟宇摧殘、垣墉傾圯，心竊傷之。欲為之改舊更新，又恐獨立難支，不克以濟。爰集衿者、董事人等公同議舉，并於浯人之有身家者勸其捐帑，而余則傾囊相

以濟。壬辰（道光十二年，1832年）花月（即二月）經始，今茲落成。然余非敢論有功於浯人也，實欲以誌明神之赫濯，長垂於不朽云爾，是為記。敕授武翼都尉臺協水師左營鹿港遊擊劉光彩敬撰。董事進士鄭用錫、薛鳳儀、張朝選、薛紹宜、王高輝、楊淵老、歐陽建、郭溪石、蔡宗榮仝勒石。道光歲次甲午年（道光十四年，1834年）梅月（四月）日立。

此碑文提及諸多人物，茲就志書檢索所得，列傳如下：

鹿港遊府溫公：應即是溫兆鳳，鄭喜夫《官師志‧武職表》記溫氏為福建龍巖州人，行伍出身，道光七年（1827年）四月由委署本標（即水師協標）中營遊擊本標右營都司陞任。道光十二年（1832年）（一作道光十三年，1833年）陞任艋舺營參將。[7]據此碑文應補充改正為：道光十一年（1832年）調任鹿港水師遊擊，同年旋升任艋舺營參將。

劉光彩：福建同安人，行伍出身，生平不詳，道光十二年（1832年）調任安平協水師左營鹿港遊擊，道光十四年（1834年）在任。[8]據此碑文則調任年代應改成十一年。

---

[7] 鄭喜夫，《臺灣地理及歷史》，卷九〈官師志〉第二冊「武職表」（南投：臺灣省文獻會，民國69年），頁115。

[8] 張子文等，《臺灣歷史人物小傳──明清時期》（臺北：國家圖書館，民國90年），「鄭用錫」條，頁327~328。按，該書之人物小傳，採納近年學者研究成果，予以融會改寫，且經過學者審查定稿，此為個人採用之原因。讀者若有興趣可自行參考陳培桂《淡水廳志》卷九列傳二〈先正〉的「鄭用錫」則。近年出版的足校本陳朝龍《新竹縣采訪冊》卷十鄉賢「鄭用錫」有較詳細記載，茲轉錄於下，謹供參考：「鄭用錫，字在中，號祉亭，崇和子。少

　　鄭用錫（1788-1858）：先世福建漳浦人，乾隆年間由金門遷居苗栗後龍，後避分類械鬥遷竹塹。父崇和，監生。用錫字在中，號祉亭，嘉慶二十三年（1818年）中舉人，道光三年（1823年）中進士，為首位臺灣本籍出身進士。道光七年督建竹塹城，敘功加同知銜。復捐京秩，籤分兵部武選司，補授禮部鑄印局員外郎。咸豐四年（1854年）在籍協辦團練，給二品封典。晚築「北郭園」，著有《北郭園全集》八卷。用錫家族在新竹擁有大量土地，且擁有船隻販運於天津、上海、東南亞等地。[9]

　　此段碑文值得注意及解讀者有三：

　　第一，從嘉慶十年（1805年）至道光十一年（1831年），經歷二十六年，金門館已是棟宇摧殘、垣墉傾圮。前後兩任鹿港武職最高之長官（水師遊擊）溫、劉二人都有意改建。兩位長官

穎異，淹通經史百家，尤精於易。好吟詠，先後主明志書院講席八年，汲引後進。淡自開闢，志乘無書，乃纂彙藏之。嘉慶戊寅，舉於鄉，道光癸未，成進士。開臺北百餘年，通籍自用錫始。丁亥，督建廳城，功加同知銜，復捐京職，籤分兵部武選司，補授禮部鑄印局員外郎。在官三載，精勤稱職，旋因母老乞養，時每年八旬，置田租三千餘石，為戚屬無後者立嗣，並資養贍，以祝大年。壬寅甲寅，在籍與臺南進士施瓊芳等協辦團練，勸捐津米，給二品封典。咸豐三年，南北漳泉粵人各莊互鬥，用錫躬詣各城村竭誠開導，並手書勸和論，遍貼各莊，人皆悅服，其變遂止，全活甚多，皆用錫養望素隆有以感化之也。凡倡修學宮、橋渡及賑饑恤寒，悉力為之。治家最嚴，所編家規，子孫猶恪守之。晚築北郭園以自娛，著述日富，有《北郭園全集》，文鈔一卷、詩鈔五卷、制藝二卷、試帖二卷，已刊行。咸豐八年二月初七日卒，年七十一。子三：長如松，道光丁酉優貢，丙午舉人，賞戴藍翎，員外郎銜候補主事。次如梁，賞戴花翎候選道。孫六：景南，廩生。義南，六品翎頂。北南，附生。同治九年，請祀鄉賢祠。十一年，福建巡撫王凱泰具題，十二月十六日，禮部奏准。」

[9]　周璽，《彰化縣志》，頁189~203。

之有意改建，一方面有感神明赫濯，崇報功而隆祀典，同理說明蘇府王爺兼為他籍異營之水師官兵武將所虔拜，所以不能只單純解釋為溫、劉兩長官為討好方便金門人與營兵而有意修建，如前所引文獻，道光時駐防鹿港營兵未及五百人，金門籍營兵不過數十人，焉有是理為討好少數營兵而忽略其他眾多營兵，而且劉光彩還一度有意獨自負擔，傾囊重建，若說原因只是單純的討好照顧少數金門籍營兵則更無是理。關鍵在金門館其實是開放給眾多軍民官兵所休憩，因此與其說金門館是金門會館（按金門會館與金門館意涵不同），不如說是軍人會館或班兵伙館更為妥切，正所謂事不盡一端，這是必須先說明辯駁清楚的。

第二，此役修建從道光十二年（1832年）二月至道光十四年（1834年）四月，計經過二年有奇，花費二千六百銀元，惜不知其規模形制。以清代臺灣寺廟工程而言，多半一年左右，要經過二年工程期且用銀二千六百多元，則可以想見已是大廟之規模作法了。

第三，此次捐輸助修者有「衿耆、董事」及「浯人有身家者」，可見其時金門館之組織管理已有董事一職，而所謂浯人有身家者指的是一般金門籍居民，正反映金門籍營兵之普遍拮据（亦可參見後文之修建捐款金額可佐證）。而金門籍居民不僅指住在鹿港一地而已，吾人觀看今新竹市之鄭用錫列名首位，亦可想見勸募對象，廣及臺灣各地，惜其他幾位董事生平不詳，不能做進一步徵信析論。但至少反映了在臺金門人之團結與熱心公益。

「重建浯江館碑記」旁有二方副碑，乃捐題碑，茲將捐獻諸人士分成將弁、兵丁、士紳三類整理，並據鄭喜夫前引書《官師志》補充諸將弁之基本資料，以便進一步之析論。

首先說明諸將弁的部分：

1.福建臺灣水師協鎮府黃印　貴（福建閩縣人，道光十三年任，十六年二月十四日陞任廣東碣石總兵）捐銀貳拾大員。

2.陞授艋舺營水陸參府溫印　兆鳳（仝前）捐銀伍拾大員。

3.原臺灣艋舺水陸參府周印　承恩（福建同安廈門人，行伍出身，道光九年五月以臺協中營遊擊署）捐銀貳拾大員。

4.臺灣協水師右營都閫楊印　武鎮（又名楊振武，福建同安金門人，行伍出身，道光十年四月回任）捐銀陸大員。

5.臺灣艋舺滬尾水師副府郭印　揚聲（字騰圓，福建同安金門人，行伍出身，道光十年以臺協右營千總署）捐銀參拾大員。

6.署臺灣艋舺滬尾水師副府林印　得義（字謙亭，福建淡水廳人，原籍福清，行伍出身，道光十四年由臺協右營守備調任）捐銀拾大員。

7.臺協水師澎湖右營守府鄭印　起麟（按有作鄭起良、超良，皆誤，福建同安廈門人，咸豐十一年五月署）捐銀拾貳大員。

8.臺協水師左營守府崇防廳林印　日光（按鄭喜夫書將其列入澎湖水師協標左營守備，記其：福建澎湖廳人，行伍出身，以本標千總委署，以疾卒於任）捐銀拾貳大員。

9.金門鎮標左營左廳守府黃印　金祿（按據《金門縣志》：清初設金門鎮總兵官，標下中、左、右三營，兼轄銅山等五四，後改革專領標下三營。康熙二十七年，裁去中營，嗣又兼轄閩安、銅山。嘉慶間，再改，仍專轄左右二營。左營守備一員，駐防後浦。同書職官表卻記：黃金絡，同安金門人，道光十四年署左營守備，又記：黃全絡，道光二十年八月署。究竟是黃全祿？黃金絡？還是黃全絡？其中必有二誤，此非本文主題，暫闕待考）捐

銀肆大員。

10. 新拔澎湖右營左司廳陳印　得顯（按鄭書缺此人，待補）捐銀陸大員。

11. 臺協水師左營左哨頭司盧印　明生（按職位不高，故志書及鄭書皆未記錄，以下諸人，同理皆缺記載）捐銀肆大員。

12. 原臺協水師左營嵩防廳周印　名揚捐銀肆大員。

13. 臺協水師左營嵩防水裏楊印　騰蛟捐銀四大員。

14. 金門鎮標右營協司廳李印　朝法捐番銀貳大員。

15. 銅山營班政廳孫印　光明捐銀肆大員。

16. 新拔銅山營協司廳楊印　其山捐銀壹大員。

17. 金門鎮標右營右司廳陳印　士輝捐銀壹大員。

18. 金門鎮標右營協司廳張印　進發捐銀壹大員。

19. 金門鎮標左營左司廳許印　連科捐銀貳大員。

20. 金門鎮標左營左司廳曾印　國華捐銀貳大員。

21. 臺協水師左營協左司廳許印　熊飛捐銀貳大員。

22. 福建臺協水師左營鹿港副總府劉印　光彩捐銀壹仟捌佰陸拾員。

23. 福建臺協水師左營中軍府翁印　芬春捐銀拾大員。

此捐題碑有助於了解當時臺協水師左營與金門鎮標左右營之官銜職守與秩祿升遷之人事動態，對於清代武職之職官制度不僅有助了解，尤其可以補正志書中兵防志與職官表，對於鄭喜夫《官師志》亦可補其疏漏與錯誤。然此非本文要旨所在，重要者在於：

1. 捐輸官員全是水師將弁，獨缺陸路官兵，職銜高至副將、遊擊，旁及軍中文職幕佐，下至守衛鹿港、水裏汛的哨頭，可謂

大小將弁，全體總動員捐輸修建金門館，若謂金門館僅是金門會館，專供金門營兵或金門人士住宿休息聯誼之用，他籍將弁何以如此踴躍捐輸豈不可怪，不符常情？

2. 捐輸之水師駐守單位，遍及今臺南、澎湖、鹿港、艋舺、滬尾、金門。

3. 除金門鎮標左、右營不論外，其他將弁大都非金門籍人，金門籍將弁所捐金額亦薄少。

根據此三條歸納，很顯然證實了筆者前面論證的一項說法：金門館不僅是金門會館，而是當時的水師會館或水師伙館（用今日說法即海軍會館），提供當時來往鹿港水師官兵祭祀蘇府王爺，及休憩聯誼的場所。

二、碑文中反映的班兵問題

其次說明兵丁的部分：

1. 烽火門撥戍艋舺營，頭起戰餉（碑文原作「口」字即「餉」之俗字，以下皆同）四名，每各（名？查碑文字跡確是作各字，以下皆同，或即個的俗字）捐銀貳錢。

2. 烽火門撥戍艋舺營，頭起守餉拾四名，每各捐銀壹錢伍分。

3. 烽火門撥戍滬尾營，頭起戰餉貳拾貳名，每各捐銀貳錢。

4. 烽火門撥戍滬尾營，頭起守餉拾陸名，每各捐銀壹錢伍分。

5. 烽火門撥戍滬尾營，二起戰餉參拾伍名，每各捐銀貳錢。

6. 烽火門撥戍滬尾營，二起守餉貳拾柒名，每各捐銀壹錢伍分。

7. 烽火門撥戍滬尾營，三起戰餉參拾貳名，每各捐銀貳錢。

8. 烽火門撥戍滬尾營，三起守餉貳拾參名，每各捐銀壹錢伍分。

9. 烽火門撥戍滬尾營，四起戰餉肆拾名，每各捐銀貳錢。

10. 烽火門撥戍滬尾，四起守餉貳拾六名，每各捐銀壹錢伍分。

11. 金門右營撥戍臺協左營二、三、四起戰餉拾陸名，各捐銀捌錢。

12. 金門右營撥戍臺協左營二、三、四起守餉貳拾參名，各捐銀陸錢。

13. 頭起屆滿，戰餉七名，各捐銀貳錢。

14. 頭起屆滿，守餉六名，各捐銀壹錢伍分。

15. 金門左營撥戍艋舺營，戰餉貳拾名，各捐銀貳錢。

16. 金門左營撥戍艋舺營，守餉貳拾九名，各捐銀壹錢伍分。

17. 金門右營撥戍艋舺營，戰餉拾壹名，各捐銀貳錢。

18. 金門右營撥戍艋舺營，守餉貳拾八名，各捐銀壹錢伍分。

19. 金門左營撥戍滬尾營，戰餉拾壹名，各捐銀貳錢。

20. 金門左營撥戍滬尾營，守餉拾壹名，各捐銀壹錢伍分。

21. 金門右營撥戍滬尾營，戰餉拾名，各捐銀貳錢。

22. 金門右營撥戍滬尾營，守餉拾壹名，各捐銀壹錢伍分。

23. 金門左營楊仕生捐銀參拾員（空缺）二石，合共捐銀肆佰柒拾員。

此段碑文，值得吾人解讀與注意者有：

第一，這些兵丁捐獻金錢數目頗為一致刻板，絕大部份都是貳錢或壹錢伍分（其中戰兵率捐餉貳錢，守兵捐餉壹錢伍分，則可以覘知戰兵薪餉收入應比守兵稍高），顯然是事先眾兵丁彼此

約定，或是長官硬性規定從薪餉扣下的不樂之捐。

　　第二，捐輸金額極少，可見這些班兵薪餉薄少。按清代臺灣班兵之流弊已如前文所述，但班兵亦有其自身痛苦之困擾，概要地說，其一：薪餉薄少，嗷嗷度日。雖然清廷對班兵調戍有旅費之補助，但其數戔戔；渡海之際常須候風，俟氣候許可方能登舟起程，況且船少兵眾，候配需時，為此稽延時日，虛耗盤費。其二：戍守班兵，初到臺澎，無房舍可住，兵丁大半在民間租房而住，或支架帳篷，搭蓋草寮，暫時棲住。即使兵房建好，使兵有居所，但一直到清末，臺澎兵房大半都是官建的茅屋，而臺澎風雨多，時有地震，所以「甫造旋坍，既坍復葺，葺完住暫，去則又空，輾轉虛糜，累公不少」，故營房常須修葺，並不合用。因此在澎湖產生「伙館」，主要目的即為幫助各營班兵，解決調防駐紮的食宿問題。澎湖媽宮的「提標、海壇、南澳、銅山、閩安、烽火」諸館，即因此而創。[10]不僅如此，由清代駐臺澎班兵伙館演變而成的廟宇，是臺澎地區民間宗教較少見的個案，這類廟宇名稱一律都用「館」而非一般所習見的「宮」、「殿」、「廟」等稱呼。[11]所以，鹿港「金門館」之取名是由此而來，「金門館」創置的主要目的也是為解決班兵駐紮的食宿問題。明乎此，自然會明白何以金門館此次的重建會有大大小小的將弁官兵，全體總動員的捐獻。而且根據此副碑諸班兵之捐輸金額之如此戔戔，正可以證明清代調臺班兵薪餉之微薄與生活之困苦。此碑之價值與意義，不輸金門館本身，廟方千萬要妥善保存。

---

[10]　卓克華，《澎湖施公祠及萬軍井之研究與修護計畫》，一章〈施公祠、萬軍井的歷史研究〉（澎湖：澎湖縣政府，民國82年），頁9~11。

[11]　卓克華，《澎湖施公祠及萬軍井之研究與修護計畫》，頁9~11。

　　第三，烽火門即指清代福寧府（今福建省霞浦縣）福寧灣外之四礵列島、福瑤列島、烽火島等水師駐兵，烽火營兵向以勇悍聞名，可見清廷對鹿港兵防與治安之重視。而且捐獻者，金門左右營與烽火門各居一半，可見道光年間駐守鹿港水師主要是金門兵與福寧兵。澎湖有「烽火館」，在鹿港卻未聞見，而烽火營兵願捐獻修建金門館，又為作者論斷金門館非僅是金門人或金門兵之會館，又得一條證據。此更加強了金門館是水師會館（或可同澎湖之稱呼為「伙館」）之確證。

　　第四，碑文中有「戰餉」、「守餉」諸名目，此乃其本俸薪餉與津貼恤賞之細目。臺灣班兵糧餉，初從內地舊制。然以班兵遠渡大海，邊土苦惡，且拋家去鄉，眷屬待哺，情形特殊，不僅養贍家口，甚至自身用度，在所不敷，故頻施恤賞，以安軍心，較之內地綠營，為獨厚焉。雍正年間，臺灣鎮總兵王郡更奏准在臺地購置田園、糖廊、魚塭等業，各協營遴員經理，於冬成徵收租穀、糖斤、稅銀，除應納各縣正課外，所獲租息，以六分存留營中，四分解交臺灣府劃兌藩庫，備賞戍兵、眷屬等巡遊、紅白吉凶事件。乾隆五十三年，朝廷諭旨「以林爽文案內，所有抄沒田園家產，遞年租息，給加臺澎戍兵糧餉」。

　　臺灣班兵，除上述加餉、償恤外，尚有官莊及隆恩莊租息之津貼優遇。「官莊」之制，由來已久。康熙二十二年，既克臺灣，以臺地肥沃，土曠人稀，施琅奏設官莊，召民開墾，按其所入，以助經費，為文武養廉之具。因此臺澎水陸各營官兵，俸餉歲多不敷，每年兩次會委文、武各員，並赴庫請領，可歲省動支司庫之二、三。嗣後流弊滋生，鎮將大員，無不創立莊產，侵佔番地，召佃開墾，以為己業，乾隆初葉遂廢其制。「隆恩莊」之制，肇

自乾隆五十一年，時林爽文之役甫平，福康安治軍臺灣，尚餘兵餉五十餘萬兩，乃奏設隆恩莊，募佃耕之，或購大租以收其益，以充賑恤班兵之款。其田多在彰、淡兩屬，租制與官莊同，所收租息，除完納正供外，餘款由營造冊送司，按年在請領餉內扣存司庫，入撥充餉。然歷年既久，或無造冊存案，或案券燬失，遂瓜葛不清，帳目混淆，流弊叢生。此外，又有「抄封」者，抄封亦官租也，其租有二，曰叛產，曰生息。林爽文之役，凡與是黨人者，皆籍其田，或被株連，所抄在數萬石，多在嘉、彰兩縣。自是每有亂事，援例以行。叛產之業，贌之於民，而收其稅，為官署歲入之款。「然抄封之中，有撥支兵餉者、有充地方公費者、又有鬻供軍需者。其業散在各縣，統歸臺灣府遴派佃首，代為徵收，多屬富紳攬辦。」[12]

第五，最重要者，從捐題的諸將弁、兵丁，背後反映了道光十二年（1832年），金門館改建的原因，表面上看，此次改建原因是因棟宇摧殘，垣墉傾圮，這是粗淺的、表面的說法，真正的原因，涉及當時班兵配運出現的諸多問題，必須急迫的重建金門館以解決眼前問題。按，道光時，分巡臺灣兵備道姚瑩（字石甫、明叔，號展和、幸翁，安徽桐城人，嘉慶十三年戊辰進士），著有〈改配臺北班兵〉一文，敘述明詳，可藉知梗概，文曰：[13]

　　臺灣一鎮，水陸十六營，班兵一萬四千六百五十六名，自

---

[12] 李汝和，《清代駐臺班兵考》，三章四節〈班兵之賞恤〉，頁24~39。

[13] 姚瑩，《東槎紀略》，卷一〈改配臺北班兵〉（臺北：臺灣銀行經濟研究室，民國46年），頁11~18。另，此時期班兵諸問題可參看同書卷四〈臺灣班兵議〉（上、下），頁93~102。

內地五十三營遣戍，三年更替。至臺分入各營，戍滿由鹿
耳門，配舟內渡，此舊制也。臺北各營至郡，道遠跋涉維
艱。嘉慶十五年（1810年），總督方公維甸奏：嘉義以北
班兵，改由鹿港登舟，時以為便……定例：班滿出營，即
停給糧餉，雖准借支盤費，回本營坐扣，而所借無多。其
初調戍也，皆至廈門，提督點驗；惟水提、金門兩標最便，
上府各標自五、六站，至十七、八站不等，點驗配船，候
風東渡。至臺後，中營、北協兩次點驗，然後入艋、蘭兩
營歸汛。道遠時久，沿途已有借貸，三年戍滿，每不能償。
瀕行借支盤費，輒以償還，依然枵腹；群環帶兵官乞借，
為之賠墊無以給，至或被毆；以故帶弁畏之尤甚。所在廳
縣，常為所呶；而船戶之騷擾，無敢言者，商亦苦之。

　　觀上文，知悉：嘉慶十五年後，嘉義以北班兵，改由鹿港登
陸，減少道途跋涉，眾以稱便。但基本上弁卒調動報到或回歸本
營之沿途食宿交通盤費等等開銷問題仍未解決，以致常出現帶兵
官弁被迫同意屬下兵丁借貸賠墊之苦，若不肯借貸，甚至有被毆
打之事發生。情急之下，班兵居然敢到廳縣衙門呶叫騷擾，而船
戶、行商因須負配運之責，亦是苦不堪言。到了道光年間，鹿港
一地「既而港門淤淺，船少兵眾，候配需時」，所以「道光三年
（1823年），鹿港行商，求與淡水之八里坌口分船配載，趙文恪
公（指閩浙總督趙慎畛）行鎮、道、府議。四年正月，方傳穟署
臺道，以問鹿港同知鄧傳安，署淡水同知龐周，皆言兵商之困，
傳穟乃與總兵觀公喜（指臺灣總兵官觀喜）議覆曰：臺灣三口對
渡，鹿耳門與同安、廈門對，鹿港與泉州、蚶江對，八里坌與福

州五虎門對。戍兵往來，本可量地配載，徒為向例廈門、臺郡點驗之故，跋涉迂途。臺灣北協、中、左、右營兵三千一百十名；艋舺參將水、陸二營，並蘭營新舊兵二千二百一十四名；凡五千三百五十四名，盡由鹿港一口配舟，八里坌並無配載。商人苦樂不均，且帶弁有賠墊之苦，亦難責其鈐束。官與兵、商三者皆不便，亟宜量為變通。請以蘭、艋、滬尾、北右四營中，上府兵二千二百四十一名，改由艋舺參將點驗，自八里坌配渡，逕入五虎門。四營中，下府兵與北協三營兵仍由鹿港如故」。後來閩浙總督趙慎畛乃據以入奏，朝廷從之。班兵之制，改成三口對渡之局。

　　可知在還沒有三口對渡成定制之前，嘉義以北之班兵出入登船，是由鹿港進出，再分批調往噶瑪蘭、滬尾、艋舺等地。這說明了金門館此次的改建，何以有臺灣協、艋舺、滬尾等地水師諸將領願意熱烈捐獻的背景。茲再以三年更替為一基準，即每三年，進出鹿港的班兵約有五千三百五十四名，平均每年約一千七百八十四名，若再以每年一、四、七、十等四個月，班兵調動配渡，進出鹿港來算，換句話說，平均每季進出鹿港的班兵約有四四六名，這與此次改建金門館捐獻的所有兵丁總數四三二名對比，差相符合。簡單的說，鹿港每年進出的班兵，若以調往臺灣，或戍滿回本營的來回總數估計，每年約有三千四百名，每季約有一千二百名班兵在鹿港等候風汛船期進出，面對這龐大的班兵人數來來往往，食宿、交通盤纏、抽兵分汛、廉俸糧餉及秩序管理，在在皆成大問題，尤其因港門淤淺，船少兵眾，候配需時，眾兵萃集，更增加人心浮動，管理困難。且班滿出營之後，多不遵約束，紛紛滋事，帶兵員弁既畏之如虎，地方廳縣更難於治問。明白了這些背景，才會明白在捐題碑中，捐獻人士出現了許多郊

商、行商、船戶、帶兵哨弁，及管理班兵業務的諸營文案吏員（即碑文中的班政廳、協司廳、峕防廳等等，負責造冊移報、補革案牘諸業務），以及諸高級將領與基層的兵丁，因為這與他們有切身的利害關係，才形成了這次水師官兵總動員的捐獻。

同理為謀長遠計，此次改建金門館固然提供兵弁的短期食宿聯誼等候配運的場所，但為支付龐大的開銷，也乘機修建館邊的店舖、房室，以及購買新興街、地藏王廟口的店舖、灰窯等（見下文），以其租息收入，作為龐大開銷的經費由來。這也是這次修建金門館共花了二千六百多銀元的最大原因。不僅如此，劉光彩捐助了一千八百多元的錢數，我們有理由相信，他頗有可能是動用了公帑，才有如此的大手筆，他不是獨愛金門籍營兵，更不是偏愛諸營班兵，他多少是為己身謀，提供一場所供班兵短期住宿等待配渡，否則因缺盤纏或無處住宿，造成班兵騷動惹事，形成社會問題，這對他是不利的，身為長官他要負起責任的。當然我們也不能因而否定他的作為也有一定的貢獻。若以上的分析並無錯誤，在此，不僅可解決道光十二年金門館改建的背景，以及為何水師諸營全體總動員熱列捐獻的真正原因，更重要的，又多了一項證據，證明金門館的的確確是「班兵伙館」。

總之，透過此碑文，可間接了解清代臺灣班兵制度、調防動態、餉恤薪俸、職官升遷等等情形，此碑之大有益於全臺史、鹿港史之研究，其價值與意義幾希哉！

三、碑文中所反映的紳商階層

接下來討論士紳商號與船戶的部分：

1. 賜進士鄭印　用錫捐銀參拾大員。

2. 廩生洪印　清渠捐銀陸大員。

3. 薛紹宜捐銀參拾員。

4. 協振號捐銀肆拾員／許達世捐銀拾大員／德勝號捐銀參拾員。

5. 楊淵觀捐銀參拾員。

6. 同利號、合利號、張出觀以上三條，每各捐銀捌員。

7. 薛鳳儀、金菊號、郭溪石、王高煇、張朝選，以上五條，每各捐銀拾參員。

8. 郭恆利、羅德春、忍順號、葉簡觀、陳仕晚、陳仁記，以上六條，每各捐銀拾員。

9. 利源號、協記號，以上貳條，每各捐銀陸員。

10. 陳江記、薛炎觀、許廣泰，以上參條，每各捐銀伍員。

11. 歐陽進、陳海觀、寶源號、陳環琢、東利號、陳恒觀，以上六條，每各捐銀肆員。

12. 蔡青焜捐銀參員。

13. 福隆號、陳媽愛、辛習觀、明利號、吳開元、辛竭觀、梁水觀、康文柿、張高陸、歐康觀、藏興號、陳月德、和元號、鄭福全，以上各捐銀貳員。

14. 周杭觀、許略觀、同興號、張舉觀、鄭海觀、勝隆號、李聰明，以上各捐銀壹員。

15. 溝仔垊劉頭家喜助岑石三片。

16. 許臨觀捐銀參拾員。

此段碑文須解讀析論者有：

1. 董事有新竹鄭用錫，且掛首名，捐獻名字排在黃、溫二將

之後，列名第三，自可想見彼其時社會地位，而且捐銀三十元，亦可知貲產之富有及熱心同鄉之公益。其他如楊淵老、歐陽建、蔡榮宗等列名董事卻未見捐輸，頗為可怪，不合常理。但不知碑文中之「楊淵觀」、「歐陽進」、「歐康觀」是否與彼等有關，抑或即其另一名號。另，其他董事或捐銀三十元或十三元，也不能算少了，亦可想見道光年間鹿港街民之富饒及熱心。

2.廩生洪清渠不過捐區區陸元，卻排名在前，一則或可見其人之社會地位與聲望，二則亦凸顯擁有科舉功名士紳之在鄉梓的地位聲望。

3.士紳商戶大體所捐單筆金額，高於水師諸將官，反映商人階層之較有錢，與其時鹿港商戶居民之饒有家產。

4.郭恆利、羅德春為新竹之郊商，新竹郊商頗多同安金門人，此次捐助或許是因同鄉之誼，但更重要的，也許可反映新竹與鹿港行郊有生意貿易之往來，因此熱心參與襄助地方公益。

捐題碑末尚有一小段碑文：「一買杉木磚硈瓦岑土木工及油漆，計共用銀貳仟陸佰員……對除題用外，尚不及銀壹仟捌佰陸拾員。」此段碑文有助於了解道光年間鹿港之建築用材（岑石即石今石，指臺基收邊石。其他建材尚有杉木、磚、瓦，「硈」字經筆者查諸字書並無是字，經詢問閻亞寧、林正雄二友均謂有可能是指泉州白，但查其他契字文書，有作「石臼」字者，則也有可能是指舊石。凡此皆有待進一步查考研究）及匠師有土、木、油漆工之屬，對清代建築史研究能提供若干助益，最重要的是確定此次重建用銀二千六百元，可謂大手筆，惜未記載其規模形制，不免是一遺憾！再，此役工程缺款一千八百六十元，結果是由劉光彩全數義助，劉光彩在碑文提及「而余則傾囊以濟」，確

是實言，而不敢居功，謙稱「然余非敢謂有功於浯人也」，則未免過份謙虛，有所矯情了。

　　總的說來，道光十四年金門館的重建意義與內涵（其實嚴格定義說應該是新建），反映了其時的班兵抽調防戍制度與清中葉鹿港水師守備的強化，此其一。其二，嘉道年間正是鹿港鼎盛時期，俗諺「一府二鹿三艋舺」，正是其最佳寫照，從碑文中諸多舖號船戶的大力捐獻正可作為佐證。其三，正因捐獻者有不少普通之居民，是否能反映或說明金門館之性質已漸漸從班兵伙館（或水師會館）轉向一般地緣性角頭的廟宇呢？其四，金門館位於龍山寺的南側，原為水師汛與理番同知署等官兵居住區，以金門館為中心，形成街廓型聚落，四周通路鹿港人俗稱金門巷，和其四周的單元沒有淵源存在，此種聚落頗類似光復後臺灣之「眷村」、「營區」型態。[14]

四、咸同年間的重修及反映的諸多問題

　　除了道光十四年之重建外，清代尚有咸豐五年（1855年）、同治四年（1865年）的兩次重修。咸豐五年的重修留下了一方捐題碑，碑文中亦是眾多捐題人名、頭銜及金額，茲為省篇幅，不再一一錄出，而其中某些武職人員及地方士紳之出身履歷，有心者儘可查閱鄭喜夫《官師志》及眾志書的相關列傳，也不再予以詳細註釋介紹，本段只就與金門館有關者，及反映其時鹿港歷史發展與社經背景者予以解讀析論如後：

　　捐獻人可分成軍民兩大類，其中軍職人員高級將領有：(1)

<hr>

[14] 林會承，《清末鹿港街鎮結構》（臺北：境與象出版社，民國74年），頁82。

福建臺協水師協鎮府吳朝良。(2)臺協水師中營副總府鄭世勛。
(3)護(理)臺協水師中營副總府蔡朝陽。(4)護臺協水師左營鹿
港副總府陳光福。(5)護臺協水師左營鹿港副總府潘高陞。(6)護
臺協水師左營鹿港副總府祝延齡。(7)護臺協水師右營都府曾傍
蘋。(8)臺協水師中軍府劉文珍。(9)署(理)臺協水師左營中軍
府吳朝宗。(10)署臺協水師右營中軍府陳致昌。(11)安平協轅巡
捕廳林茂生。(12)臺協滬尾水師副府陳沂清。(13)臺協水師右營
守府吳朝臣。(14)臺協水師右營守府葉得茂。(15)臺協水師左營
鹿港崑防廳李振輝。(16)臺協水師左營把總蕭永發。(17)臺協水
師中營外委沈春暉。(18)臺協水師左營外委劉士淵。(19)管帶金
門右營三起班兵班政廳蔡登超。(20)管帶金門左右營滬尾四起班
兵班政廳林章榮。

　　另，屬於吏員或聘用之佐理人員，有：(1)安平候補分州林
芝田。(2)艋舺水陸武口許邦忠。(3)金門效用洪肇元。(4)金門
營用洪得貴。(5)閩安營用林飄香。

　　屬於兵丁者，有：(1)臺協水師左營鹿港金門館眾目兵丁伍
拾名。(2)艋滬烽火眾目兵丁頭起貳拾玖名、貳起伍拾柒名、參
起肆拾玖名、肆起陸拾陸名。(3)艋舺金門館眾目兵丁。(4)安平
左營戰目兵柒拾玖名、守目兵陸拾柒名。

　　這其中有許多職銜須做一疏解，才會明瞭他們肯捐輸之原因
或背景：

　　1.清代商船出入掛驗，須經海防同知稽查舵工水手之年貌、
箕斗(即指紋)、籍貫，旅客之姓名，及貨物種類。此中又有文
口、武口之分。所謂文口，是文職海防人員，專司查驗船籍、船
員、搭客及載貨等，初設臺江之西定坊，後移安平口。所謂武口，

乃武職之水師汛弁，專於船隻出入之時，臨時抽驗，設於臺江口外之鹿耳門。[15]嗣後隨著諸口岸陸續開放為正口，也分設文武口，由駐地水師專責查驗。久之，產生掛驗陋規。船戶怕被留難，須先交掛號錢六百；另有驗船之「規禮」，公然收之，文口例銀五元，武口例銀三元，號稱以資巡哨、紙張、飯食等辦公費，稱為「口費」或「口稅」；更有地方官私收口費，充作津貼，納入私囊，與官府公事無涉。據此碑文，知咸豐五年（1855年）前已在艋舺設有武口，既稱「水陸武口」，即指水汛與陸汛，查驗對象，恐怕除查驗水上船隻外，也稽查陸上行旅出入與行商之載貨等事項。

2.「署」指署理，「護」指護理，也就是「暫代」。清制，通常因本官接受差遣或生病等事故，以及當事官調遣別地，替代官還未任命，須臨時委託別的官員進行署理或護理的。[16]據此，知咸豐初年臺協水師眾官員調遣頻繁，暫代者眾多，譬如駐鹿港之水師遊擊前後就有陳光福、潘高陞、祝延齡，且皆是暫代之護理，但不知這是否與咸豐初年眾多內憂（如漳泉械鬥、李石、林恭、黃位之變等等）外患（如美國有意侵佔或收買臺灣等等）有關？[17]

3. 捐獻人等中又有「艋舺金門館眾目兵丁」及「安平左營戰目兵、守目兵」等稱呼，是知咸豐五年（1855年）已有艋舺金門館，坊間一般書籍、雜文率稱艋舺金門館創建於咸豐七年，顯然

---

[15] 卓克華，《清代臺灣的商戰集團》（臺北：臺原出版社，民國88年），頁119~120。

[16] 郭松義等，《清朝典制》（吉林：吉林文史出版社，1939年），頁266。

[17] 《臺灣省通誌》，卷首下〈大事記〉，卷九三章二節〈兵制〉（南投：臺灣省文獻會，民國57年），頁87~88。

大謬，亟應改正。按清林焜熿《浯洲見聞錄》記：「康熙十九年間……於是設中、左、右三營。每營戰守兵各五百名。二十三年，每營抽出戰守兵各五十名，撥歸澎湖……二十七年裁去中營，所遣兵勻歸左右兩營，每營戰兵各六百名……（乾隆）五十四年各裁戰守兵五十名，撥戍臺灣……（嘉慶）十六年，各裁戰兵十一名、守兵十三名，撥戍臺灣之艋舺。兩營共存戰守兵一千七百三十八名，內弓箭兵……烏槍兵……籐牌兵……大砲兵……舵工……字識……」。[18]據此知水師營內有戰兵守兵之分，下又細分為弓箭兵、烏槍兵、籐牌兵、大砲兵、舵工（即水手）、字識（指文書、文案），前碑所述之「戰餉」、「守餉」，顯然即指戰兵與守兵之糧餉薪俸。

　　4.「安平協轄巡捕廳」一銜，亦充分說明了其時的水師也介入協助維持地方治安保防之工作，亦反映道咸年間鹿港地方治安之複雜。

　　5.與前碑比較，此次修建之臺協水師將領遍及左、中、右三營，且人數眾多。戍地有安平、鹿港、艋舺、滬尾等，少了澎湖。兵丁來地多了閩安，少了銅山，而且每起兵丁人數多於道光十四年，這不知該說清廷在咸豐年間更加重視臺灣的「守備」呢？還是為因應臺灣一連串的內憂外患而加強「戰備」呢？

　　總之，根據以上捐輸諸官兵之職銜，及駐防地區，又再度佐證了金門館非單純的金門會館，且出現了「金門館眾目兵丁」，亦佐證了金門館實具班兵伙館的內涵與功能。

　　士紳階層捐輸者主要有：(1)欽加四品銜禮部副郎鄭用錫。

---

[18] 李怡來，《增修金門縣志》，頁1225。

(2)頭前蒙庄生員陳嘉章。(3)竹塹貢生鄭用鈺。(4)監生鄭用謨。(5)貢生洪清渠。(6)生員許淈觀。(7)生員陳丕祺，另又有新竹郊商羅德春等人。據此可知新竹之金門人與鹿港金門館（或金門人）平時往來之密切，其中固有同鄉之誼，更重要的是商貿生意之往來。且比前碑還出現許多有功名之士紳，似可反映道咸年間新竹、鹿港文風之盛、科名之隆。但可怪者，前碑中僅鄭用錫首列董事，此次修建捐獻，增加三員家族，這其中關係，不知是否能解讀推測為：(1)新竹鄭家往來鹿港，常利用鹿港金門館作為住宿、休憩、辦公、商談之場所，故熱心捐獻！(2)抑或金門館蘇府王爺曾顯靈庇佑過鄭家之原因？

其他尚有眾多民人與商舖，但較引人注目者，有標明地區的「郡城、鹿溪、草港、吳厝庄、澎湖厝、冲栖港、沙轆」等，這說明此次捐輸除鹿港街民外，尚有新竹、臺南、臺中、沙轆等地居民，而「揑栖港」之出現更反映鹿港港口之變遷滄桑。按，鹿港居臺灣南北之中，上與艋舺，下與府城，共扼臺灣北中南三個出入口脈，其地理位置正對峙福建泉州之蚶江，腹地囊括大肚、西螺二溪之間大小城鎮市場。故自乾隆四十九年（1784 年）正式開港以後，即成為臺灣中路要津，舟車輻輳，郊商雲集，貿遷發達，乾嘉年間盛極一時。鹿港在清領初期原為一天然良港，可泊巨艦。惟因屬一河港，砂汕遷徙靡定，且未加以疏濬築港，易受河川流砂影響，時為良港，時為砂壅，港道深淺變化無常。因此至康熙末年已為砂壅，港口淺狹。而雍正年間，雖因潮漲大船可至內線，但已不能抵港，外線水退則去口四十餘里，不知港道出入，不敢進出。乾隆中葉至嘉慶年間，則港門寬大，水復深廣，帆檣釁集。至嘉慶末道光初，鹿港口門又被沙淤，下有暗礁，港

路淺狹迂曲，復無停泊之所，是以商船仍改由王功（亦作王宮）港出入。道光以後，王功港又淤，商船改由番仔挖（即三林港）出入，於是王功港成為鹿港之內口，而番仔挖成為外口。咸豐同治年間，濁水溪氾濫，支流流向鹿港港口，流沙淤塞，大船不能出入，遂在港西二里處，新設一港，名為「冲西港」，然水口沙淺，沙痕盤曲，港外沙積，實非良港，故巨舟難攏，商船漸少。光緒二十一年（1895年），日人據臺，復因濁水溪氾濫，水門日淺，港口乃移至冲西港，而鹿港之廈郊、糖郊於日據初期先後倒閉，與此有莫大之關係。明治三十一年（1898年）又因大洪水，使得冲西港壅塞，乃在距鹿港街西北六公里處之洋子厝溪下游溪口，設一新港，名為福隆港。至日治末期，則沙洲貫連，低潮時為一片泥沙，小型船舶亦無法碇泊，遂成廢港，鹿港繁華從此走入記憶！[19]

　　捐輸人尚有「職員楊啟泰」，加上碑末落款之「總理職員楊啟泰／董事陳清福、陳深江、許成金、許進法」下有董事兩印，惜印文模糊不清，無法辨讀，卻可見其處事慎重，蓋印昭信之用意。亦知陳許兩姓對金門館的影響力。比對前碑，多了總理及「值年爐主」（見後）二職，亦可見金門館之組織及管理，愈益完備。只是不知彼等是筶選？推選？還是指派而產生的？（按清代習俗，廟內真正掌權管理者為總理，董事平時不管事，僅負責推選總理，或在修建廟宇時才會積極介入。）

　　此次捐款合計「共捐收銀伍佰參拾肆大員」，比之前次「合共捐銀肆佰柒拾員」（劉光彩之捐款不算），多了六十四銀元，

[19] 卓克華，《清代臺灣的商戰集團》，頁207~208。

亦可見諸將弁兵丁及眾善信商舖熱忱，虔信不減，或可反映至咸豐五年（1855）鹿港之經濟仍未衰退，尚能維持盛況。

　　此碑最重要者為碑末之花費事項紀錄，對整個金門館之規劃營建可以深入清楚的了解，茲先逐錄如下：

　　一、買杉木磚瓦□□及油漆土木大小工□連邊旁□□□計共開用銀□佰貳拾肆大員（□為字跡不明者，一□代表一字，以下同）

　　一、館邊劉公光彩□□□□□□□□□□□經鳩資□□□起□□計共開用銀□佰貳拾大員

　　一、訂金公議重修起□瓦店出□（租？稅？）在新興街頭計共開用銀玖拾大員／計合共開□用銀伍佰參肆大員

　　一、輪訂新興街頭公店每月稅錢貳仟文每月抽出稅錢捌佰文貼□□餘者留在公用不許侵漁如違簡眾鳴官追□

　　一、訂館邊公店出稅每年收稅留為劉協臺捌月二十二日華誕之費用不許派用開費

　　一、訂重起館邊旁室參間原以接用往來官員不許擅自私稅違者公議

　　一、訂地藏王廟口瓦店及灰窯□所每年稅銀貳拾肆大員七月十二日公付銀貳大員買銀紙應用餘者存四月十二日王爺聖誕應付值年爐主收用

　　以上連買公業數處合應開明□□□□□□遵行不許混用

　　透過以上碑文，可以讓人了解到：

　　1.咸豐五年（1855年）之金門館公業大約有：(1)新興街頭有瓦蓋公店，按月收稅二千文，此公店之前已有，此次只是「重修」，用銀九十元。(2)金門館邊也有公店，按年收稅，此稅金

收入專門用在慶祝劉光彩華誕之用，不許他用。(3)地藏王廟口有瓦蓋公店及灰窯若干所，每年稅銀二十四元。此項收入專供祭祀費用。另，據此可以統計分析出咸豐初年時鹿港店舖之租金，姑且不管是否熱鬧地段，平均每月二元，正表示其時鹿港之繁華，店舖租金並不便宜。

2. 祭祀部份可知者有：(1)四月十二日蘇府王爺聖誕。(2)參與普渡，每年七月十二日舉行增普。按鹿港之普渡每年從七月一日起至月底止。這一個月間，或在自家或在廟宇的神像前供祭品，而在供奉靈鬼的大廟中，則豬、羊、果品等堆積如山。於選定之日，擁有田園之地主，或命其佃人供奉米穀，於祭拜結束後，再分與佃人拿回家中。而七月十二日有街民之「增普」（全體居民共同參與普渡之意）和放水燈，甚為熱鬧。今鹿港尚流傳七月普渡歌，其中有「十二輪來龍山寺，寺內主普附近隨；寺口金門（按指金門館）當然是，場所廣闊難比擬」之語，正是其寫照。透過此碑文，知此習俗早在距今二百多年前之清代咸豐年間已流行，此碑文之珍貴可想而知。(3)八月二十二日劉協臺華誕，據此知劉光彩此時仍活著，故用「華誕」一詞，並且由遊擊（從三品）升為副將（從二品）。而且此役在金門館邊鳩資新建一室或一祠（碑文不清）紀念劉光彩，館邊公店之租稅收入還專門指定為紀念劉公華誕之用，不許他用，在在均凸顯金門人與鹿港人之飲水思源，有情有義，紀念劉光彩之功德。另，綜括上述，知此時金門館人事組織有董事、總理、爐主三職，董事負責決策或修建，稽查帳目，總理總管事務，爐主專門祭祀，彼此分工合作，經營管理。

3. 坊間一般著作謂道光十四年重建之役，金門館增闢拜亭、

左右廂房，此說不知何所據？但至少根據咸豐五年（1855年）四月之碑文，知其前館邊有公店若干間，及三間旁室專供接待往來官員，並新建紀念劉光彩祠宇。因此可知道光十四年之修建之所以花費二千多元，除了修建金門館本身外，還包括旁邊之店舖及三間房室，另也含括購買新興街、地藏王廟口之店舖及灰窯等公業之費用。再據「金門館眾目兵丁五十名」：則可推論其時金門館內至少要提供五十人之住宿休息，其規模形制殆不算小。

4. 此次工程之收支，花費項目除了支付建築材料費、油漆、土木工資外，並新建紀念劉光彩祠宇、重修新興街頭瓦店，及重起館邊三間旁室，計用銀五三四元，收支剛好相抵，與上次修建花費二千六百元，僅及其五分之一，實不能相比。而開銷項目中並無金門館建物自身修繕或新購公業等項，可知此次工程修建不是金門館本身，而是旁邊之祠室四間及新興街頭之公店。再，碑文立於咸豐五年（1855年）四月，則此次工程之動工，不外乎始於四年年底或五年年初吧！

本段末了，個人想進一步申論金門館的建築形制與格局所反映出來的一些問題，一些建築學者專家誤會金門館為「金門會館」之偏差觀念，不明其歷史背景，遂以會館為核心觀念論述探討，致產生許多誤解。[20]昔年筆者前往澎湖做伙館及施公祠調查研究，曾撰文寫道：「撥戍臺澎班兵以地緣關係各分氣類，他們抵達澎湖之後，以祀神為名，建立伙館，一則做為調差之時落腳暫棲之地，一則充為在澎駐防期間聯誼社交之所。為擴大伙館功

---

[20] 如賴明當，〈鹿港古蹟及史蹟調查研究──金門館與民宅之部〉，《臺灣文獻》，三十七卷一期，頁93~127。即是，讀者可自行去查閱，此處不一一列出。

能，維持長久，往往購買房屋店業，以其租賃收入作為祀神香資，及其他事務工作之開支。這些清代班兵伙館，除了主要館舍建築是『中祀神明，廊棲戍兵』外，又陸續增建許多附加建築，或提供兵丁眷屬居住，或出租與居民居住。這些建築以廟館為中心，往往四周擴展，形成各營兵丁以廟館為中心的『角頭』。（下略）」[21]以此例彼，透過金門館兩次修建的碑文的解讀與析論，吾人很顯然的可以發現，金門館的發展過程，完完全全與澎湖的班兵伙館一樣。明白了金門館的創建背景與歷史淵源，才會明白金門館的若干特色：

　　1. 位在鹿港邊陲，自成生活圈域：鹿港眾多廟宇坐向多朝向昔年的河口位置，有官式建築坐北朝南之特徵，宣示象徵機能超過廟宇祭祀功能。金門館位於昔日板店街末段，龍山寺南側，屬清末鹿港街鎮邊陲，自昔為清代水師官兵活動及住宅區，為與民眾區隔，自成「金門館生活圈域」（或可逕稱清代海軍眷村或營區），此生活圈域以金門館為中心，形成街廓型的聚落，與四周生活圈域單元無血緣淵源的存在，有如個人上文所言：頗似今之所謂「眷村」，祭祀圈大致以周邊住戶為主，約今龍山街、金門街、文朗街之間。[22]

　　2. 祭祀與活動空間小，內閉性空間多：金門館之平面格局，基本上為三開間兩進兩護室之「街屋型」廟宇，即前進為三川殿，中庭左右配以兩廡，拜殿與正殿組成後進，整座建築由兩牆相夾而成縱深式廟宇，這是臺灣常見清中葉時中型的廟宇形式。但金

[21] 卓克華，《澎湖施公祠及萬軍井之研究與修護計畫》，頁10。
[22] 此參考賴明當前引文改寫修正成，以下同，茲不贅註。

門館獨特之處在於房室不設於次要位置，而是設在三川殿與正殿兩側各有房間一對，因此三川殿與正殿的祭祀空間相對縮小，整座廟宇內，拜亭成為最開闊的空間。而且三川殿之中路，在於後三架桁下方，原設有屏門，平常僅由兩側通行。此種形式不見於一般臺灣舊廟宇格局，由於此一區隔，愈發顯現該空間之內閉性。蓋因金門館為班兵伙館，除提供水師官兵祭祀外，主要是作為班兵調差時落腳暫棲之地，或駐防期間聯誼社交之地，因此館內會有兵弁歇腳、臥躺等休憩住宿之行為，為免不雅形露，須有內外隔絕之空間，另一方面也不可能允許民人閒雜人等隨意進出，更須有一隔絕內外之內閉性空間。至於正殿兩側房間應該是供中階軍官休息住宿場所，三川殿兩側房間則應是供低階軍官使用，至於中庭兩側的廡廊設有屏門封閉，顯然是供一般兵丁休息打地舖用。

3. 沒有樂樓、耳樓或戲臺：論者質疑為何金門館內部格局沒有一般會館所用以演戲觀戲之樂樓及耳樓，提供娛樂空間，而僅有住居空間，實非理想之同鄉會館。此乃論者不知金門館非一般會館，彼是班兵伙館，彼之所以稱「浯江館」或「金門館」乃是因為崇奉的是金門蘇府王爺，捐宅創建的許樂三是金門人，住宿使用者主要是金門兵（而非以金門兵為限）。

除了上述個人考證、論斷諸點外，最重要的是，在本次建築物的調查測繪中，發現了正殿次間各房室之閣樓外側為方桁之作法，經建築學者徐裕健、林正雄等人研判，為配合夾層樓梯之施作而採用方桁，上方原來應有板材形成夾層，昔日應為班兵住宿之通舖。而且三川殿及正殿之穿斗式作法，類似大戶民宅之門廳及正廳作法。另，金門館無一般廟宇常見的石鼓、石獅及石門枕

之作法，或因是班兵伙館而無須講求廟制，此部分亦顯示其形制之特殊性，同理，亦是證明其為班兵伙館之有力旁證。類此建物之實證，正可作為個人考證論斷之堅實證據。至此，既有文獻之諸多考證，又有實物之印證，當可斷定鹿港金門館前身為清代之班兵伙館，而非一般誤傳之金門會館，應無疑義了。

咸豐五年（1855 年）之後，金門館在同治四年（1865 年）又有修建之舉。論者認為此說沒有直接證物可為確證，懷疑同治四年距咸豐五年（1855 年）之間僅隔十年，若非受人為之破壞，實無須如此頻施土木之事，並推論可能受到同治元年（1862 年）戴潮春亂破壞之影響。

懷疑有理，推論錯誤。蓋戴潮春之亂並未攻下鹿港，清廷援軍反而是由鹿港登陸，並由鹿港進軍陸續收復彰化失地。而且咸豐五年（1855 年）之修建，前文已稽考清楚，只是修建館邊房室及街肆瓦店，無關金門館本身建物，因此嚴格地說，應該是從道光十四年（1834 年）至同治四年（1865 年）相距三十一年才再次修建，完全符合臺灣廟宇三十至四十年之重修週期。

復次，此次重修雖無直接證物如匾、聯、碑文等，但也非信口開河，大正年間調查之《寺廟臺帳》登錄金門館的「創立緣起及改築再興事情」內容有：道光十四年四月現管理人（按指郭壽松）祖先創立小祠奉祀，後中國金門移民來者日多，信仰者愈多。同治四年郭祈盛發起募捐改築，爾來有部份之修繕，明治四十一年（光緒三十四年，1908 年）管理人郭文獻倡修，募集四百餘金，其中郭文獻出金最多，其他人為金門移民，進行大修繕，直至今

日。[23]是可知早在日治時期便已有此說法，但問題在於這種口述頗有可能是郭姓管理人自我吹噓其祖先之功勞，而且個人懷疑的第二個原因是因日治初明治三十年（光緒二十三年，1897 年）十二月底止，也有一次日人調查之寺廟紀錄：金門館建物佔地八十二坪，廟地三〇七坪，附屬財產之「家屋」有 21.66 坪，「金穀」年收入二十四圓。「建立年度」登記「建立不詳，同治十三年（1874年）重修」。[24]可見清末日治初期，金門館建地變化不大，但廟地頗廣，遠超過今日所見，且附近應仍有附屬之小房間，大約十坪二間，或一間二十坪左右，頗有可能即咸豐五年（1855 年）碑文所記錄的「邊室」或「公店」。但這次調查紀錄中登記同治十三年重修與前項調查紀錄有矛盾，問題在於前述同治四年既曾修過，相距不過九年，同治十三年再次重修，實不合常情，而其間鹿港並未發生若何重大之兵燹或動亂而受波及，其中或有一誤，在沒有史料、史實進一步考實下，為穩當起見，宜說同治年間有過重修較好。

　　這次調查，另有一項值得吾人注意的地方，即是廟名登記為「金門館」，也即是說在清末（光緒年）日治初期，該廟已不稱「浯江館」而名「金門館」，那麼是何時改名呢？如上述在道光年間仍稱「浯江館」，不過在鹿港流傳百年的普渡歌中有「寺口金門當然是」之句，而一般言民謠諺語內容變化不大，尤其是一些舊地名、舊建物、舊廟宇的名稱，鹿港中元普渡之習俗，如前

---

[23]　該《寺廟臺帳》影本，承蒙彰化縣文化局諸同仁協助，或聯繫、或影印、或郵寄，隆情厚誼，敬表謝忱！

[24]　溫國良編譯，《臺灣總督府公文類纂宗教史料彙編》第一輯（南投：臺灣省文獻會，民國 88 年），頁 329。

所考證，可追溯到咸豐初年，則吾人有理由相信，在咸豐初年「浯江館」已有稱呼「金門館」之可能。

　　清末日治初期的金門館情況，在陳其南所譯的〈清末的鹿港〉一文中尚略略涉及，如鹿港十二座廟宇中有：「六、蘇大王廟：北頭、牛墟頭及金門館三處均有。四月十二日前後十數日之間為開廟之日，是鹿港諸廟中最熱鬧者之一。為漁民所崇信之廟宇，有各方寄贈之花火和演戲，其中又以北頭和牛墟頭者最盛。」[25] 可見鹿港地區蘇王爺信仰之盛，反之，金門館祭祀圈仍限於附近街區居民，祭祀活動之熱鬧，遠不如北頭和牛墟頭。

　　金門館現存清代古文物，除上述道光十四年劉光彩親撰的「重建浯江館碑記」及兩方捐題副碑，與咸豐五年（1855年）的捐題碑等外，另有據說是許樂三親署的「浯江館」匾額（上下款為「嘉慶乙丑年春月吉旦／浯人許樂三敬立」，許氏前已考證在嘉慶十年已逝，則此匾若不是偽造，即是生前早已題好之遺筆），與劉光彩親題的「過化存神」匾（上下款是「道光歲次甲午年梅月穀旦／敕授武翼都尉臺協水師左營鹿港遊擊劉光彩敬立」），物雖不多，卻件件珍貴。

第三節　日治以來之遞嬗

　　清末日治初期，金門館之概況，已略如前引寺廟調查紀錄及〈清末的鹿港〉一文所悉，此明治末年之情形也。日治以來，今中央圖書館分館留存一些所謂的〈施政紀要〉、〈管內概況報告

[25] 陳其南，〈清末的鹿港〉，《臺灣的傳統中國社會》（臺北：允晨文化公司，民國82年），頁251。

書〉、〈街庄要覽〉等志乘，或缺鹿港一地；或有之，也幾無有金門館片字隻語；而且鹿港地區播誦流傳之傳奇掌故，亦無有涉及金門館者，現所知所存只剩前述大正年間調查的《寺廟臺帳》之紀錄而已！

《寺廟臺帳》之紀錄，除前已述及之「創立緣起及改築再興事情」，尚有他項諸欄，茲簡化撮敘如下：

第一，信仰部份：主神蘇王爺（木像三體）、從祀將軍（紙像四體）、配祀太子爺（木像）、南斗天神（木像）。信徒數約百五十人，祭祀圈是鹿港支廳鹿港區鹿港街一部份（居民）。「靈顯、信仰及祭儀變遷」記：創立當時以治病靈驗，信仰者多，較特殊者金門籍移住者，信仰深厚，近移出者多，靈顯事蹟少，信徒日益減少，信仰亦下降，目下僅有附近居民進香投筶等。

可知蘇府王爺以祈福治病靈蹟著稱，大正年間隨著附近街民遷出，人口漸稀，信徒漸少，香火有漸趨下降之勢。祭祀之神明神像當時仍有蘇府大王爺、二王爺、三王爺，並配祀諸府將軍、太子爺、南斗天神，與今日金門館供奉諸神明已略有出入，最大的差異，今三王爺已移奉附近之景靈宮。例祭日部份，今館內左側壁掛有紙區，詳記諸神聖駕聖誕千秋日，茲轉錄之，以供參考：蘇府大千歲／四月十二日、蘇府二千歲／十月初十日、蘇府三千歲四月十二日、邱府二千歲／八月初二日、梁府三千歲／十月初十日、秦府四千歲／三月十四日、蔡府五千歲／七月十六日、六姓府千歲／三月十九日、呂山法主／十二月十五日。中壇元帥／四月初九日、天上聖母／三月廿三日、關聖帝君／六月廿四日、蚶江五府千歲／四月廿六日、三軍爺鎮符／四月十六日。兩相對比，顯然光復後金門館之祭祀供奉諸神明已與臺灣其他諸廟一樣

日趨普島化（指臺灣島本地）、雜祀化，原本蘇府王爺之鄉土神、水神、戰神之信仰特色已渺乎難尋。

第二，經費管理部份：在管理組織方面，《寺廟臺帳》記：數年前由附近信徒輪香來廟灑掃燒香，另設有董事及管理人兩職，管理人原為「郭壽松」，住在鹿港區鹿港街土名新興百五十五番地，後因死亡，畫線損掉，改成「陳康祺」，住在「鹿港街鹿港字新興四四五番地」則管理人前後可知者已有楊啟泰、郭文獻、郭春松、陳康祺、卓神保等人。在創修興建沿革部份，如前所敘：記載現管理人（指郭壽松）之祖先在道光十四年創建小祠，同治四年郭新盛發起改築，明治四十一年（1908年）管理人郭文獻發起大修繕，是大約可知清末直至大正初年，金門館一直是由郭氏族人傳承管理，其後要不是郭氏家族遷徙離開鹿港，或是無後倒房，才會轉由陳康祺管理。

至於廟之經費收支，如同一般廟宇，收入主要是靠出租廟產之租息收益及信徒平日之香油錢喜捨，有修繕祭祀之大活動時，才由附近住民分擔醵金。

第三，建物大小部份：此時之建物坪數縮小，只有「七十七坪七合」，與前比較，少了近五坪；整個「境內地坪數」為「三百三十五坪六合」，幾無變化，可見明治四十一年之修繕改建，顯然規模形制有內縮變小之舉。惜此次改建未留下任何更多之文獻資料或紀事碑文，可以讓後人做更進一步的考證了解。

綜合上述，簡單地說，日治時期金門內館信奉之諸神明大體依舊，但香火日漸沒落，明治四十一年之修繕改建形制規模縮小約五坪。

光復後，金門館信徒局限在龍山寺附近三十多戶人家，廟地

不知何故，也縮減至 200.06 坪，因此香火不盛，勉強維持，廟貌
也漸趨頹舊。民國六十一年（1972 年）曾有一度重修，情形不詳，
時金門縣長郝成璞曾贈匾「宏揚先緒」，前面落款題「民國壬子
春月穀旦／鹿港金門館重修紀念」可資證明，而且頗有可能即從
年底（六十年）動工，翌年（六十一年）春季完成，金門縣長才
會捐匾敬賀，此亦可想見其時金門館已和金門祖廟有所往來矣！
民國六十四年（1975 年）管理人卓神保再度發起重修，陸續修復
正殿、廟房、前殿等。民國七十二年（1983 年）七月臺灣省文獻
委員會委託東海大學歷史系張勝彥教授進行調查研究，事後由賴
明當主稿撰文〈鹿港古蹟調查研究─金門館與民宅之部〉，發表
在《臺灣文獻》三十七卷一期，作為重建整修之依據。民國八十
三年（1994 年）由漢光建築師事務所規劃設計，慶仁營造廠進行
修護工程，重修後的金門館，組成奠安香火隊，回到金門濱海的
新頭社浯德宮尋祖祭拜，民國八十八年仲秋舉行安座大典。民國
八十九年九月一日，彰化縣政府將鹿港金門館列為縣定古蹟。

第四節　結語

　　行文至此，本文所佔篇幅已不少，宜做一收束終結，兼且歸
納與強調。在此先將興修大事做一簡略年表（表 1-1），以清眉
目。

　　接著，要強調的一點是，鹿港金門館不是一般的廟宇，也不
僅僅是金門會館，更確切真實地說：它是清代流傳下來的「班兵
伙館」。但是如此說，是否會減低它的古蹟價值與特色？不會，
反而更增加它的價值與特色。

因為臺澎地區目前所知曉的清代班兵伙館有安平五館（金門、閩安、提標、海山、烽火五館）、澎湖五館（海壇、提標、銅山、南澳、烽火五館）及艋舺金門館，經過本文的考證，可確切的說多了一座：鹿港金門館。而且其他諸館不是消失或大半殘損，即是遷建，也就是說臺澎地區目前僅存一座未遷建仍在原址，形制規模完整，建貌完整未殘缺者—碩果僅存的只有鹿港金門館，此其一。

其次，金門館位於板店街末段，即龍山寺左邊巷道南側，也即是位於清代水師營區及理番官兵住宅區，其周邊住戶與外部環境在今鹿港街區仍保存自成一區的生活圈域，也就是說，今龍山街、金門街、文朗街之間，形成街廓型的聚落，與四周生活圈域單元並無極深的血緣淵源關係，仍大體保留清代水師營區的風貌，吾人不妨也可以說是仍保留清代海軍眷村的風貌。

其三，金門館之創建修繕，歷來率由清代之水師將弁兵丁、郊商、浯籍居民與仕紳等等相助，廟宇身分介乎官廟與私廟之間，可說是半官方的民廟。日治以來，「伙館」功能消失，但因金門館附近為長年水師官兵的居住區，因地緣及業緣關係，結合了兵丁、眷屬、金門人居住在同一角頭內，而金門館所奉祀之蘇府王爺，遂由在地水師官兵及浯籍後裔所共同奉祀，漸由兵建廟宇轉成角頭廟性質。雖然日後隨著金門水師的撤離，浯籍居民之遷散，與別籍人群的移入，目前此區域居民以陳、林二姓為多，金門館之支持者仍居住於同一角頭內，祭祀圈大致以周邊住戶為主（雖然此地居民已非全為浯人後裔），而且昔日的廟埕為水師之活動場域，今日則為金門里生活圈域的活動中心，可以確定為角頭廟的性質。這種廟宇的祭祀圈不變、場域不變，性質卻有所

改變了，這在臺灣可以說是極少見的一個案例。

其四，廟內留存的四方古石碑，不僅是清代臺灣班兵制度的重要見證與重要文獻史料。而咸豐五年（1855年）的捐題碑，更可印證鹿港中元普渡習俗，至少已流傳二百年以上，這也是研究風俗史的重要文獻史料。

光此四點價值與特色，將鹿港金門館僅列為縣定古蹟，已有委屈之嫌，而近年的修繕，在彩繪部份有潘岳雄之門神彩繪，陳壽彝之壁堵彩繪、陳穎派之垛頭彩繪，此三人皆為中南部有名之匠師，為近代名家，此次彩繪，誠高手盡出，名家比藝，三人之彩繪拚比，可謂各擅勝場。假以時日，若干年後，三人之彩繪作品也進入歷史，不僅成了金門館古蹟要素之一，也融入積澱成為歷史文化，更成為臺灣民間藝術史之代表作，寄語廟方執事務必妥善保存保護，是所企盼馨禱！

最後再針對金門館創建歷史做一綜述：金門館之創建可分成三個面向來談：(1)信仰部分：金門館之蘇府王爺信仰固然可追溯至康熙四十三年（1704年），但其信仰大盛，普為水師諸軍所信，應在平林爽文之亂以後，尤其是在乾隆五十三年（1788年）分調安平水師左營遊擊移駐鹿港，帶來眾多金門營水師兵丁之後。(2)廟名部分：金門館前身為許樂三之宅第，因許為金門人，所奉祀之蘇府王爺神像又是自金門後浦東門內校場之觀德堂分香而來，故初名「浯江館」，直到道光年間仍沿舊名，但到咸豐年間已有可能改稱「金門館」，至清末光緒年間在官方文書上已確切登錄為「金門館」之名。(3)建物部分：金門館之前身為許樂三之宅第所捐獻改修而成，因此其歷史不妨可從乾隆五十一年（1786年）談起，不必拘泥嘉慶十年（1805年）之說。而且此

宅第頗有可能是當年平林爽文之亂時，福康安曾駐紮調度指揮大軍之辦公場所，深富民間傳說與奇聞軼事之掌故。但今廟宇建築則只能追溯到道光十四年（1834年），此年實為今廟貌的創建始年，其後歷經修建，演變成今貌。

〈後記〉

　　這本書收集了我有關金門古蹟與歷史研究的 12 篇文章，這本書原不在我近年出版計畫之中，卻因一殊勝因緣而提早出版。

　　民國 82 年（1993）我應閻亞寧教授之邀，首度前往金門作古蹟調查研究，「總兵署」是第一篇，因此收入本書，列為首篇。猶記當時抵達金門的第一眼感覺，不覺得像戰地前線，反倒是維持舊時風貌，令我驚喜異常。坦白說，當年對金門的歷史不甚了了，我常年浸淫在台灣史的研究，對金門的歷史是模糊的，不了解的，只是憑著幾本通俗讀物略有概念，而且常將台灣史作為背景框架去檢視金門的古蹟歷史，鬧了不了笑話。例如看到落款是「宣統」年號的石碑，居然腦中浮現的第一反應是「假的」「偽造的」，卻忘了金門並未割讓給日本。這讓我心生警惕，搞台灣史太久了，要跳出來，另闢一領域、課題作研究，不可深陷台灣史泥淖。從此與金門結下了不解之緣。

　　多年來我結交了許多金門朋友，也踏遍全金門的名勝古蹟，吃遍金門各地的特產小吃，對金門的人民、土地、歷史、古蹟深深熱愛，尤其充滿感恩之情，例如我的「五十肩」多年毛病，竟不可思議的由在城隍廟經營一家青草藥店的傅老先生，只是在肩膀上貼了一帖青草藥膏布，不收一文錢，僅是淡淡說了一句「好了，可以回去了！」我狐疑滿面，不敢相信，但是居然一帖就好，一帖斷根，至今未再發作。民國 89 年年底我因腦溢血中風，半邊身子癱瘓，透過金門友人尋訪傅老先生，看有否中藥可以醫

治，結果傳來消息是老人家已捐館辭世，脫凡入真，我悲痛莫名，不知如何答報未還之恩情。

　　這 12 篇論文，從早期的率爾操觚，到近年王師啟宗的謬許「越寫越好」，的確是日增所無，月添所益。尤其同時攻治金門史、台灣史，以治台灣史的經驗、心得、方法去研究金門史。反過來又以治金門史的經驗、心得、方法去研究台灣史，我上下交錯，左右逢源，眼界大開，功夫日深，觀其局部，復察全局，反覆推敲，觸類旁通，練就了一身本事，認識了治地方史、區域史，除講究科學性外，還具有高度的經驗性、靈活性、技巧性和特殊性，這些「絕招」，有時難以言傳，常須反復實踐，用心體驗，才能有所領悟，有所進步。這其中「鹿港金門館」便是我個人相當得意的一篇代表作，我用了近三萬字的篇幅，去解釋四方石碑內容，一舉推翻志書所載，與前人近賢的研究結論。

　　書中「漢影雲根」一篇的論析，也推翻了諸多中文系學者的論點，這篇論文是我最喜歡，但也最心疼的一篇。當年我同時接到研究「寧靖王朱術桂」、「魯王朱以海」的古蹟案，研究下來，我幾幾乎有半年展不開眉頭，朋友一向說我是「疏爽明朗的性情中人」，那半年我深深為兩位末路王孫的遭遇感到「悲愴悽涼」，時局不利他們，生為明帝室之後，不能統兵反清復明，反要寄人籬下，投靠鄭家父子，忍受冷漠與羞辱的待遇，能不發出一聲「廣遠的嘆息」嗎？

　　但是我蜚聲金門，普獲金門朋友謬讚的卻是〈朱子祠〉一篇，因此篇而獲得鵬程兄的賞識，而後才會去佛光大學任教，才會在評論場合中風，這其中曲折樹清兄在書前的序文已交待清楚，這件事是我心中後半生的痛，是禍是福，是幸是不幸，七年來我抬

頭問菩薩，菩薩不語，仍然不知。

　　最近更因素昧平生的陳慶仁兄，在閱讀「金門館」一文後，大加激賞，力主鼓吹快將我有關金門的論文結集成書，付之棗梨，以享學界。我愧之不敢，遲疑再三，卻不料樹清兄又從中「揻惑」、「勸說」，並建議將書名定名為《古蹟‧歷史‧金門人》，在幾方勸說鼓勵之下，我卻之不恭，恭敬不如從命。我治古蹟史，跑遍台、澎、金、馬，屈指瞬過，快二十年，撰有超過七十本的古蹟調查研究報告書。近來因中風後，體力日衰，頗有情懷老去之感之嘆，獨對金門一地「懷古情深縈浯島」，島的對岸是我的母校——廈門大學所在，更增情思，私心盼望這本書「能取文章報恩遇」因為此間有友情有人情，有古貌有古風，更有師恩。

　　多年舊稿，一夏編輯，付之鉛槧，快何如之，惜未能詳加磨勘增補，錯謬之處，在所難免，敬祈指教！

卓克華寫於三書樓

2008.9.4

國家圖書館出版品預行編目資料

古蹟‧歷史‧金門人／卓克華著. -- 初版. -- 臺北市：
　蘭臺, 2008[民 97]
　　　面；　公分. --
　參考書目：面

　ISBN　978 986-7626-71-4　（精裝）

社會與地域叢書 03

古蹟‧歷史‧金門人

作　　　者：卓克華
出　版　者：蘭臺出版社
發　　　行：博客思出版事業網
地　　　址：台北市中正區開封街一段 20 號 4 樓
電　　　話：(02)2331-1675　傳真：(02)2382-6225
總　經　銷：成信文化事業股份有限公司
劃 撥 帳 號：18995335
網 路 書 店：http://www.5w.com.tw
E-Mail：lt5w.lu@msa.hinet.net 或 books5w@gmail.com
網 路 書 店：博客來網路書店　http://www.books.com.tw
　　　　　　華文網，新絲路網路書店
香港總代理：香港聯合零售有限公司
地　　　址：香港新界大蒲汀麗路 36 號中華商務印刷大樓
　　　　　　C&C　Building, 36, Ting　Lai　Road, Tai Po,New Territories
電　　　話：(852)2150-2100　　傳真：(852)2356-0735
出 版 日 期：2008 年 10 月初版
定　　　價：新臺幣 380 元整

ISBN　　978 986-7626-71-4　　　版權所有‧翻印必究